세계시민교육을 위한 놀이중심

장난과 괴롭힘 예방교육프로그램

박영충 · 김경윤 · 김성영

창지사

머리말

2017년 12월 27일 '유아교육 혁신방안'에서 제시한 '유아·놀이중심 교육과정 개편 방향'을 구체화하기 위하여 2019년 5월 16일 교육부는 누리과정 공청회 개최를 통해 유아의 행복감뿐 아니라 4차 혁명시대를 살아갈 우리 아이들이 자율·창의성, 융합능력을 키우는 교육을 위하여 누리과정 개정 방향을 밝혔습니다. 유아가 중심이 되고 놀이가 살아나는 놀이중심 교육과정으로 공교육에서 '놀이'를 중심에 놓은 미래형 교육과정으로 개정한다는 것입니다.

2019년 올해는 유엔아동권리위원회에서 있을 제5, 6차 유엔아동권리협약 한국정부보고서 심의를 앞두고 있으며, 「유엔아동권리협약」 제31조에는 '아동의 놀 권리'에 대해 아동은 "휴식과 여가를 즐기고, 나이에 맞는 놀이와 오락 활동, 문화 예술 활동에 자유롭게 참여할 수 있는 권리"와 이를 위한 정부의 역할로 "각 나라 정부는 이러한 아동의 권리를 존중하고 증진하며, 모든 아동에게 문화, 예술, 오락 및 여가활동을 위한 적절하고 균등한 기회를 제공해야 한다."고 강조하고 있습니다.

대한민국은 1991년 「유엔아동권리협약」을 비준함으로써 협약 당사국의 책무를 이행할 것을 국내외에 약속했습니다. 이에 따라 정부는 우리나라에 살고 있는 모든 아동의 보호와 인권 증진을 위해 입법과 행정을 포함하여 필요한 조치를 취해 왔으며, 이러한 노력의 결과로 아동의 권리증진과 복지향상에 진전이 이루어져 왔습니다. 유엔아동권리위원회는 한국이 보고서를 제출할 때마다 아동의 놀 권리와 관련하여 한국의 극심한 교육경쟁과 사교육의 현실, 그로 인한 아동들의 정신건강 문제에 대하여 심각한 우려를 표명한 바 있습니다. 유니세프 한국위원회 역시 50.4%의 아동은 자신의 놀 권리에 대해 모르고 있으며, 22.3%의 아동들이 현재 놀이생활에 불만 또는 매우 불만족하고 있는 원인을 부족한 시간, 학업부담, 보호자의 이해 부족과 간섭이라고 한 바 있습니다.

놀이가 부족한 학교는 결코 우리 아이들에게 행복한 교육현장이 될 수 없습니다. 〈2018년 1차 학교폭력 실태조사〉에 따르면 피해 응답률은 1.3%로 2017년 1차

대비 0.4%p 증가하였고, 학교 급별로는 초등학교 2.8%, 중학교 0.7% 고등학교 0.4%로 2017년 1차때 각각, 0.7%p, 0.2%p, 0.1%p 증가하였다는 보고서가 2018년 9월 20일에 교육부에서 발표되었습니다. 이 보고서 결과, 초등학교폭력 상황이 증가하는 것을 알 수 있습니다. 유치원의 상황은 집계되지 않았지만 교사들과 부모들의 상담사례를 보면 유아들의 피해상황도 큰 것을 짐작하여 알 수 있습니다.

유아교육현장의 폭력은 장난으로 시작합니다. 장난을 계속하는 아이는 그 장난이 친구에게 괴롭힘이 되어 친구가 몹시 힘들어한다는 것을 잘 모릅니다. 이 책은 놀이중심으로 집필하는 것에 중점을 두었습니다. 장난과 괴롭힘 예방을 위한 모든 교육은 놀이를 통하는 것이 가장 효과적이기 때문입니다. 유아교육기관의 현장에서 괴롭히는 아이, 괴롭힘을 당하는 아이, 방관하는 아이, 방어하는 아이로 나누고 놀이중심의 활동을 통해 각각 아이들이 서로의 입장을 생각하며 장난과 괴롭힘을 줄이는 목적으로 집필하였습니다.

입, 손, 발은 우리의 중요한 기관임에도 불구하고, 입으로 괴롭히고, 손과 발로 장난하며 괴롭히는 사례가 많아 이를 이야기로 나누어 제시하였습니다. 이때 부정적인 장난과 괴롭힘의 상황은 인형으로 대신합니다. 긍정적인 놀이상황만을 현장에서 놀이로 활동하도록 하였습니다. 손과 입과 발로 하는 놀이는 2년여에 걸쳐 유아교육현장에서 놀이 활동을 한 결과를 다듬어서 놀이 활동으로 소개하여 배움으로 이어지게 하였습니다.

이제 지구촌은 하나의 공동체임을 교육현장은 실감하고 있습니다. 장난과 괴롭힘 예방을 위한 놀이중심의 세계시민교육은 평화로운 지구촌을 이끌어나갈 미래의 주인공들의 과제임에 틀림이 없습니다.

호모 루덴스(Homo Ludens)는 유희의 인간 '노는 사람'을 뜻하는 용어입니다. 인간의 본질을 유희라는 점에서 파악하는 인간관입니다. 유희라는 말은 단순히 논다는 말이 아니라, 정신적인 창조 활동을 가리킵니다. "잘 노는 사람이 성공한다"는 말이 있습니다. 요한 하위징아(Johan Huizinga)는 "인간은 놀이할 때 가장 인간다워진다"고 하였습니다. 사실 세상을 극적으로 변화시키는 것은 실용적인 목적으로 하는 행동들이 아니라 다른 사람들과 즐거움을 공유하기 위해 무심코 하는 행위들입니다.

현재의 아동들이 즐거움, 재미, 여흥, 놀이, 소요를 통해 놀라움의 지식경제를 만들어 나가는 과정을 지켜보기만 하지 않고 주인공이 되기를 원합니다. 사람들이 가장 신바람 나게 노는 곳에서 미래가 탄생한다는 것을 인식했으면 좋겠습니다. 정부와 지자체는 아동의 놀이 프로그램 확보를 위한 지원 방안, 아동의 놀잇감 확보를 위한 지원 방안, 미디어 및 인터넷을 이용한 놀이 위험을 줄이기 위한 지원 방안을 제시하여 주었으면 좋겠습니다. 학교와 유아교육현장은 행복한 아동들의 놀이공간으로부터 시작해야 합니다.

이 책은 1부와 2부로 되어 있습니다.

1부는 창의성을 기초로 한 4차 산업혁명 대비 교육, 세계시민교육을 위한 인격형성, 세계시민교육을 위한 권리교육, 다문화 이해를 위한 교육, 장애아동 이해를 위한 교육입니다. 2부는 장난과 괴롭힘 예방을 위한 사회·정서발달교육, 화와 분노를 다스리기 위한 교육, 환경교육을 위한 생명교육, 장난과 괴롭힘 예방을 위한 비폭력대화, 장난과 괴롭힘 예방을 위한 놀이, 장난과 괴롭힘 예방을 위한 대처 방법, 장난과 괴롭힘 예방을 위한 놀이 활동으로 되어 있습니다.

이 책을 집필하면서 출간을 맡아 주신 창지사 김기섭 대표님, 바쁜 일정에도 빠른 출간에 힘을 써 주신 이상대 상무님, 편집부 이초롱님께 진심으로 감사를 드립니다.

2019년 6월

저자일동 드림

차례

PART 1 4차 산업혁명시대 생존을 위한 교육

PART 2 장난과 괴롭힘 예방교육프로그램

PART 1

4차 산업혁명시대 생존을 위한 교육

CHAPTER 1

창의성을 기초로 한 4차 산업혁명 대비 교육

1. 4차 산업혁명대비 교육

혁신을 통한 4차 산업혁명의 여파를 가장 크게 받을 분야는 교육일 것이다. 가상현실, 즉 시뮬레이션 학습프로그램이 활성화되어 미래의 학생들은 일주일에 하루 이틀 정도만 학교에 가면 된다. 수업은 대체로 집안에서 받으며 실제 환경과 거의 차이가 없는 체험시뮬레이션 학습프로그램으로 원격 교육이 가능하며, 학생들은 VRH(Virtual Reality Headeset)를 쓴 후 고대 이집트를 여행할 수 있고, 가상현실을 통해 건강상의 이유로 학교에 갈 수 없는 아이들과 함께 교실에서 교육받을 수 있게 될 것이다. VRH는 이미 오락으로 문화에 깊숙이 들어와 있다.

AI와 인간이 공존하기 위해 필요한 능력은 창의적 사고, 과학적 지식, 수용적 지식, 메뉴얼적 지식을 위한 열린 선택권을 가지고 실험과 이론의 과학적 협력관계가 필요하다. 즉, 창의성과 협동심을 통해 협업하고 융합하는 경험을 하면서 서로 의견을 교환하고 소통하며 문제를 해결하는 것이다. 지금까지 초·중·고등학교, 대학교에서 거의 20년 정도 공부한 것이 나머지 생을 좌우했겠지만 4차 산업혁명 시대에는 죽을 때까지 새로운 세상에 적응하기 위해 공부해야 한다. 이는 과거에 집착하는 것은 경쟁에서 뒤처진다는 것을 의미한다. 창의력과 대인관계 영향력, 복합적인 문제해결 능력, 사회적 관계 기술이 4차 산업혁명 시대의 핵심 역량이라 할 수 있다(박영충, 2016).

1차 산업혁명부터 3차 산업혁명에 이르기까지 산업분야의 기계화가 가속되었던 그 중심에는 '사람'이 있었지만 4차 산업혁명은 양상이 전혀 다르다. 기술혁신이 인간을 위한 것일 수도 인간에게 해가 될 수도 있다는 아이러니에 인류가 직면할지 모르므로 개방, 소통, 협업의 마인드가 필요하다고 강조하고 있다(이영석, 2016).

많은 사람이 미래에 대하여 알기를 원하고, 또 정확하게 예측하여 미래를 대비하기를 바란다. 다가올, 특히나 가 보지도 않은 시대를 예측한다는 것은 결코 쉬운 일이 아니다. 실제로 많은 미래학자가 나름대로 미래를 예측해 보았지만 틀린 경우도 많았다. 피터 드러커 교수처럼 다가올 미래사회의 변화와 흐름을 정확히 예측한 학자도 있다. 우리는 교육의 변화가 사회의 변화를 따라가지 못할 때마다 '19세기 교실에서 20세기 교사들이 21세기 아이들을 가르친다.'는 표현을 자주 사용한다. 분명히 10년 후 미래의 교육은 전혀 다른 모습으로 변화되어 있을 것이다.

이제는 과거 산업화 시대에 효과를 발휘했던 암기 중심의 교육 시스템에서 탈피해야 하며, 미래에 펼쳐질 사회의 모습을 예측해 보고 이에 부응하는 교육 시스템으로 전환하지 않으면 안 된다. 교육혁신의 정도가 아니라 교육의 기본 틀이 바뀌어야 한다(김영식, 2018).

4차 산업혁명의 본질은 디지털기기와 인간의 물리적 환경의 융합이다. '모든 것이 연결되고 보다 지능적인 사회로의 진화'를 추구하며 물리적 공간과 사이버 공간이 결합되어 불연속성을 극복한 미래가 펼쳐질 것이다. 만물초지능 인터넷이 세계의 모든 나라와 기업, 세상의 모든 사람과 사물, 공간, 사건을 지능적으로 초연결하여 산업과 인프라의 재편과 혁신을 주도할 것이다. 산업 인터넷, 인더스트리 4.0, 로봇 신전략과 모든 사람의 지식, 모든 사물 데이터, 모든 프로세스 혁신과 함께 3D, 4D 프린팅을 통해 '생각하는 만물혁명'이 이루어질 것이다.

4차 산업혁명 시대에 요구되는 역량은 창의성과 도전정신, 자신감을 토대로 한 '자주적 진로개척'이며, 교사의 역할도 교과교육을 통한 개념적 지식 함양 외에 학생 스스로 삶을 설계하고 실천할 수 있도록 돕는 데 방점이 찍혀야 하고, 그러기 위해서는 교육학 관련 개념적 지식과 교과지식 중심으로 구성된 교원양성 과정에 커다란 변화가 있어야 한다고 밝히고 있다(송병국, 2018).

18세기에 시작된 1차 산업혁명은 영국의 증기기관의 발명으로 기인하고, 19세기에서 20세기 초까지는 2차 산업혁명으로 전기에너지 활용을 통한 대량생산이 가능해졌으며, 20세기 후반은 컴퓨터와 인터넷으로 촉발된 지식혁명으로 정보화라는 3차 산업혁명을 이끌었으며, 2010년대 중반부터 IOT(Internet of Things), Big data, CPS(Cyber Physical System), AI(Artificial Intelligence) 로봇으로 출발되는 시대에 접어들게 되었다. 가상현실(VR), 증강현실(AR), 복합현실(MR), 클라우딩 컴퓨팅, 3D 인쇄술, 드론 등의 4차 산업혁명의 혁신 기술들이, 교육분야에 심대한 변화를 가져올 것으로 예상된다.

1980년대 후반 잠깐 한국을 찾은 후 2016년 방한하여 "이렇게 중요하고 흥미로운 나라를 방문하게 돼 매우 설렌다."고 한 프린스턴 대학교의 경제학자 앵거스 디턴 교수는 한국은 '따라잡기 성장(catch-up growth)'을 통해 빠르게 발전해 왔으며, 부유해질수록 성장은 어려워지고 많은 문제가 생기므로 이제 '앞서가는 성장(leading growth)'을 이뤄낼 한국만의 방식을 찾아야 한다."고 경고했다.

또한 선진국이든 저개발국이든 저성장에서 빠져나올 해법은 혁신(innovation)으로 인류를 놀라운 속도로 성장시켜 온 혁신은 끝나지 않았으며 특히 지적 혁신(intellectual innovation)을 강조하였다. republic of letters로서 17~18세기 유럽과 미국의 학자들이 편지를 주고받으며 지식을 확산시켜 나간 운동이 유럽의 산업혁명보다 먼저 일어났다는 점에 주목하여, 과도한 정부의 개입이나 공산주의는 이러한 혁신에 효과적이지 않다는 것이 이미 입증됐음을 설명하였다.

아이디어의 공유가 결국 발전과 혁신을 불러일으킨다는 것인데 요즘은 인터넷으로 아이디어를 공유할 수 있다. 이것은 결국 발전에 큰 도움을 줄 것이다.

글로벌 성장의 정체 속에서 한국은 따라잡기 성장을 통해 빠르게 발전해 왔다. 지금까지는 자동차나 컴퓨터를 잘 만들면 되었고 발명할 필요는 없었지만 이젠 상황이 달라졌다. 발명 등 혁신을 통해야 성장할 수 있다. 엘빈 토플러 역시 한국인이 세계를 이끌기 위해 필요한 것은 상상력과 창의력을 키우는 것이라고 하였으며 "상자 밖에서 생각하라"고 했다. 현시대에 부모와 교사 역시 아이들이 행복하길 바란다. 좋아하는 일을 찾아 꿈을 이루며 창의적인 생각을 바탕으로 다양한 가치를 만들어 내고, 삶의 진정한 의미를 느끼며 살기 위해 호모루덴스(Homo Ludens: 놀이하는 인간)가 되어 손으로 놀이하며, 생각하며 놀이하듯 새로운 문화를 창조해야 한다는 것을 강조하고 있다(박영충, 2016).

알베르트 아인슈타인은 "컴퓨터는 놀랍고 빠르고 정확하지만 대단히 멍청하다. 사람은 놀랍게 느리고 부정확하지만 대단히 똑똑하다. 이 둘이 힘을 합치면 상상할 수 없는 힘을 갖게 된다."라고 말했다. 아무리 인공지능이 발달해도 인간이 잘할 수 있는 일은 분명히 있다. 인공지능을 비롯한 4차 산업혁명의 기술들을 어떻게 유용하게 사용하느냐에 따라 4차 산업혁명은 천사가 될 수도 있고, 악마가 될 수도있다.

2012년 8월 러시아의 재벌 드미트리 이츠코프(Dmitry Itskov)는 영생을 누리기 위한 특수 계획에 착수했다고 발표했다. 이즈코프의 계획은 단순하다. 로봇에 뇌를 이식해 죽지 않는 인간을 만드는 것이다. 인간의 뇌와 로봇을 합치면 영원불멸할 수 있다는 뜻이다. 2045년을 목표로 아바타프로젝트(Avatar Project)를 세웠다. 아바타 프로젝트의 목표는 다음과 같다.

- 2015~2020년: 사람의 뇌파로 로봇을 조정할 수 있는 시스템 개발
- 2020~2025년: 사람의 뇌를 이식할 수 있는 아바타 개발
- 2030~2035년: 인공두뇌를 가진 아바타를 만들어 인간의 개성과 의식을 이식
- 2040~2045년: 홀로그램 아바타, 즉 불멸의 존재 완성

이츠코프는 "질병과 장기의 퇴행이 없다면 인간의 두뇌는 200~300년 더 살 수 있다."면서 최종목표는 아바타를 이용해 불멸·불사가 가능하도록 하는 것이

라고 설명했다. 이 아이디어의 단초는 인간과 인공지능로봇을 접목한다는 것이다. 그동안은 인간의 두뇌를 복제해 인공지능로봇을 만드는 데 집중해 왔는데, 역으로 인간을 로봇으로 만들자는 아이디어가 나온 것이다(이종호, 2017).

한때 유아교육기관에 교사를 대신하여 학습용 로봇을 유아교실에 배치하였으나 효과를 거두지 못하고 장난감으로도 이용 가치가 없어 쓰레기로 전락한 사례가 있었다. 앞으로의 로봇은 지식과 정보는 물론 소외당하는 아이가 없이 누구에게나 지식을 반복적으로 제공해 줄 수 있는 긍정적 효과를 가져다줄 것이다. 로봇은 판단하지 않기 때문에 아이가 실수하더라도 위축이 들거나 두려워하지 않고 반복학습과 도전을 가능하게 한다. 앞으로 지식전달은 교사가 아니라 교사도움이로서의 로봇이 정보 찾기와 연습, 대화할 수 있는 환경을 제공해 주어 담당하게 되고, 교사는 소통, 창의력, 비판적 사고에 도움을 줄 수 있는 고차원적인 교실 내 활동에 참여하게 될 것이다.

최근 세계적으로 붐을 일으키고 있으며 우리나라에서도 개교할 것으로 예상되는 스티브잡스 학교에서는 아이가 학습의 주인이 되고 스스로 구구단을 배우고 개인맞춤형 교육을 하며, 스스로 책을 통해 혼자 공부하고, 형제가 함께 교육현장에서 활동을 하게 된다. 스포츠와 예술은 집단으로 진행되며 아이들의 창의성과 상상력, 협업을 기르도록 한다. 놀이와 코딩으로 활동하며, 문제해결을 통해 친구들과 의견의 차이와 다툼이 있어도 자연스럽게 소통하고 배려할 수 있게 된다. 아동들이 주도적으로 하는 자율적 학습이 주가 되고, 교사는 아이들의 창의성에 초점을 맞춘다.

학교의 존재 이유는 또래와의 상호작용과 협업이다. 즉, 로봇과 공생하는 기술, 개선, 자원 활용과 더불어 4차 산업혁명 시대에 생존하려면 학교를 통해 협업, 문제해결, 비판적 사고를 향상할 수 있도록 교육의 혁명을 이루어야 한다(EBS, 2017. 9. 18.).

급변하고 예측불가능한 이 시대에 생존하기 위해서는 세계경제포럼(The World Economic Forum)에서 제안한 복잡한 필수적 요소인 문제해결(complex problem solving), 비판적 사고(critical thinking), 창의력(creativity), 인력 관리(people management), 타인과의 협력(coordinating with others), 정서 지능(emotional intelligence), 판단과 의사 결정(judgement and decision making), 서비스 지향(service orientation), 협상 능력(negotiation), 인지적 유연성(cognitive flexibility) 등 열 가지가 필요한 것으로 정리할 수 있다(우연수, 2018).

1) 10년 후 우리에게 필요한 능력 세 가지와 교육의 변화

(1) 인간과 기계의 공존시대에 우리에게 필요한 것

① 독창성

인간은 복잡한 도구를 사용하여 예술작품, 스마트기기에 이르는 완전히 새로운 것들을 상상하고 창조한다. 인공지능이 바둑을 배워 최고의 바둑기사를 물리칠 수는 있지만 새로운 게임을 발명할 수는 없다. 인공지능은 로켓에 대해 학습하려는 욕구를 가질 수도 없다. 하지만 인간은 다르다. 인간은 창고에서 사업을 시작했어도 클라우딩 컴퓨팅을 활용해 몇 개월 안에 아이디어를 제품화할 수 있는 독창성을 필요로 한다.

② 적응성

인간은 극단적으로 다른 환경에 적응하면서 살아남았다. 이런 특성은 종으로 변성할 수 있었던 핵심적 특성이다. 지능형 기계는 인간의 상호작용 모델링을 개선하고 더 스마트한 결과를 도출할 수 있지만 자율적인 존재는 아니다. 전후 사정을 벗어나면 실행하지 못한다.

이렇듯 오늘날 인간은 새로운 기기와 함께 일하거나 산업용 로봇을 관리하는 기술을 배우는 등 스마트기기와 기계에 의해 구동되는 제4물결 속 생산 환경에 적응할 수 있는 적응성을 필요로 한다.

③ 윤리적 판단

인간은 선과 악 중 무엇을 선택해야 하는지 결정할 수 있다. 그러나 인공지능에는 그런 능력이 없다. 즉, 지능형 기계의 '도덕적 코드'는 인간이 부여한 것에 한정되어 있다. 한마디로 인공지능은 메타인지적 인식을 가지고 있지 않다.

AI가 편견·분노·맹목 같은 인간의 어두운 면을 답습하지 않도록 바르게 가르쳐야 한다는 경고도 나온다. 인간이 만든 데이터를 학습 재료로 삼는 AI가 인간의 나쁜 행동을 그대로 따라 하는 사례가 적잖이 발생하고 있어 제기되는 우려다. 예컨대 피의자의 재범 가능성을 예측해 판사에게 제공하는 '컴퍼스(COMPAS)'라는 소프트웨어는 유색 인종의 재범 가능성을 훨씬 크게 산정한다고 드러나 논란이 됐다. IBM 등의 얼굴 인식 AI를 분석했더니 백인 남성에 비해 유색 인종과 여성의 얼굴을 구별하는 정확도가 30% 가량 낮았다는 연구 결과도 있다. 구글의 검색 엔진에 'CEO'를 입력하면 정장을 입은 백인 남성만 우선 보여 줘 남성 우월주의가 검색 알고리즘에 뱄다는 비난도 일었다(김신영, 2018).

욕부터 배운 인공지능도 있어 우려를 자아내고 있다. 마이크로소프트사가 선보인 '테이(Tay)'는 16시간 만에 서비스를 중단하였다. 테이는 소셜네트워킹서비스(SNS)인 트위터와 모바일 메신저인 그룹미, 킥을 통해 서비스됐다. 사용자가 테이계정과 친구를 맺고 PC나 스마트폰의 문자메세지로 대화를 나눴다. 테이와 대화하는 중에 문장을 만들어 가며 폭언을 하는 황당한 답변이 나온 것은 테이가 악의적으로 사용자에게 세뇌당했기 때문인 것으로 분석된다.

사회적인 학습을 통해 인터넷 문화를 개선하는 것이 문제해결의 근본임을 강조하는 이유로 차를 몰아보지 않은 아이들이 음주운전은 나쁜 것이라고 인지하는 것은 그만큼 교육이 잘됐기 때문이므로 정부가 앞장서서 인터넷 문화 개선운동을 지속적으로 펼쳐야 한다고 강조하고 있다.

익명성이 사이버 폭력을 부추기는 게 사실이다. 온라인으로 남을 괴롭히면 엄한 처벌을 받을 수 있다는 것 또한 널리 알려야 한다. 인터넷 공간에서 벌어지는 명예훼손은 일반적인 그것보다 형량이 훨씬 높은 데도 이를 인지하는 사람은 별로 없다. 함부로 키보드를 놀리다가 큰일을 당할 수 있다는 사실을 전파해야 한다. 사이버 공간의 주요 특성 중 하나는 증폭현상이 나타나는 것이다. 자기생각에 맞는 글에는 과도하게 좋은 댓글을 달면서 반대 내용을 접하면 이성과 논리가 사라진 공격적인 글을 올리는 게 사람 심리이다(어기준, 2016).

인간은 행동과정을 평가하고 결과를 예측하며 가치판단을 내리는 도덕적 틀을 가지고 있다. 메타인지(metacognition), 즉 자신의 인지능력을 알고 스스로 이를 조절할 수 있는 상위인지 능력으로서 인간이 지닌 독특한 슈퍼파워이며 자율성의 본질이다. 인간은 메타인지를 통해 선과 악을 인지하고 공감하며 도덕적 선택을 한다. 인간이 집단적 목표를 성취하고 거대한 사회적 집단 속에서 발전하는 이유는 바로 이런 특별한 능력 때문이다. 즉, 윤리적 판단을 할 수 있는 능력을 필요로 한다.

2) 학교와 교사가 없는 교육의 시대를 대비하라

교사 없는 교육시스템이 부상하고 있다. 현재 전 세계적으로 1,800만 명의 교사가 부족해서 23%의 아이들은 학교에 가지 못한다. 그러나 이제는 배워야 할 게 많아지고 있는 현실에서 교사 부족 현상을 해결하기는 점점 더 어려워지고 있다. 따라서 앞으로는 교사 없는 교육, 즉 인공지능 교육시스템이 필요하며, 초연결 사회에서는 특정지역의 학교와 교사가 갖는 의미가 사라진다. 점점 더 많은 지역이 교사중심의 교육에서 학습중심의 교육으로 바뀌고 있다. 교육은 이제 막 중요한 변혁기에 접어들었고, 인공지능 기반의 '교사 없는 교육시스템'이 급속하게 부상하고 있다(박영숙·제롬글렌, 2017).

증강현실과 인공지능 결합 LG 유플러스, 유아 TV 서비스 출시로 인하여 LG 유플러스가 자사 인터넷 TV(IPTV)를 통해 증강현실(AR)과 인공지능(AI) 기술을 결합한 '아이들나라 2.0' 서비스를 시작하였다. 아이들나라는 LG 유플러스가 지난해 구글의 유튜브 키즈 콘텐츠와 다양한 어린이 동영상 콘텐츠를 제공하면서 시작된 유아용 TV 서비스다. 새로워진 '아이들나라 2.0'은 아이가 그린 그림이 TV 속 동화 콘텐츠의 주인공이 되거나 직접 색칠한 물고기가 TV 속 수족관에 나타나는 AR 활용 기능을 적용했다.

한준상(2017)은 중앙대학교 교수학습개발센터에서 교수들에게 '4차 산업혁명과 메타학습(배움학)'에 대하여 강조하였다. 메타학습으로서의 배움학(Erudition as Meta-Learning)에서 Meta는 경험을 통해 내가 어떤 상태인지를 깨닫고, 되돌아보고, 깨우치고, 성찰하는 지혜라고 한다. Meta는 성찰의 연속이며 Erudition은 배움으로서 Not Education이라고 한다. 즉, 자기가 가꾸는 성찰, 계획, 삶, 배움이라는 것이다. 그는 4차 산업혁명이란 학습방법을 급진적으로 바꾸는 학습도구와 방법의 혁명으로 결과적으로는 문화가 바뀌는 혁명(?)이라고 했다.

오늘날은 Cyber-Physical Systems D의 사용을 통한 4차 산업혁명으로 인지잉여로 여가시간이 증대되고, 시간과 리소스(자원)로 스마트중독을 야기시키고 있다. 사람은 배움의 동물(Homo Erudio)이다. 배움학(erudition)이란 새끼를 잉태하고, 배려하는 생명(living), 善(how do I live), 眞(who am I ?), 美(when breath become), 스며드는 버릇의 學(learning), 모르는 것을 탐색하는 연단(lightening)으로 배움학을 완성하기 위해서는 교수개념이 바뀌어야 한다. Team teaching, 동료학습 Mentor, Co-learner로 하며, 끊임없이 배우고, 배움의 본을 보여야 하고(mind set), 회복탄력성(resilliance)을 통해 고통을 돌파하고 치고 나가야 한다. 자기조절력, 자기동기력, 대인관계력으로 끈기(grit)를 키워 나가야 한다.

3) 스마트한 나라의 스마트기기가 없는 학교

실리콘밸리의 중심부에 있는 발도르프학교는 사립학교로 중학생이 될 때까지 가정에서 텔레비전이나 스마트기기를 멀리하도록 권장한다. 그렇지만 아이들이 구시대적인 사람으로 성장하기를 바라지는 않기 때문에 중학교 3학년부터는 아이들에게 스마트기기를 소개하고 있다. 발도르프학교의 부모들은 최첨단

기술에 대해 잘 아는 사람들이다. 더구나 아이들이 게임이나 만화영화를 본다고 해서 아이들이 악마에 중독된다고 여기는 사람들도 아니다. 그저 아이들이 다른 방식을 통해 더 많이, 그리고 더 잘 배울 수 있다고 생각하는 사람들이다.

모든 감각을 사용하면 더 잘 배운다. 컴퓨터는 도구일 뿐이다. 망치만 가지고 있는 사람은 모든 문제의 원인을 못으로 돌린다. 피에르는 실리콘밸리에서 15년간 일하고 있다. 그가 유능한 프로그램개발자가 된 계기는 바로 '호기심' 때문이었다. 그는 부모가 된 후 신경학과 인지학습기술에 대해 관심을 가지고 공부하였다. 그는 감각, 공간표현, 추상성의 학습의 중요성을 이야기하며 "쓰는 것을 배우려면 큰 동작부터 시작하는 것이 중요하다."고 하였다. 피에르의 설명에 의하면 작은 화면 위에 손가락으로 그림을 그리는 것으로 충분하지 않다고 하면서 "수학은 공간을 시각화하는 것에서 시작한다."고 하였다. 이는 발도르프학교에서 그림을 그리고 줄넘기를 하면서 곱셈을 익히는 것은 그런 맥락이라고 했다. "스마트기기를 사용한다고 해서 학습이 안 되는 것은 아니지만 배울 수 있는 것들이 제한됩니다. 왜냐하면 스마트기기를 사용하는 동안에 신체적이고 감정적인 경험이 차단되기 때문이지요."

아이들이 장난감을 비롯해 다양한 사물, 동물과 식물을 만지고 오감을 느끼며 세계를 배운다는 것은 이미 오래전 장피아제와 마리아 몬테소리가 증명한 바 있다. 두 손가락을 이용해 태블릿 화면 위에 그림을 그리거나 음악을 즐기는 것보다는 실제로 노는 활동, 그림 그리기, 음악활동 등을 하는 것이다. 책상에 앉아 색연필을 쥐고 뚜껑을 열고 종이를 잡아 이리저리 움직일 때 뇌가 더 발달되어 좌우의 대뇌반구가 만나는 뇌량이 발달된다.

오늘의 기술이 내일의 미지를 준비해 주지 않는다. OECD가 세계 각국의 만 15세 학생을 평가하는 국제학업성취도 평가(PISA)에서 상위권을 차지하는 나라는 한국과 폴란드이다. 이 아이들은 수학시험을 볼 때 계산기를 허용하지 않는다. 아이들은 빠르게 숫자 다루는 법을 배워야 하는 것이지 가방에서 계산기를 바르게 꺼내는 법을 배워야 하는 것은 아니기 때문이다(기맷포르, 2016).

2. 창의적 생각과 창의성 교육으로 지속화하기

1) 창의성의 개념

① 창의성은 창조성이라고도 하며 새로운 업적이나 가치를 이루어 내거나 만들어 내는 것이다. 또한, '새로움'으로 독창적, 독특한, 새로운, 신선한, 예기치 못한 것이며, '적절성'으로 유용한, 구체화된, 가치 있는, 의미 있는, 과제조건을 충족시키는 것이다. 따라서 창의성은 '개인 또는 집단의 창의적인 특성(인지적, 정의적인 요소포함)이 창의적 과정을 거쳐 사회적 맥락에 의해 새롭고 유용하다고 인정받을 수 있는 산출물을 생성할 수 있는 능력'이라 할 수 있다.

② 지능연구와의 친족관계로 창의성이란 새롭거나 독창적인 아이디어, 통찰, 재구조화, 발명 혹은 예술적 작품을 만들어 내는 잠재역량이다. 다만 그런 것들이 심미적 입장에서 또는 사회적으로나 기술적 측면에서 과학적으로 가치가 있다고 전문가들이 인정하는 것이어야 한다고 길포드는 말한다.

③ 접근 방법의 입장으로 '지능의 한 측면으로서의 창의성'은 비네와 시몬의 낱말에 운 맞추기, 문장 완성하기, 주어진 3개 낱말로 문장 만들기이며 '무의식과정으로서의 창의성'은 보이지 않는 신의 손이며, '문제해결의 요소로서의 창의성'이 있다.

④ 연합과정으로서의 창의성은 경험의 원리, 관계의 원리, 상호상관의 원리로 확산적 사고는 아이디어의 유창성, 표현의 유창성을 말한다.

⑤ 산출물로서의 창의성은 희귀한 반응의 산출물(비상함, 참신함), 정교한 산출물(적합함), 원격적 경험이나 지식의 요소와 연합된 산출물을 말한다.

⑥ 과정으로서의 창의성은 사람과 과정, 산출, 맥락이 합하여 창의성이라고 설명한다.

2) 창의성과 혁신

창의적인 인재를 창출하기 위해서는 혁신교육이 답이다. 창의적인 인재가 요구되는 시대에 발맞추어 창의성과 문제해결력을 높이는 과학, 기술, 공학, 수학을 융합한 이른바 STEM(Science, Technology, Engineering, and Mathematics)에 힘을 싣는 등 교육 혁신을 이루어 가려는 노력을 하고 있다. 창의와 혁신은 서로 맞물려 있다고 할 수 있다.

최근 우리나라에서도 메이커 스페이스를 강조하고 있다. 메이커 스페이스로 손쉬워진 기술을 이용해 무언가를 만들어 내는 1인 제작자들이 늘고 있다. 전에는 과학자나 엔지니어가 만들어 내던 로봇과 자동차를 누구든지 만들 수 있는 혁신적인 세상이 된 것이다.

4차 산업혁명이 시작되면서 기존에는 쉽게 살 수 없었던 부품을 3D 프린터를 이용해 만들어 내거나 온라인을 통해 프로그램을 손쉽게 살 수 있게 되면서 가능해진 일이다. 메이커들이 4차 산업혁명의 기폭제 역할을 할 수 있도록 적극적인 지원을 펼치고 있는 혁신의 시대인 것이다. 인간은 놀이를 통해서 완전한 몰입을 경험하며 이때 창의적인 아이디어가 나오며 혁신의 실마리를 얻을 수 있다.

3) 창의성과 놀이

유아는 놀이를 통해 세상을 배운다. 놀이를 통해 뇌가 발달하고, 호기심이 유발되며 자기 이해를 통해 성숙하고, 상상력과 함께 유아에게 필요한 창의성이 발달된다. 놀이가 문화라고 한 요한 하위징아(Johan Huizinga)는 인간을 동물들과 확연하게 구분할 수 있는 특징은 '놀이'라고 그의 책 『호모루덴스』에서 언급하기도 했다.

유아는 단순한 물리적 도구의 사용에서 더 나아가 도구를 가지고 상상하고 놀이하며 창조하는 도구 제작자이며 사용자이다. 그러므로 유아기부터 도구를 단순히 사용하는 것이 아니라 새로운 것을 제작하고 문제를 해결하며 재미를 느끼고 성취감을 느낄 수 있는 놀이 환경과 경험이 준비되어야 독창적이고, 독특하고, 새로우며, 신선한 놀이로서 향상될 수 있는 것이다.

정재승(2018)은 그의 책『열두발자국』에서 "놀이는 계속하고 싶은 속성이 있으며 중독의 위험성도 있다. 실제로 도파민을 많이 방출시키는 놀이는 중독을 불러일으킬 만한 위험성이 있다. 다른 사람을 괴롭히면서 노는 것도 영장류에게서 굉장히 자주 목격되는 현상이라고 한다. 다르게 말하면 누군가를 괴롭히는 행위 자체가 인간에게 즐거움을 준다는 것이다. 그러나 이는 좋은 놀이라고 할 수는 없다. 왕따 가해자인 아이들에게 '왜 친구를 괴롭혔니?'라고 물어보면 '그냥 노는 거예요, 장난이예요. 재미있어서요.'라고 한다. 이것은 놀이가 가지고 있는 어두운 측면이다. 그렇기 때문에 세상의 모든 놀이가 고무되어야 한다는 것은 아니다. 그럼에도 놀이란 우리 아이들이 다른 아이를 어떻게 대해야 할지를 배우는 가장 좋은 방법이다."라고 하였다.

4) 창의적 생각 기법

(1) 스캠퍼(scamper)

창의적 생각 기법의 하나인 스캠퍼는 아이디어를 창출시키고자 하는 체크리스트로 브레인스토밍 기법을 고안한 오스본의 체크리스트를 에벌(B. Eberle)이 1971년에 간단하게 재구성한 창의적 사고 기법이다. SCAMPER(Substitute, Combine, Adapt, Modify, Magnify, Minify, Put to other uses, Eliminate, Reverse, Rearrange)는 다음과 같은 질문에 해당하는 영어단어의 첫 철자를 의미한다(전경원, 2000 재인용).

① Substitute: **대체하면?**

다른 무엇으로?, 다른 누가?

② Combine: **결합하면?**

새로운 무엇과 결합시키면?, 여러 가지 목적들을 결합하면?, 아이디어들을 결합시키면?

③ Adapt: **응용하면?**

이것과 비슷한 것은?, 이것에 다른 어떤 것이 적용될 수 있나?, 과거의 것과 비슷한 것은?

④ Modify, Magnify, Minify: **변형, 확대, 축소하면?**

이것을 약간 변형시키면?, 더 강하게 하면?, 더 간소화하면?

⑤ Put to other uses: **다른 용도로 하면?**

다른 사용 용도는?, 수정해서 다른 데 사용 가능한가?, 맥락을 바꾸면?

⑥ Eliminate: **제거하면?**

이것을 없애버리면?, 없어도 할 수 있는 것은?, 수를 줄이면?

⑦ Reverse, Rearrange: **뒤집기, 재배열하면?**

거꾸로 하면?, 역할을 바꾸면?, 다른 순서로 바꾸면?, 원인과 결과를 바꾸면?

(2) 브레인스토밍(brainstorming)

브레인스토밍의 실시과정에서의 기본규칙은 다음과 같다.

① 판단보류: 다른 유아가 어떤 아이디어를 제시하더라도 그 아이디어를 비판하지 않는다.

② 자유토론: 아이디어가 아무리 허황되고 비현실적으로 여겨지더라도 아이

디어를 모두 표현하도록 한다.

③ 질보다 양: 아이디어의 질보다 양을 우선시하여 일정 시간 동안 가능한 한 많은 아이디어를 산출한다.

④ 결합과 개선: 다른 사람의 아이디어를 수정하거나 확장시켜 자신의 아이디어와 결합해 새로운 아이디어를 산출하도록 한다.

(3) 브레인 라이팅(brain writing)

독일의 홀리제르(H. Holliger)가 창안한 방법으로 침묵을 지키며 진행하는 집단 발상 기법이다. 여섯 명이 참가하여 세 개씩의 아이디어를 생각해 5분 이내에 기입한다는 조건을 주는 '6, 3, 5 기법'이라고도 불렀다. 브레인 라이팅의 원리는 브레인스토밍과 유사하지만 아이디어 산출 과정에서 약간의 차이점을 보인다. 브레인 라이팅은 개인 각자가 정해진 용지에 본인의 아이디어를 차례대로 돌아가면서 기록하게 된다.

(4) 마인드맵(mind map)

마인드맵은 영국의 심리학자 부잔(T. Buzan)이 핵심개념 간의 상호관련성이나 통합성을 좀더 시각적으로 일목요연하게 표현하게 함으로써 창의적인 사고를 유도하기 위한 방법이다. 아이디어를 주제별로 묶어서 중심 이미지, 주가지, 부가지를 선으로 연결 지으면서 방사적으로 표현하는데 이때 아이디어들을 다른 색상과 상징적 형태로 표현하여 아이디어 간의 관계를 쉽게 파악하도록 할 수 있다.

5) 창의성 교육 지속하기

현재의 교육 시스템과 미래의 직업 트렌드 사이의 온도 차를 극복하기 위해서 이제부터라도 미래 사회를 준비하는 '배움'의 의미는 물론, '배움의 틀'도 달라져야 한다. 지식 그 자체보다는 지식을 습득하고 새로이 구성해 가는 창의적인 학습 능력에 더 주목해야 할 것이다. 공감, 공유, 소통 등 인간만이 가지고 있는 고유한 능력을 성장시키는 것에 더 주목해야 할 것이다. 이제 미래의 아이들은 빠르게 변화가 시작된 교육의 틀을 스스로 주도하고 만들어 가야 한다. 그에 걸맞은 교육 환경은 지식과 기술의 불평등을 해소하는 노력을 계속하면서 이러한 시대적 변화의 요구에 함께 발맞춰 나가는 것이 되어야 할 것이다.

독서를 통해 이해력과 상상력을 키워 나가면 뇌가 활성화되어 창의적인 사고에 바탕을 제공한다. 이야기를 읽으면 실제로 경험하고, 실제로 냄새를 맡거나 듣거나 보는 것처럼 느끼게 된다.

냄새가 강한 단어를 읽을 때 실제로 냄새를 맡을 때 관여하는 후각피질 영역이 활성화되었고, 후속적으로 시각을 자극하는 색깔 단어도 읽게 했더니 이번에도 마찬가지로 실제로 색을 볼 때 활성화되는 뇌의 영역이 똑같이 활성화되었다고 한다.

(1) 창의적 교육과정 이해

교육과정 안에서 유아들에게 진정한 자유가 없는 곳에는 놀이도, 창의도, 혁신도 없다는 기본 개념을 교사들이 직시해야 한다.

① 자유를 주자

창의의 반대말은 안정감이다. 창의력의 기반은 자유다. 그 원천은 개인주의다. 모범생의 행동은 예측 가능하지만 창의적인 생각을 하는 아이는 예측이 불가능하다.

② 긍정 유인을 주자

인간의 교육에는 긍정 유인은 상, 부정 유인은 벌이다. 이 둘은 모두 필요한 유인이지만, 창의를 키우는 데 있어서 부정 유인은 도움이 되지 못한다. 창의적이지 못하고 능동적 사고가 모자란 사람이나, 안정감 있게 책임감을 가지고 맡은 바를 다 하는 사람에게서 창의와 혁신이 나오리란 기대를 하기는 어렵다. 창의란 오직 긍정 요인을 통해서만 나온다. 긍정 유인을 던지기 위해서는 긍정 유인을 받는 사람이 무엇을 요구하고 있는지를 명확히 이해하고 있어야 한다. "네가 만일 창의적인 대안을 제시한다면 나는 네가 원하는 것이 이루어질 수 있게 해 주겠어."라는 전제조건을 주고 무한칭찬을 해야 한다.

③ 낯설게 하자

일상적 사고하기를 통해서는 창의와 혁신이 나오기 힘들다. '사과는 빨갛고, 바나나는 길다'와 같은 한정된 생각으론 창의적 사고를 펼치기에는 한계가 있다. 낯선 경험, 즉 초록사과와 짧고 뭉툭한 바나나를 경험하고, 다양한 체험과 다양한 책을 접하는 것을 통해서만이 가능하다.

교사나 부모는 아동 개개인의 심리학적 측면, 고유한 힘, 취향, 이해관심(interest: 흥미)에 대해 지속적인 관심을 기울이는 동시에 그러한 본능과 성향을 사회적인 의미로 해석할 수 있어야 한다. 이를 위해 아동의 이해관심에 대한 지속적이고 공감적인 관찰이 필요하고, 아동이 가지고 있는 힘을 발견하고, 아동 스스로 경험을 재구성하도록 안내하고 지도해야 한다.

교육기관은 협동과 유대가 중심이 되는 공동체적 삶의 공간으로서, 유아가 사회적인 협동정신과 공동체 생활의 정신을 길러주는 것을 목표로 하여 유아의 삶을 중심으로 기관이 조직되어야 한다. 아동의 욕구, 이해관심을 교육 활동 중심에 둔다는 것은, 유아가 자기 마음대로 하도록 내버려 두거나 단순히 욕구를 충족해 주는 것을 의미하는 것이 아니며 교사는 설명만이 아닌 안내와 지도를 통해 교육적 목적을 달성할 수 있어야 한다. 엄격한 교육과정을 중요하게 여기는 환경에서는 훈육과 교사의 '지도와 통제', '규칙'을 강조하지만 아동의 경험을 중요하게 여기는 환경에서는 '이해관심'을 표방하며 아동의 '자유와 창의', '자발성'을 주장한다. 따라서 현재 아동이 가지고 있는 힘과 가능성 이해관계가 더 좋은 단계로 성장할 수 있는 동력을 얻게 된다. 교사의 과제는 아동이 현재 가지고 있는 경험을 더 풍부하고 완성도 높은 학문으로 연결하는 단계와 방법을 발견하고 아동의 경험과 교육과정 사이를 매개해야 한다.

교사는 듀이의 진보주의 교육을 하기 위해 '아동의의 개별성과 자유를 존중, 학습의 본성과 경험에 기초한 교육내용을 구성, 형식성으로부터의 탈피, 능동성을 강조하고, 인간적이고 사회적 관계를 중시하여 교육기관 밖의 사회에서 이루어지는 의사소통과 교류에 대한 커다란 관심'을 가져야 한다. 아동의 개별성은 특별한 순간에 아동이 좋아하는 것, 하고 싶은 것에서 발견되는 것이 아니다. 아동이 지속적으로 하는 행동 속에서 발견되는 것이다. 진보적인 교육은 결코 즉흥적이며 변덕스러우며 비일관된 교육이 되어서는 안 됨을 분명히 하고, 창의성을 오해하지 않는다. 우연적이고 즉흥적인 유혹에 휘둘리지 않기 위해 듀이는 지식을 조직함으로써 더욱 장기적이고 지속적인 활동이 이루어져야 한다고 본다. 조직화된 지식은 스스로 한 활동으로부터 생겨난다(마틴 드워킨, 2013).

(2) 창의적 교수-학습 활동을 위한 교사의 역할

① 교사의 높은 열성이 필요하다.

② 학습방법, 학습률, 오류와 같은 개인차를 인정하라.

③ 유아들의 능력에 맞는 교육과정을 운영하라.

④ 교사는 유아들로 하여금 자신들을 언제나 지원해 주는 입장에 있다는 인식을 갖도록 하라.

⑤ 자발적인 프로젝트 수행을 허용하고 격려하라.

⑥ 또래들의 순응압력을 지나치게 의식하지 않도록 하라.

⑦ 유아들이 특정한 영역에서 성공을 경험하도록 하라.

⑧ 성취가 낮은 유아의 잠재력을 인정하라.

⑨ 지능지수를 맹신하지 말라.

⑩ 우수한 성적을 받도록 강요하지 말라.

⑪ 발산적 아이디어를 격려하라.

⑫ 교수계획에 너무 얽매이지 말고 변화를 시도하라.

토런스(Torrance, 1981a, 1981c)는 창의적 학습이 동기, 경각심, 호기심, 집중, 성취 등을 향상시킨다고 하였다.

(3) 창의적인 교수가 이루어지는 교실

① 베일(Vail)은 용기, 쾌활, 호기심, 근면, 유머, 자신감, 소속감, 존엄 등은 열띤 분위기 속에서 자유롭게 사고하고 학습하는 것을 도와줄 것이라고 강조하였다.

② 교육과정의 범위를 뛰어넘는 활동, 연속되는 활동, 아이디어나 느낌의 충분한 교류, 다양하고 적극적인 의사표현, 자신감의 향상, 창의적인 성장과 표현의 향상, 비생산적인 활동이나 문제행동 감소, 학교와 학습에 대한 열의가 있다.

(4) 아이들의 생각을 경청하는 교실

① 자유로운 분위기에서 이야기하도록 유도한다.

② 손을 들어서 이야기하는 것을 자제한다.

③ 유아가 이야기할 때 유아의 말을 교사가 반복하지 않는다.

④ 유아의 이야기를 들을 수 있도록 유도한다.

⑤ 친구가 무엇을 말했는지 이야기하도록 한다.

3. 회복탄력성 향상 교육

1) 회복탄력성

회복탄력성은 자신에게 닥치는 온갖 역경과 어려움을 오히려 도약의 발판으로 삼는 힘이다. 바닥을 쳐본 사람이 높게 날아오를 힘을 갖게 되는 것이 바로 회복탄력성의 비밀이다.

① 자기조절 능력은 감정조절 능력과 충동통제력과 원인분석력을 합한 것이다.
② 대인관계 능력은 소통 능력과 공감 능력과 자아확장력을 합한 것이다.
③ 긍정성은 자아낙관성과 생활만족도와 감사하기를 합한 것이다.

위와 같이 자기조절 능력, 대인관계 능력, 긍정성의 요인들이 회복탄력성이다. 심리학에서는 이러한 잠재적 힘을 회복탄력성(resilience)이라고 지칭하는데 최근 회복탄력성은 개인의 내적 특성인 스트레스와 어려움이 개인에게 미치는 영향을 완충하고 중재시키는 보호 요인으로 주목받고 있다(강창실, 2008; 김주환, 2011).

(1) 회복탄력성과 자아

케니만 교수는 심리학자이면서도 노벨 경제학상을 수상한 사람으로 한 인간에게는 경험자아와 기억자아로 구분되는 두 존재가 공존하고 있다고 설명하였다. 경험자아는 현재 내가 경험하는 것을 느끼는 자아로서 이 자아는 지금까지 벌어지는 기쁜 일이나 쾌락을 즐기고 고통이나 괴로움을 피하려고 한다. 한편 기억자아는 지나간 경험을 회상하고 평가하는 자아다. 그러한 회상은 이야기하기의 형태로 나타난다. 지금 무슨 일을 어떻게 할 것인가는 전적으로 기억자아에 의존해서 이루어진다는 것이다. 다시 말해 기억자아만이 우리가 세상을 살아가는 데 있어서 중요한 자아라고 하는 것이다.

회복탄력성은 '기억하는 자아'의 문제다. 기억자아는 자신의 경험에 대해 끊임없이 의미를 부여하고 스토리텔링을 하는 자아다. 기억자아가 자신의 고난과 역경에 대해 긍정적인 의미를 부여하고 긍정적으로 스토리텔링하는 능력을 지닌 사람이 바로 회복탄력성이 높은 사람이라 할 수 있다.

(2) 회복탄력성과 창의성

회복탄력성과 창의성과 연관이 있는 것은 기능적 고정성 즉 고정관념의 파괴를 극복하는 힘이 곧 긍정적인 정서를 유발하기 때문이다. 코넬대학교 엘리스 아이센 교수가 밝혔다. 긍정적인 정서를 유발하기 위해 코미디영화를 관람하게 했으며 감사의 표시로 하나의 캔디를 지급했을 때 실험자들의 긍정적 정서가 상승되었다는 것이다. 긍정적인 정서는 여러 가지 문제해결 능력을 높였으며 상상력과 창의성이 필요한 확장된 연상작용 능력에서도 상승됨을 보여 주었다는 것이다. 즉, 다른 조건이 동일할 때 코미디영화를 보거나 주스나 과자를 받는 학생들에게 효과가 있었다고 한다. 긍정적인 정서는 무언가 새로운 것을 찾으려는 진취성과 도전성도 키워 준다. 긍정적인 정서가 많은 사람은 새로움을 추구하려는 성향이 강하다는 것이다. 행복한 사람은 항상 도전적이고, 진취적이고, 새로움을 추구하기 때문에 더 많은 기회가 찾아오는 것이다.

(3) 회복탄력성과 자율성

자율성이 행복을 가져온다. 아이들이 스스로 공부에 즐겁게 몰입할 수 있으려면 자율성을 키워 주어야 한다. 자율성에 기반한 충동통제력이야말로 아이들을 건강한 정신으로 한평생을 살아갈 수 있게 하는 회복탄력성의 근간이 된다. 이것이 자기 결정성에 대해 수 십년간 연구해 온 디시와 라이언의 결론이다(Harker & Keltner, 2001 재인용). 자기 결정성 이론에 따르면 자율성이야말로 인간의 능력발휘와 행복을 위한 필요조건이다. 같은 일이라도 자기가 선택했다는 느낌이 들어야 인간은 흥미를 느끼는 반면 꼭 해야 하는 것이라는 압박을 느끼는 순간 그것에 대한 흥미를 급속히 잃어버리기 시작한다. 아이들 스스로 계획을 세우고 스스로의 삶의 즐거움을 찾도록 도와주어야 한다.

(4) 회복탄력성과 자아확장력

자아확장력이란 자신이 다른 사람과 연결되어 있다고 느끼는 정도다. 자아확장력이 높은 사람은 자아개념 속에 타인과의 관계에 대한 전제가 깊이 내재되어 있다. 즉 자기 자신에 대해 생각할 때 이미 타인과의 관계 속에서 자기 자신을 이해하는 것이다.

자아확장력은 그 사람의 친구관계를 보면 알 수 있는데 친구관계는 완전히 자발적인 관계이다. 친구관계는 다른 인간관계와는 달리 생물학적으로나 법적으로 혹은 특정한 조직에 의해 구속되거나 제한되지 않는다. 배려하고 관심을 표명하는 것을 배워야 한다. 그래야 친구를 얻을 수 있다.

친한 친구와 있으면 사람들은 평균 30배 이상 더 많이 웃는다고 한다. 그것은 건강한 어린아이로 돌아가기 때문이다. 자기조절 능력과 대인관계 능력이 높은 사람은 친밀한 관계를 잘 만들고 유지시킨다. 좋은 친구는 소통 능력, 공감 능력, 자아확장 능력을 높여 주며 이렇게 높아진 대인관계 능력을 통해 우리는 좋은 친구를 많이 얻게 된다. 이러한 선 순환은 회복탄력성을 더욱 높여 준다.

역경을 극복한 사람들은 역경을 극복했기 때문에 역경을 긍정적으로 보는 것이 아니라 역경 자체를 긍정적으로 봤기 때문에 역경을 극복할 수 있었던 것이다. 역경을 긍정적으로 받아들여 그것을 도약의 기회로 삼는 것, 그것이 바로 회복탄력성의 핵심이다.

회복탄력성의 습득은 훈련과 연습의 과정을 거쳐야 한다. 이 훈련은 뇌를 재회로화(rewiring)시키는 일이다. 뇌가 부정적인 사건에 긍정적으로 대처할 수 있도록 뇌의 반응기제를 바꾸는 일이다.

(5) 회복탄력성과 자기조절 능력

자기조절 능력과 대인관계 능력을 교육현장에서 교육하여 회복탄력성을 지닌 건강한 인간으로 만들어야 한다. 우리의 삶은 인간관계의 총합으로 이루어지고 인간관계는 소통으로 형성된다. 관계가 있고 나서 소통이 있는 것이 아니라 소통을 통해 인간관계가 형성되고 유지된다. 소통과 인간관계를 가능하게 하는 자기조절 능력과 대인관계 능력은 긍정적 정서를 필요로 한다.

회복탄력성은 마음의 근력이다. 이것을 이루는 요소인 자기조절 능력의 기반은 자기 이해 지능이다. 높은 수준의 자기 이해 지능은 감정조절력으로 나타난다. 감정조절력은 압박과 스트레스 상황에서도 평온함을 유지할 수 있는 능력이다. 또한 분노나 짜증처럼 부정적인 감정을 억누르는 것만을 의미하는 것이 아니라 긍정적인 감정을 스스로 불러일으켜서 신나고 재미있게 일할 수 있는 능력을 의미한다.

긍정적인 정서가 창의성과 문제해결 능력을 현저하게 향상시킨다는 사실이 입증되었다. 긍정적 정서는 무언가 새로운 것을 찾으려는 진취성과 도전성도 키워 준다.

회복탄력성을 이루는 아주 중요한 요소로 충동통제력이 있다. 충동통제력은 자신의 동기를 스스로 부여하고 조절할 수 있는 능력과 관계된다. 이는 자율성을 바탕으로 고통을 즐기며 고통의 과정을 즐거움으로 승화시키는 마음의 습관이라 할 수 있다.

원인분석력 역시 닥친 문제를 긍정적으로 바라보면서도 그 문제를 제대로 해결할 수 있도록 원인을 정확히 진단해 내는 능력을 말한다. 원인분석력을 갖춘 사람은 자신에게 닥친 사건들에 대해 긍정적이면서도 객관적이고 정확한 스토리텔링을 할 수 있다. 자기조절력과 감정통제력은 주로 감정의 문제이며 이는 뇌의 변연계와 관련된다. 반면 원인분석력은 주로 이성의 문제이며 이는 대뇌피질, 특히 전두엽과 관련이 깊다.

(6) 회복탄력성과 사회성

회복탄력성이 높은 사람은 뛰어난 사회성을 지닌 경우가 많다. 역경과 위기가 닥쳤을 때 주위 사람들로부터 많은 도움을 받게 되는데 이는 평소에도 대인관계를 잘 유지해 왔기 때문이다. 이러한 것이 가능하게 하기 위해서는 소통 능력, 공감 능력, 자아확장력을 향상시키는 것이 중요하다. 소통 능력은 감정이입과 상대방에 대한 배려의 능력, 감정 지능, 사교적 지능이 포함된다.

김주한(2018)은 소크라테스의 '네 자신을 알라'라는 말을 자기조절 능력을 높이라는 의미이며, 부처의 '자비'와 예수님의 '이웃사랑'은 대인관계 능력을 향상시켜 보다 원숙한 인간관계를 형성하라는 가르침이며, 공자의 인(仁)은 인간관계의 가장 이상적인 상태를 일컫는 말이라고 하며, 사람은 혼자서는 절대 어질 수 없다고 했다. 이러한 가르침의 공통점은 모두 자아확장력에 기반한 인간관계를 인간성의 핵심으로 본다는 것이다. 인간(人間)이라는 말에 사이 간(間)이 포함된다는 점에서 인간의 본성에는 인간관계가 이미 전제되어 있음을 알 수 있다고 하였다. 어려서부터 좋은 친구를 많이 만들어 놓는 것은 우리를 더욱 행복하고, 강하게 해 준다. 좋은 친구는 우리의 소통 능력, 공감 능력, 자아확장 능력을 높여 줄 것이며 이렇게 높아진 대인관계 능력을 통해 우리는 좋은 친구를 많이 얻게 될 것이다. 이러한 선 순환은 회복탄력성을 더욱 높여 줄 것이다.

(7) 회복탄력성과 공감 능력

공감 능력은 다른 사람의 심리나 감정상태를 잘 읽어낼 수 있는 능력을 말한다. 이 능력은 인간관계를 잘 유지하고 타인을 설득하기 위한 기본적 자질이다. 공감 능력은 적극적인 듣기나 표정 따라 하기 등의 훈련을 통해서 증진시킬 수 있다. 커뮤니케이션 학자들은 공감에 대해 '다른 사람의 감정이나 생각을 감지하고 그것을 상대방의 입장에서 대신 경험하는 인지적 과정'이라 정의내리고 있다. 뇌 과학자들은 공감 능력의 핵심은 뇌의 거울신경(mirror neuron)에 있다고 본다. 고통을 당해 본 경험이 있는 사람이 다른 사람의 고통에 대해 공감할 수도 있겠지만 지금 당장 본인이 고통스러운 순간에는 타인의 고통에 대해 거울 뉴런이 활발하게 작동하지 않는다는 뜻이다.

거울신경계만이 공감을 가능하게 해 주는 것이 아니다. 공감을 위해서 꼭 필요한 능력은 상대방의 입장을 헤아릴 수 있는 역지사지(易地思之)의 능력이다. 입장을 바꿔서 상대방의 입장에서 사물을 바라볼 수 있는 능력은 소통과 인간관계를 위한 가장 기본적인 능력이다.

학자들은 이처럼 다른 사람의 마음과 입장을 헤아릴 수 있는 능력을 마음이론(Theory of Mind: TOM)이라 부른다. 아이들이 마음이론을 갖추기 시작한다는 것은 자아의식을 갖기 시작한다는 것과 같다. 너와 나를 구분하고, 너의 입장을 헤아리는 순간 우리는 주체로서의 자아를 확립하기 시작한다. 공감 능력을 높이기 위해서 내측전전두엽(Medial Prefrontal Cortex: MPFC) 부위를 활성화시키는 노력을 해야 한다. 차분히 앉아서 자기 자신을 돌이켜 보는 반성 혹은 명상의 시간을 갖는 것이 도움이 된다. 감정이나 내 생각의 흐름을 스스로 돌이켜 보는 것만으로도 뇌는 공감 능력과 역지사지의 능력을 발휘할 준비를 갖추게 된다. 자기 이해 지능과 대인관계 지능은 이처럼 밀접하게 연관되어 있다.

뇌의 성장과 인간관계의 밀접한 연관성에 관해서는 다니엘 시겔의 연구 역시 주목할 만하다. 시겔에 따르면 유아기 때 엄마와의 상호작용은 아이의 미성숙한 뇌를 구조적으로 성숙하게 하는 과정에서 결정적인 역할을 담당한다. 뇌의 생물학적 발전과 성장은 부모와의 친밀한 관계에 의해 결정된다. 아기의 뇌는 가소성을 지니며 생후 1~2년 동안 받는 자극에 의해서 뇌의 시냅스가 형성되고 이때 뇌의 많은 것이 결정된다. 엄마의 따뜻하고 포근한 품과 애정, 대화를 통해 아기의 뇌는 점차 사회적 능력을 갖게 된다. 공감 능력이 떨어지는 보호자는 배가 고파 우는 아기에게 기저귀를 갈아 준다. 이는 교육 수준이나 지능과는 무관하며 공감 능력의 개인차에서 비롯되는 것이다.

2) 회복탄력성 향상교육

(1) 긍정적인 정서훈련

회복탄력성을 높이기 위해서는 긍정적인 뇌로 바꾸어 주는 노력이 필요하다. 긍정적인 정서를 키워 준다면 아이들이 스스로 행복감을 느끼고 이는 자기통제력 향상으로 이어진다. 나아가 자신의 행복을 타인에게 나눠 줌으로써 대인관계 능력의 향상을 기대할 수 있게 된다.

긍정적 정서의 훈련을 통해 긍정적인 뇌로 변화시킨다는 것은 바로 이 행복의 수준을 끌어올린다는 뜻이다. 행복의 기본 수준을 끌어올려야만 긍정적 정서의 지속적인 향상이 가능해지고 결국 회복탄력성이 높아진다. 행복의 기본수준이 높은 사람을 낙관적인 사람이라 부른다. 낙관성이 높은 사람은 주어진 상황은 언젠가 좋아지리라는 믿음을 지닌 사람들이다. 신체적으로도 건강하고 우울증에도 덜 걸린다. 성취도도 높고 업무생산성도 높다. 낙관성을 지닌 사람은 무엇인가를 해낼 수 있다는 스스로에 대한 믿음이 있으며, 자신의 한계를 벗어나 일상 너머로 뻗어 나가려는 적극적인 자세를 지닌다. 새로운 것에 대한 도전을 두려워하지 않으며, 익숙한 현실과 반복적인 일상에 안주하기를 거부하고 새로운 영역으로 스스로 확대시켜 나간다.

낙관적이고 긍정적인 사람은 높은 수준의 자율성과 자기 효능감을 지니기 마련이며 따라서 통제 소재를 흔히 자기 안에서 찾는다. 스스로 노력하여 지금 벌어지는 일들을 자신이 원하는 방향으로, 삶을 능동적으로 이끄는 사람이다.

(2) 감사하는 마음 갖기

회복탄력성 향상을 위한 또 다른 방법은 감사하는 마음을 갖는 것이다. 감사하는 마음 상태에서 뇌파를 측정해 보니 명상과 집중의 상태에서 흔히 발견되는 알파파가 발견되었다고 한다.

(3) 규칙적으로 운동하기

규칙적인 운동은 뇌를 행복하게 해 줄 뿐 아니라 머리를 좋게 해 주기도 한다. 운동은 늙은 신경세포 간에 연결된 망을 만들어 내며 뇌세포에 혈액과 영양을 공급한다. 특히 운동을 할수록 뇌에서 생기는 향신경성 물질이 지적 능력을 향상시킨다. 운동을 하게 되면 뇌가 긍정적으로 변화한다. 긍정적인 감정이 강화되고 타인에게 좋은 인상을 주게 되며 따라서 원만한 인간관계와 리더십도 길러진다. 또한 학업성취와 창의성도 높아진다.

운동의 종류로는 유산소 운동, 근력 운동, 장력 운동이 좋다. 음악과 함께 리듬을 타는 댄스스포츠, 음악 줄넘기를 하는 것은 효과적으로 운동할 수 있는 좋은 방법이다. 또한 축구, 야구 등 다른 이와 함께할 수 있는 운동도 좋고, 햇빛을 받으며 야외운동을 하는 것도 도움이 된다. 무엇보다 중요한 것은 즐겁고 재미있게 운동하는 것이다. 긍정적인 뇌를 만들고, 긍정성을 향상시키고, 행복의 기본수준을 높이는 등 회복탄력성에 가장 효과 있는 활동이 운동이라 할 수 있다.

3) 회복탄력성의 필요

오늘날 부모의 죽음이나 이혼, 심각한 따돌림과 학교폭력, 성적에 대한 압박, 가정 폭력 등 예측하지 못했던 역경과 위기로 위험에 처한 아동들이 증가하고 있다. 많은 아동이 그들의 일상생활에서의 역경과 스트레스로 어려움을 겪고 있는 것이 다양한 지표로 나타나고 있다. 통계청과 여성가족부(2016)가 공동 발표한 '2016 청소년통계'에 의하면 9~17세 아동 중 11.2%가 심각하게 자살을 생각한 적이 있거나 실제 시도해 본 적이 있다고 했으며, 최근 몇 년간 한국 아동의 삶의 만족도가 OECD 회원국 중 최하위인 점(OECD, 2016) 등은 아동들의 정신 건강이 위험한 상황임을 시사해 주고 있다.

현대를 살아가며 다양한 위험에 처한 아동들 그리고 예측 불가능한 미래의 여러 가지 위험에 직면할 수 있는 아동들에게 그러한 위험에 적절히 대처하고 역경을 극복하며 새로운 변화에 적응할 수 있는 힘의 배양이 요구되고 있다. 아동뿐만 아니라 모든 인간은 역경에 직면하여 큰 어려움과 고통을 겪게 되지만 또 한편으로 이를 극복할 수 있는 잠재적인 힘을 지니고 있는 것으로 밝혀졌다.

환경에 따른 스트레스, 역경이나 어려움에도 불구하고 정서적, 행동적인 측면에서 부적응적인 면을 보이지 않고 건강한 삶을 살아가는 사람들의 특성을 설명하기 위하여 구성된 개념인 회복탄력성(허윤영, 2012)은 위기의 순간에 무너진 항상성을 '회복'하고, 위기 이전보다 더 나은 상태로 튀어 오르는 '탄력성'의 의미를 포함한다. 회복탄력성은 주어진 역경과 어려움을 긍정적으로 바라보고 그것을 적극적으로 받아들여 새로운 성장의 기회로 삼는 능력으로 이해할 수 있다(김주환, 2011).

여러 가지 요인 간의 상호작용으로 나타나는 다변인 구성개념인 회복탄력성(Sinclair & Wallston, 2004)의 구성요인에 대한 학자들의 견해가 다르게 나타나지만, 대개는 회복탄력성의 구성요소를 회복탄력성이 높은 사람들의 공통적인 특성과 관련시켜 제시하고 있다(남현우, 2015). 예컨대 회복탄력성이 높은 사람은 자신에 대해 잘 알아차리고, 강한 자신감을 지니고 있으며, 타인에게 자신의 의사를 적극적으로 표현하고, 어려움이 닥쳤을 때 외부 환경적 자원을 효율적으로 활용하여 문제 상황에 능동적으로 대처하며, 또한 동정적이고 타인을 잘 돌보며, 적절한 감정 표현을 통해 원만한 대인관계를 유지하며 그리고 실패에 대한 피드백을 적극적으로 수용하는 긍정적인 정서를 보이며, 불안이나 우울에 취약하지 않다(Block& Block, 1980). 요컨대 회복탄력성이 높은 사람의 특성을 통해 역경에서 자신의 감정을 인식하고 적절히 조절하는 자기조절 능력, 타인과 원만한 관계를 맺고 유지하는 대인관계 능력, 위기를 기회로 인식하고 극복하는 믿음을 갖게 할 수 있다.

회복탄력성은 인간 생애의 전 과정에서 중요한 가치를 지니지만 특히 아동기 회복탄력성의 개발, 증진은 아동기의 적응과 발달뿐만 아니라, 추후 건강한 성인으로의 성장과 행복한 삶의 영위를 위해 매우 중요하다. 회복탄력성이 시간에 따라 변화하며(Reivich & Shatté, 2003), 유연하고 축척 가능하며 지속적으로 학습되고 발달될 가능성이 있는 가변적인 특성을 지니고 있다는 연구결과(Wicks, 2005)는 아동기부터 회복탄력성 증진을 위한 개입이 가능하고 필요하다는 것을 지지해 주고 있다. 회복탄력성은 그 자체가 단순한 지식이나 정보가 아니기 때문에 전달될 수 없지만 개인 스스로의 노력과 훈련에 의해 얼마든지 변화, 발달 가능한 것으로 밝혀지면서(Wicks, 2005), 아동기뿐만 아니라 전 생애에 걸쳐 중요한 기능을 하는 회복탄력성 증진을 위한 프로그램들이 개발되고 있다.

지금까지 국내에서 소개되고 있는 회복탄력성 프로그램들은 주로 인지행동, 해결중심상담, 긍정심리학적 접근을 기반으로 미술치료, 음악치료 등을 접목하여 재구성한 경우가 대부분이다.

놀이의 다양한 특성들 또한 자기표현이 아직 미숙한 아동의 참여와 표현을 효과적으로 이끌어내고 참여를 지속시키는 기여를 하는 중요한 도구이자 방법으로 기능함으로써 회복탄력성 향상에 긍정적 결과를 가져올 수 있다. 놀이를 통한 회복탄력성의 회복을 통해 대인관계 능력의 향상을 기대할 수 있으며 그 하위요인인 의사소통 능력, 공감 능력, 자아확장력 또한 증진된다. 이는 놀이를 활용한 현실치료 프로그램이 초등학생의 회복탄력성에 긍정적인 효과를 나타낸다는 의견을 뒷받침해 주고 있다(신순정 · 김관수, 2018).

※ 창의성을 기르는 활동 1: 식물 살리기

주제	식물 살리기	활동형태	자유선택활동
		활동유형	과학, 언어, 미술

활동목표

- 식물의 성장을 위한 공기 물, 햇빛이 필요함을 안다.
- 식물을 살리기 위한 창의적인 방법을 사용할 줄 안다.

활동자료

시든 식물, 화분 속의 시든 식물, 그림 속의 시든 식물 그림, 시들어가는 나무 사진, 누렇게 변한 화분의 화초 사진

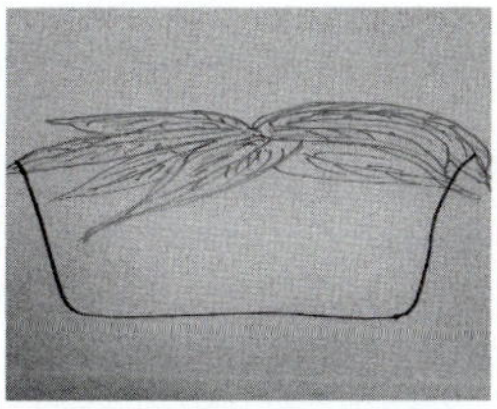

1. 활동 소개하기

1) 시들어 버린 식물을 준비한다.
2) 화분에 시든 식물을 보여 준다.
   - 왜 이 식물은 시들어 있을까요?
   - 이 식물을 살리기 위해서는 무엇이 필요할까요?

2. 활동 전개하기

1) 이 식물에게 필요한 것은 무엇일까요? (물, 공기, 햇빛, 거름, 사랑)
2) 살아난 식물을 그려 보세요.
3) 어떤 방법으로 살아났는지도 그려 보세요.
4) 그림 속의 시든 식물을 살리기 위한 여러 방법을 그림으로 표현해 주세요. 글로도 표현해 보세요.

3. 활동 정리하기

1) 시든 식물을 살리기 위해 무엇을 그렸나요? (주사약, 사랑하트, 물, 공기, 똥, 바람, 햇빛)

4. 활동 평가하기

1) 시든 식물을 살리기 위해 필요한 것들에 대해 이야기한다.
2) 그림으로 표현한 것을 친구들에게 설명한다.

5. 활동 확장하기

1) 실물 화분을 준비하여 시든 화분을 살리기 위해 교실 안에 화분을 놓고 물과 햇빛과 사랑을 주어 살리는 과정을 관찰한다.

6. 가정과 연계하기

1) 집에서 시든 화분을 살리기 위해 물, 햇빛, 사랑을 주어 살려 보게 한 후 경험을 함께 나눈다.

Tip

- 공원에서 지렁이가 죽어 있는 것을 본 적이 있는지 관찰해 보게 한다.
- 지렁이를 살리기 위해 어떤 방법을 할 수 있는지 이야기하고 함께 살릴 수 있는 방법을 이야기 나눈다.
- 장마 때 공원에서 지렁이가 빗물에 쓸려가는 것을 관찰해 보는 것도 좋다.

※ 창의성을 기르는 활동 2: 연필 스캠퍼 활동

주제	연필 스캠퍼 활동	활동형태	자유선택활동
		활동유형	언어, 미술

활동목표

- 연필을 다각도로 생각하고 활용함을 안다.
- 연필을 대치, 결합, 확대, 다른 용도로 사용, 제거하기, 반대로 하기 같은 창의적인 스캠퍼 방법을 이해한다.

활동자료

다양한 연필(20자루), 연필을 주제로 한 활동지, 사인펜

1. 활동 소개하기

1) 연필을 보여 준다. (20개의 연필을 준비한다.)
  - 많은 연필로 무엇을 할 수 있나요?
  - 이 연필로 무엇을 하나요?
  - 연필 대신 무엇으로 그리나요?
  - 연필로 그림을 그릴 수 있나요?
  - 연필에서 나무를 없애면 어떻게 될까요?
  - 연필에 무엇을 덧붙이면 좋을까요?
  - 연필의 색과 모양을 바꾸면 어떻게 될까요?
  - 많은 연필로 어떠한 놀이를 할 수 있을까요?

2. 활동 전개하기

1) 연필로 할 수 있는 것을 상상하여 이야기해 보게 한다.
  - 자 대신 길이를 잴 수 있어요.
  - 연필 끝으로 접시를 돌릴 수 있어요.
  - 산가지 놀이도 할 수 있어요.
  - 공기 놀이도 할 수 있어요.

2) 직접 아이들이 활동을 하도록 한다.

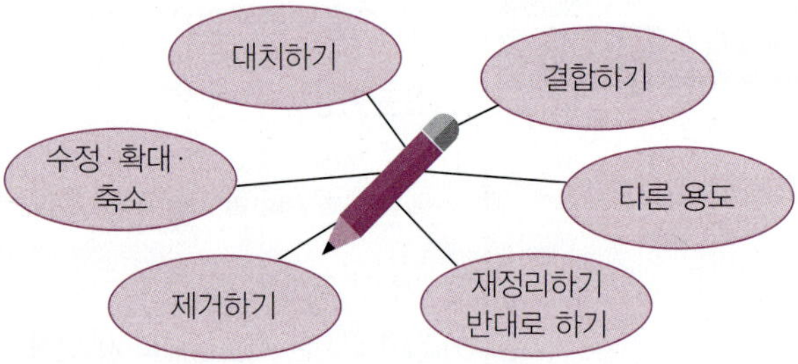

3. 활동 정리하기

1) 연필 스캠퍼 활동을 하며 느낀 것에 대해 나눈다.
  - 연필로 여러 가지 생각을 하여 다르게 바꾸어 보았나요?
  - 어떻게 바꾼 것이 재미있었나요?
    (연필로 모자 돌리기가 재미있었어요.)
    (연필로 산가지 놀이한 것도 재미있었어요.)

<table>
<tr>
<td></td>
<td>
4. 활동 평가하기
1) 여러 생각을 하며 연필을 변형할 수 있는지 알아본다.

5. 활동 확장하기
1) 우산, 지우개, 모자 등 다양한 물건을 스캠퍼로 활동할 수 있다.

6. 가정과 연계하기
1) 가정에서 스마트폰을 스캠퍼로 활동하여 창의적인 스마트폰으로 변형하여 본다.

Tip
유아가 글을 모를 때는 이야기와 그림을 통해서 부모나 교사가 대신 기록하여 유아의 재미있는 생각을 격려하여 준다. 창의적인 활동을 하기 전에 훈육을 하여 유아를 절대로 위축시키지 않고 즐거운 분위기를 조성하여 준다.
</td>
</tr>
</table>

※ 회복탄력성을 향상하는 활동: 탱탱볼 튕기기

<table>
<tr><td rowspan="2">주제</td><td rowspan="2">탱탱볼 튕기기</td><td>활동형태</td><td>자유선택활동</td></tr>
<tr><td>활동유형</td><td>신체, 언어</td></tr>
<tr><td colspan="1">활동목표
· 속상한 마음이 탱탱볼처럼 금세 기분이 좋아지며 회복될 수 있음을 이해한다.

활동자료
탱탱볼 10개</td><td colspan="3">1. 활동 소개하기
1) 탱탱볼의 탄력성과 회복탄력성에 대해 이야기 나눈다.
- 탱탱볼은 우리들의 마음이에요.
- 우리 마음도 탄성이란 게 있어요.
- 기분이 나빴다가도 다시 기분이 좋아질 수 있는 것처럼 공을 튕겨 볼 거예요.
2) 탱탱볼을 튕겨 보게 한다.
- 공을 바닥에 세게 내리쳐 보세요.
- 공은 더 높이 튀어 오른답니다.
- 이건 우리 마음이 아픈 것과 같아요.
- 속상한 마음이 크면 탱탱볼을 세게 쳐서 튕겨 보세요.
- 공이 더 높이 튕겨서 올라가는 것처럼 우리 친구들도 어느새 기분 좋은 마음으로 변한 것을 알 수 있을 거예요.

2. 활동 전개하기
1) 마음이 가라앉을 때에 대해 이야기 나눈다.
- 언제 화가 나나요?
- 언제 울고 싶은가요?
- 언제 짜증이 나나요?
2) 탱탱볼과 마음을 동일시하며 회복하는 방법을 나눈다.
- 이 탱탱볼을 한 개씩 가져 보세요.
- 벽에 던져서 튕겨 보세요.
- 바닥에 쳐서 튕겨오르면 잡아 보세요.
- 우리 마음이라고 생각하세요.

3. 활동 정리하기
1) 탱탱볼을 튕기며 주문을 외운다.
- 탱탱볼을 치면서 말해 보세요.
- 속상한 마음 없어져라
- 화난 마음 없어져라
- 슬픈 마음 없어져라</td></tr>
</table>

	2) 주문을 외운 것에 대해 이야기 나눈다. - 어떤가요? - 기분이 좋아졌나요? - 이건 우리 마음이 아픈 것과 같아요. 속상한 마음이 클수록 세게 탱탱볼을 치면 더 높이 올라가는 것처럼 우리 친구들도 어느새 기분 좋은 우리를 발견할 수 있을 거예요. **4. 활동 평가하기** 1) 탱탱볼처럼 튕겨서 우리의 슬프고 아프고, 속상한 마음이 좋아짐을 알아본다. **5. 활동 확장하기** 1) 풍선에 자신의 화난 모습, 슬픈 모습, 짜증 난 모습을 그리고 엉덩이로 눌러서 슬픈 마음을 터트려 볼 수도 있다. **6. 가정과 연계하기** 1) 가정에서 화나고, 슬프고, 짜증 날 때 가족과 함께 공을 던지며 화를 표현하여 회복됨을 경험하게 한다. **Tip** 슬픔과 화남, 짜증의 감정이 나쁜 감정이 아니라 건강한 우리의 마음을 키우기 위해 필요한 감정이므로 표현을 꼭 해야 함을 알려 준다. 그런 감정 후에 편안한 마음으로 회복될 때를 경험하면 격려와 칭찬을 하여 아이의 마음을 공감하여 주도록 노력한다.

CHAPTER 2

세계시민교육을 위한 인격 형성

1. 세계시민교육을 위한 인격 형성

우리는 21세기 국제화 시대에 살고 있다. 세상에 대해 책임을 다하려면 우리의 이해의 폭을 넓혀야 한다. 다른 나라의 문제를 바라볼 때 조국의 관점을 뛰어넘어 해당 국가의 입장에서 이해할 수 있다면 오늘날 겪고 있는 갈등과 혼란을 상당부분 줄일 수 있다. 이같이 시야를 넓히려면 세계시민교육(Global Citizenship Education)을 실행해야 한다.

세계시민교육은 세상의 현실에 대해 사람들의 눈과 마음을 열어 주며 모두를 위해 세상의 정의와 평등, 인권을 더 크게 실현할 수 있도록 사람들을 일깨우는 교육이다(마스트리히트선언, 2002). 한 걸음 더 나아가 앞으로 젊은이들이 상호의존성이 깊고, 복잡하고, 취약한 세상에서 살아갈 대비를 할 수 있도록 국제화 교육에 대해 고심해야 하는 시대에 국제사회문제를 지속 가능한 방식으로 풀어갈 수 있도록 통찰력을 제공하고, 세상을 위해 더 나은 미래를 만들고 공유하는 데 젊은이들이 참여하도록 하는 것이 세계시민교육의 핵심이다.

오늘날 세계화는 각 개인이 개별국가의 편협한 이해관계를 떠나 보편적 가치를 지향하는 의식과 태도를 함양하고 새로운 국가관, 세계관 및 세계시민으로서의 자질향상이 요구되므로 세계시민 구성원으로서 유아 개개인의 자질육성이 필요하다. 세계시민이 된다는 것은 아프리카, 북한, 시리아와 같은 특정한 나라에 관심을 두는 것으로만 한정하지 않고 세계적 소속감, 관계성, 책임감 등을 인식하고 관심을 일상생활의 실천영역으로 통합할 수 있는 문화적 성향을 가지는 것이다.

세계시민으로서의 자질은 세계시민으로서 문제를 조망할 수 있는 능력, 사회 내에서 협력하여 일하며 자신의 의무와 책임을 다할 수 있는 능력, 문화적 차이를 이해하고 존중할 수 있는 능력, 비판적으로 사고할 수 있는 능력, 비폭력적으로 갈등을 해결하려는 의지, 환경을 보호하기 위해 실천할 수 있는 능력과 의지, 인권을 존중하려는 노력, 지역적·국가적·세계적 차원에서 정치에 참여하려는 의지와 노력 등을 가지는 것이다. 이러한 자질을 인간의 삶 속에 내면화시키고 이해시키기 위해서는 유아처럼 유연한 사고가 가능한 시기부터 세계시민교육을 시작할 필요가 있다.

2018년 12월 13일 교육부는 누구도 배제하지 않는 포용적 민주주의를 실현할 성숙한 민주시민 양성을 위해 '민주시민교육 활성화를 위한 종합계획'을 발표하였다. 이 계획은 시민적 가치와 태도, 역량을 높이고 참여와 실천으로 확장하는 민주시민교육을 통해 자율·존중·연대를 실천하는 시민으로 학생을 성장시키는 것을 목표로 하고 있다.

세계시민으로서의 자질 교육을 초등학교부터 시작하는 것은 늦다. 유아를 위한 누리과정에서 제시하는 단원에서 단기간의 교육으로 세계시민으로서의 교육의 효과를 보기 또한 어렵다. 세계시민교육의 체계적이고 반복적인 교육과정을 일반화, 보편화하여 유아교육·보육 생활에서 함께 이루어져야 한다.

우리는 흔히 세계를 여행하고, 다양한 사람들을 만나고 이국문화를 경험해야만 세계화의 경험을 하는 것이라고 여기기 쉽다. 오히려 세계화의 경험은 동화책이나 텔레비전, 스마트폰, 컴퓨터와 같은 미디어와 디지털 커뮤니케이션을 통해 유아는 매일매일 세계에서 일어나고 있는 크고 작은 사건들을 접하면서 경험할 수 있으며, 원어민 교사나 다문화 가정이 있는 지역사회 안에서도 경험할 수 있다.

어린 시민들이 어떤 삶의 힘을 가져야 미래를 제대로 살아갈 수 있을까? 협업하고 공감하고 연대할 수 있는 힘은 어떤 방법으로 키워 줄 수 있을까? 창의적인 능력과 비판할 수 있는 힘을 기를 수 있는 환경을 만들고 토론하고 논쟁하는 시간을 제도화할 수는 없을까? 어린 시민들이 사회문제를 고민하고, 사회적 책임을 느끼며, 해결책을 토론하기에 충분한 교육환경과 교육현장에서의 교사들의 노력이 절실하게 필요한 시점이다.

적극적인 시민들만이 심사숙고하여 나라 살림살이에 참여하고 자신의 몫을 공유하며 공동선에 기여할 수 있다. 바른 시민이 된다는 것은 타인들을 이해하고 그들과 더불어 행동하는 것을 전제로 한다. 유아들로 하여금 다양한 목소리를 내고 참여하게 하는 주도적 자세가 어린 시민들을 이런 적극적인 시민으로 이끌 수 있다. 따라서 열린교사, 학교행정, 교육부의 계획이 절실하게 필요하다.

> 교육부(부총리 겸 교육부장관 유은혜)는 12월 13일(목) 누구도 배제하지 않는 포용적 민주주의를 실현할 성숙한 민주시민 양성을 위해 '민주시민교육 활성화를 위한 종합계획'을 발표하였다.
> 이번 계획은 시민적 가치와 태도, 역량을 높이고 참여와 실천으로 확장하는 민주시민교육을 통해 자율·존중·연대를 실천하는 시민으로 학생을 성장시키는 것을 목표로 하고 있으며 민주시민교육 종합계획의 주요 추진과제 중 첫번째로 학교 민주시민교육 강화를 꼽았다. 그 내용을 보면 다음과 같다.
> 먼저 학계와 교육현장의 논의과정을 거쳐 민주시민교육의 목표와 기본원칙 등을 포함한 기준을 마련('19년)하여, 현 교육과정과 교과가 민주시민 양성 목적에 얼마나 부합하고 있는지 진단하고, 학교에 부담을 주는 교육과정·교과서의 개정보다 보조교재, 교사 연수 등을 통해 교육과정 재구성을 지원하며, 중·장기적으로 차기 교육과정 개정 시 시민교육 핵심과목 육성방안을 마련할 예정이다.
> 또한, 학생들이 의견을 주체적으로 표현하고 서로 협력하여 문제를 해결하는 참여와 실천 중심의 교수학습방법의 확산과 학생의 성장과 발달을 돕는 평가로 전환을 위해, 토의·토론, 주제중심 프로젝트와 같은 우수 수업사례를 확산('19년~)하고 과정중심의 관찰평가 및 학생의 성장·발달 수준 진단이 가능한 논술형 평가도구('20년) 등을 지원하고자 한다.

출처: 이은선(2018. 12. 13.).

> 어린이는 한 개인으로, 법적으로, 시민으로, 그리고 사회적인 권리를 가진 존재로 인정을 받을 권리가 있다. 또한 어린이는 그들 자신의 경험의 근원이자 구성자로서의 권리가 있다. 나아가 어린이는 자기 또래와 성인, 아이디어, 사물, 그리고 의사소통하고 있는 세상에서 실제적인 사건이나 가상의 사건과 관계를 맺고 상호작용하는 것을 통해 자기의 정체성, 능력, 자율집단에서의 적극적인 참여자로서의 권리가 있다.
> 이 모든 것은 더 나은 세계시민을 창조하고 사람들 간의 상호작용의 질적 수준을 향상시키는 기본적인 전제가 될 뿐 아니라 어린이들에게 타고난 능력과 엄청나게 풍부하고, 힘 있고 창조적인 잠재력이 있음을 인정하는 것이다. 우리가 이 잠재력을 잘 알지 못하거나 격려하지 않으면 어린이는 고통과 결핍을 겪을 수 있고, 때로는 회복하기 어려운 영향을 받을 수 있다.
> 이런 관점에서 우리는 어린이가 자신의 사회적 기술을 증가시키고 애정과 신뢰를 받고 배우고 싶은 요구와 욕망을 만족시키면서 어린이 자신의 잠재력을 실현화하고 확장시킬 권리가 있다고 인정한다. 이는 아동의 삶 주변에 있는 성인에게서 애정 어린 협조와 격려를 받는 것, 즉 성인이 어린이에게 언제나 기꺼이 도와주고 빌려줄 태세를 가지고 있으며, 지식이나 기술을 직접 전달하는 것보다 아동이 구성적 방법으로 생각과 행동을 탐색해 가도록 하는 데 더 의미를 둘 때 이루어진다. 구성적 방법은 다른 사람이나 다른 경험과의 차별화와 통합의 과정을 방해하지 않아 창조적인 지성, 자유로운 사고, 그리고 민감하고 의식이 깨어 있는 사람을 만드는 데 기여한다.
> 어린이의 권리가 모든 어린이의 권리로 인정될 때, 그것은 보다 높은 수준의 인간성 성취가 이루어졌음을 나타낸다.

출처: Reggio Children s.r.l(1993).

2. 세계시민의식과 세계시민교육

1) 세계시민의식

세계시민의식은 "문화 다양성의 이해와 존중, 나와 세계 간의 상호연관성에 대한 이해를 갖추고 지속 가능하고 정의로운 세계를 위하여 권리와 책임을 행사하려는 마음가짐"으로 접근될 수 있다. 세계시민의식을 "문화 다양성에 대한 이해와 존중을 바탕으로 자아와 세계 간의 상호연관성을 비판적으로 인식하여, 지속 가능하고 정의로운 세계를 위하여 권리와 책임을 행사할 수 있는 마음가짐"으로 정의하고, 지식과 이해, 가치와 태도, 기능, 참여, 세계시민 정체성 등의 구성요소도 포함한다.

세계시민의식 함양을 이끌어내기 위한 교사의 역량으로 사회 및 글로벌 이슈에 대한 관심과 정의감, 세계시민교육 관련 이론 및 교수학습 방법론 습득, 다문화 감수성 및 문화 다원주의 이해, 민주적 의사소통 능력, 창의적 사고 능력, 비판적 사고 능력, 세계시민교육 프로그램개발 능력, 타인에 대한 공감 능력, 교육과정과 연계 능력, 네트워크 구축 및 활용 능력 등을 도출하고 있다.

세계시민의식의 실체를 둘러싼 끊이지 않은 논쟁에도 불구하고 글로벌교육협력구상(GEFI)이 미래세대의 세계시민의식 함양을 강조하는 이유는 세계화로 인한 국제 환경의 변화, 즉 초연결적 구조로 진화한 국제 사회의 등장과 밀접한 관련이 있다. 지역(local)과 세계(global) 사이의 경계가 허물어지고 지역과 세계가 하나의 연속체를 이루는, 범세계적으로 기업화(glocalized)된 국제 환경에서 우리가 지속 가능한 발전을 도모하기 위해서는 무엇보다 "글로벌한 문제들을 함께 해결하는 데 필요한 이해력, 기량, 그리고 가치관(United Nations ecretary-General, 2014: 20)", 즉 공동운명에 대한 자각, 공동 문제에 대한 현실적 대처 능력, 그리고 서로에 대한 상호 배려하는 연대의식이 필요하기 때문이다. 세계시민의식은 이러한 요소들을 아우르는 포괄적 개념이며 세계시민의식에 대한 연구를 주도해 온 유네스코는 세계시민의식의 개념을 다음과 같이 정의하고 있다.

① 세계시민의식의 개념을 둘러싼 다양한 해석이 존재하지만 한 가지 공통분모는 세계시민의식이 결코 법적 지위(legal status)를 의미하지는 않는다는 것이다.

② 세계시민의식은 자신을 보다 큰 공동체의 일부로 느끼며 이들과 공통된 인간성을 공유하는 것에 더 가깝다.

이를 통해 개인은 글로벌한 시각(global gaze), 즉 지역을 세계와, 국가를 국제사회와 연계시킬 줄 아는 능력을 갖게 된다. 또한 세계시민의식은 다름과 다양성을 존중하며 보편적 가치관을 바탕으로 다른 시공간에 존재하는 타인과 환경을 이해하고 자신을 그들과 연계시킬 줄 아는 능력이다. 이런 맥락에서 우리 모두의 삶이 세계와 지역을 하나로 이어 주는 매일의 결정들에 영향을 미치게 된다(UNESCO, 2014: 14).

GEFI는 미래세대의 세계시민의식 함양과 관련해 보다 구체적인 활동 목표를 제시하였다(United Nations Secretary-General, 2014: 25).

① 평화, 아량, 다양성에 대한 존중을 실천하는 데 도움이 되는 가치, 지식, 기량을 미래세대에게 가르쳐야 한다.

② 미래세대가 공동체 의식을 갖고 사회 환원에 적극적으로 동참하도록 독려한다.

③ 학교로부터 성차별, 학교 폭력, 집단 괴롭힘, 외국인 혐오, 착취 등과 같은 일체의 차별 행위를 근절시킨다.

종합하면 미래세대에게 세계시민의식을 가르치는 것은 이들에게 다름에 대한 포용과 존중을 바탕으로 다양한 사회집단과 평화롭게 공존하는 방법을 가르쳐 주고, 연대의식을 바탕으로 다른 사람들을 위해 자신이 가진 유·무형의 자산을 사용할 수 있게 동기를 부여하며, 마지막으로 모든 사람들의 인권을 평등하게 존중하게 만드는 것이다.

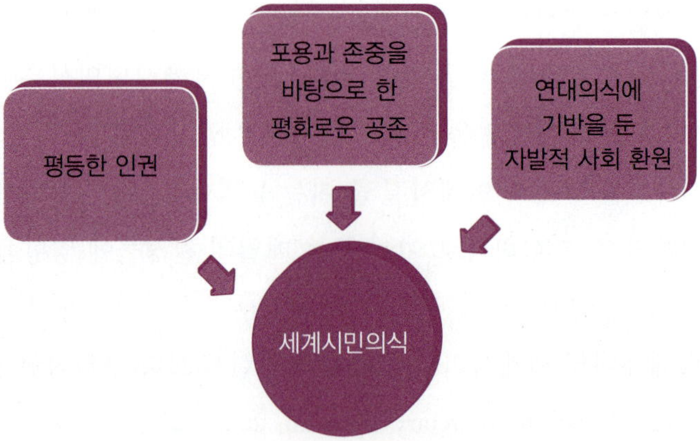

[그림 2-1] 세계시민의식의 구성 요소 비판적으로 바라보기

출처: United Nations Secretary-General(2014). p. 25 재구성.

2) 세계시민교육

세계시민교육(Global Citizenship Education: GCE)은 인류보편적 가치인 세계 평화, 인권, 문화 다양성 등에 대해 폭넓게 이해하고 실천하는 책임 있는 시민을 양성하는 교육이다(위키백과).

2015 세계교육포럼 개최를 계기로 지속 가능발전 목표 시대의 새로운 국제교육 의제로 부상하였으며, 2030년까지 유네스코 및 유엔의 교육 발전 목표에도 반영되었다.

"시민교육의 목적은 학생들에게 지식을 전수하는 것이 아니라 그들이 무엇을 원하게끔 하는 데 있다."라고 1929년 전 프랑스 교육부 장관 레옹 베라르는 말했다. "학생들이 무엇을 원하게끔 하는 데 있다."라는 말이 가슴을 저리게 한다. 이 말은 EBS 지식채널-e의 '그 나라의 교과서'라는 프로그램에서 확인할 수 있다. 5분짜리 짧은 프로그램이지만 그 나라가 어린 시민들에게 '무엇을 원하게끔 하는 데' 어떻게 심혈을 기울이는지 확인할 수 있다.

영국의 전 교육부 장관이었던 스티븐 트위그도 영국 시민교육 과목에 대해

"시민교육은 우리 교육체계의 근간을 이루는 교과로 자리 잡고 있으며, 또 그래야 마땅하다. 이 교과는 도입된 지 불과 몇 년 만에 학교와 학생들로부터 유례없는 호응을 얻고 있다. 시민교육은 보다 포용력 있는 사회로 나아가는 관문이다."라고 평했다. 포용력 있는 사회로 나아가는 관문이라는 표현이 참 부럽다고 서울시 교육청 민주시민교육 자문관인 김원태는 언급하고 있다.

그동안 우리나라는 민주시민교육이라는 말을 앞세워 반공교육이나 통일교육, 국민교육헌장의 이념을 구현하기 위한 국적 있는 교육을 강조해 왔다. '포용력 있는 시민'으로 만들지도 못했고, 어린 시민들이 '무엇을 원하게끔' 하지도 못했다. 그들은 대부분 어른의 욕망 실현의 대리자처럼 보인다(김원태, 2018).

'민주시민의 자질 육성'에 대한 선택과 집중이 강조되어 교육현장은 물론 사회 속에서 학생들이 일상에서 토론하고 논쟁하는 모습을 항상 발견할 수 있어야 한다. 모든 교육영역에서 담대하고 치열하게 민주주의를 감행해야 한다.

'세계시민'이라는 개념협의의 시민(市民)은 '그 시(市)에 사는 사람' 즉, 도시를 중심으로 하는 지방 행정 구역에 거주하는 사람을 의미하지만 광의의 시민은 공민(公民), 즉 '국가 사회의 일원으로서 그 나라 헌법에 의한 모든 권리와 의무를 가지는 자유민' 혹은 '지방 자치 단체의 주민 가운데 일정한 자격 요건을 구비하고 그 자치 단체의 공무(公務)에 참여할 권리와 의무를 가진 사람'을 의미한다.

맥락에 따라 시민의 해석은 달라지지만 시민사회, 시민권, 시민교육, 시민운동, 시민계급, 시민의식 등 우리가 사회, 정치적 맥락에서 상용하는 시민은 후자, 즉 공민을 의미한다. 공민으로서의 시민을 전제할 때, 시민이 되기 위해 가장 먼저 갖춰야 할 조건은 국가 사회의 성원으로 헌법에 명시된 권리와 의무를 충실히 행사하고 이행하는 것이다. 그러나 시민이 되기 위해 개인이 어떤 권리와 의무를 행사하고 이행해야 하는지는 해당 국가의 사회, 정치, 경제, 문화, 역사적 맥락에 따라 달라질 수밖에 없다. 즉, 시민이라는 존재는 모든 국가에 보편적으로 존재할 수 있지만 시민을 시민답게 만드는 구체적 역량과 자질, 즉 시민성(citizenship)은 국가적 특수성을 띨 수밖에 없으며 세계화(globalization)라는 국제 환경의 변화와 밀접한 연관을 맺고 있다.

모든 학생 개개인의 고유한 인격적 불가침성과 독립성을 존중하고 그 가치를 인정하며 그들이 각기 다양한 방향으로 성장할 가능성을 지켜 주어야 한다는 것이다. 한마디로 우리의 공교육은 모든 아이가 사회적으로 인정받는 저마다의 '좋은 삶'을 살아가는 데 필요한 준비를 할 수 있게 해야 한다. 단 한 명의 아이도 포기해서는 안 된다. 모든 아이가 그 어떤 차별도 없이 중요한 인간적 삶의 모든 차원에 참여하는 데 필요한 기본적인 역량을 획득할 수 있도록 해야 한다. 목표의 추구, 바로 이것이 새로운 교육패러다임이 가진 정의 지향의 핵심이어야 할 것이다. 이것이 바로 시민을 위한 교육의 기본이어야 한다(장은주, 2018).

상생의 공동체를 위한 세계시민교육으로 21세기에 당면한 문제들, 예컨대 기후변화와 환경파괴, 난민 문제, 다양한 형태의 차별 등에 대응하기 위해 우리 아이들에게 우리는 무엇을 가르쳐야 할까? 지구촌 모두의 평화와 발전을 위해 생각하고 행동할 줄 아는 역량을 길러 주는 것, '세계시민'으로 성장하도록 돕는 일은 교육적 사명을 바탕으로 한다는 점에서 매우 중요하다.

3) 여러 나라의 시민교육

(1) 프랑스

프랑스 이주배경 청소년 정책의 원칙과 방향이라는 청소년 정책포럼에서 프랑스는 청소년들에게 가장 중요한 교육권리의 경우 자국의 교육적 기회를 제공하고, 실질적으로 교육적 혜택을 누리는 대상을 국민으로 한정하지 않는다(이민경, 2018). 학교 입학절차에 국적과 부모의 신분을 묻지 않는 절차적 특수성은 이러한 프랑스의 교육철학을 읽게 해 주고 있다. 이러한 프랑스의 입장은 그동안 세계화 혹은 국제적 이주, 이로 인한 다문화 사회의 형성과 관련하여 이주자들에게 국가의 틀을 넘어서는 보편적 권리를 부여해야 한다는 세계시민권이나 외국인 이주자들을 주민으로 인정하고 이들에게 국지적 시민권(local citizenship)

을 부여해야 한다는 담론이 확장되어 온 것과도 연관이 깊다(최병두, 2015).

세계화로 인한 다문화 사회에서의 적극적인 시민윤리로서 선주민들이 자신들의 공간에 들어온 이주자들에게 '기꺼이' 시민성을 부여하는 것에 기인한다고 할 수 있다. 공존을 모색하는 타자에 대한 책임, 공동체적 성원으로서 타자의 권리보장(Derrida, 2004; Levinas, 1996)적 차원에서 본다면, 교육권 부여는 매우 기초적인 타자에 대한 인정과 적정한 권리 부여이기 때문이다.

교육적 평등이 단순히 기회의 허용적 평등에만 해당되지 않는다는 사실도 프랑스가 인지하고 있는 매우 중요한 교육적 가치라는 사실에 주목할 필요가 있다. 따라서 실질적으로 학교 취학과정에서 이들이 차별당하지 않도록 하는 다양한 제도적 장치들을 마련해 놓고 있다는 것은 프랑스가 국민의 개념을 넘어 세계시민으로서 이주 배경 청소년들을 바라보고 이에 기반하여 프랑스에 실질적으로 거주하고 있는 미래의 시민들에게 확장하여 지원정책을 실행하고 있음을 보여 준다는 점에서 시사하는 바가 크다(이민경, 2018).

(2) 미국

미국은 국가적인 크고 작은 일들이 일어날 때마다 탁월한 일체감과 애국심으로 어려운 상황을 차분하게 극복하는 모습을 전 세계에 보여 주곤 하는데, 미국의 청소년의 민주시민교육 수준을 짐작할 수 있다. 대표적인 다문화 사회인 미국은 '행동하는 시민', '좋은 시민'을 양성하기 위해 초등학교 사회과목(social studies)부터 고등학교 역사과목(history)까지 미국의 건국 역사 및 이념을 집중적으로 다룬다. 자유, 평등, 사회정의, 행복추구 등 민주적 가치관을 바탕으로 한 초기 시민교육은 주로 미국의 역사, 헌법, 정치 등 미국 사회에 대한 애국심과 일체감을 고취시키는 데 초점이 맞추어졌으나, 이후 정치 구조와 참여, 인권(human rights), 관용(tolerance), 비판적 사고(critical thinking), 문제해결(problem solving) 등 사회 일원으로서 갖추어야 할 지식과 책임감, 태도를 부가적으로 강조하고 있다(유연수, 2018).

(3) 영국

영국의 시민교육은 정치적 소양(political literacy), 사회적·도덕적 책임감(social and moral responsibility), 그리고 지역사회 참여(community involvement)라는 세 가지 덕목에 바탕을 두고 있다. 시민교육의 교육목표는 학생들을 자신들이 속한 지역 공동사회에서 정치 및 시민활동에 적극적으로 참여하는 책임감 있는 시민으로 육성하는 것이다. 따라서 시민교육에서는 정부구조와 정치체계, 법적 체계, 기회균등 및 인권 등의 내용을 다룬다. 그리고 2008년에는 정체성 및 다양성(identity and diversity)이 시민교육의 네 번째 덕목으로 추가되었다. 그 이유는 2005년 런던 테러 이후 영국 정부는 국가 통합에 있어 교육의 중요성, 특히 시민교육의 필요성에 대해 더욱 절감하게 되었기 때문이다. 따라서 시민교육을 통해 학생들의 윤리적 및 종교적 문화에 대한 이해를 넓히고 지역사회 응집력을 높이고자 하였다. 나아가 학생들이 시민사회에서 형식적으로 정치에 참여하는 것을 넘어, 일상생활 속에서 정치에 참여할 수 있는 문화를 조성하도록 독려하는 것이 목적이었다.

(4) 뉴질랜드

뉴질랜드의 교육부에 따르면, "자신감이 있고, 사회와 잘 연결되어 있으며, 평생 새로운 것을 배우는 젊은이로 키우는 것"을 나라 교육의 비전으로 삼고 있다. 민주 시민교육도 이런 비전에 관련하여 그 목표가 정해지고 있으며, 현재 구체적으로 아래와 같은 내용에 강조점을 가지고 있다.

① 다양성, 커뮤니티, 참여 등의 가치를 존중하도록 교육

② 타인과의 관계, 커뮤니티에의 참여와 공헌 같은 능력 키우기

③ 와이탕이 조약, 즉 원주민인 마오리와 유럽 이주자들 간의 조약으로 이중문화를 존중하는 정신으로 문화적 다양성 존중, 끌어안기(inclusion), 공동체 의식, 그리고 미래에 중점을 두는 교육

④ 학교 커리큘럼 내의 각종 사회관련 교과목을 통해 ①, ②, ③의 내용과 능력을 교육함(Ministry of Education 2015).

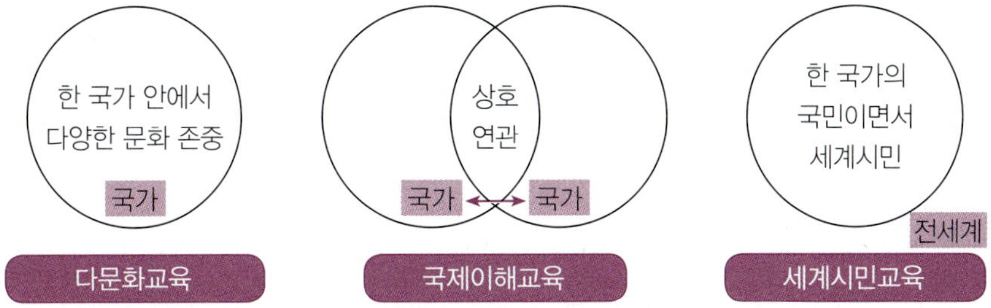

[그림 2-2] 다문화교육, 국제이해교육, 세계시민교육 개념도

출처: 현은자 외(2013).

※ 볼드체로 표시된 요소들은 인지적 평가로 측정되며, 이탤릭체는 학생들의 자기보고식 설문 자료로 분석됨

[그림 2-3] PISA 글로벌 역량 평가 틀

출처: OECD(2016).

4) 세계시민교육을 위한 교사의 역할

세계화 시대에 맞는 국제이해교육을 위해 우리나라 누리과정에서는 만 4~5세를 위한 세계 여러 나라 교육단원 속에 인권, 평화, 환경, 다문화 이해 등을 소규모로 다루고 있다. 유아교육현장에서 세계시민교육은 부재라고 해도 과언이 아니다. 세계시민교육을 위한 국제이해교육은 단순한 활동중심의 지식전달과 기술습득의 차원을 넘어서 세계시민교육을 위한 유아들의 근본적인 사고와 행동의 변화를 촉구하는 데 도움을 줄 수 있는 놀이중심의 활동이 필요하다.

아울러 평화교육, 인권교육, 다문화 이해교육, 지속 가능한 발전교육, 세계화와 세계체제에 관한 교육, 평화적 심성을 함양하는 교육 등 국제이해교육의 다양한 주제들이 놀이의 활동으로 필요하다.

유네스코 아시아·태평양 국제이해교육을 위한 교육 활동은 다음과 같이 다섯 가지의 활동으로 나누어 함께 배우는 세계시민교육을 하고 있다.

① 제1활동: 평화를 만드는 교육: 친구가 되면 무서움이 사라져요'

② 제2활동: 평화적 심성 함양교육: '내적 평화와 갈등해결을 위한 의사소통 방법'

③ 제3활동: 세계화 및 세계체제 이해교육: '집을 잃은 사람들'

④ 제4활동: 인권을 존중하는 교육: '네팔의 달릿어린이'

⑤ 제5활동: 지속 가능한 발전을 위한 교육: '나의 생태발자국'

이젠 다문화 인식개선이 아닌 세계시민, 민주시민교육으로의 전환이 필요하다. 여전히 지역사회 현장은 다문화 인식개선을 말하는데 이는 인식을 개선해야 하는 대상을 일반 주민에 둠으로써 주체와 객체를 나누는 오류가 발생한다. 누가 누구를 일방적으로 이해하고 수용하는 측면을 넘어서서 세계시민, 민주적 시민으로서의 접근을 통해 사회 전반적인 인식의 전환을 가져오려는 노력들이 필요한 시점이다(강은이, 2018). '2030 지속 가능발전 의제(Transforming our world:The 2030 Agenda for sustainable Development)'에서는 이같은 비전 아래 기후변화, 경제불평등, 지속 가능한 소비, 세계빈곤퇴치, 평화, 정의, 성평등 등 다양한 문제를 다루고 있다.

2014년에 발표된 유네스코의 세계시민교육 성명에서는 2030 의제를 광범위하게 포괄하는 개념인 5P(People, Planet, Peace, Prosperity, Partnership)를 제시하고 있다.

① People: 빈곤, 기아종식, 모든 인간이 존엄하고 평등하게 건강한 환경에서 잠재력을 발휘할 수 있도록 보장하는 의미를 가져야 한다.

② Planet: 지구환경이 악화되지 않도록 지켜야 한다.

③ Peace: 평화롭고 정의로우며, 포용적인 사회를 조성하여야 한다.

④ Prosperity: 모든 인간이 번영과 삶의 성취를 누리도록 하자는 달성목표를 의미한다.

⑤ Partnership: 국제협력관계에서 새로운 활력을 불어넣기 위해 필요한 요소이다.

그뿐만 아니라 세계화를 위해 교사는 놀이에 관한 관심을 가져야 할 때이다. 세계의 나라들이 생산품을 교환하고 다른 문화 사람들 간의 협약을 통하여 상호영향을 미치고 있다. 세계화는 오래된 현상이지만 그 비율과 형태는 최근 몇십년간 급속히 가속되었다. 무역이나 이민, 여행뿐만 아니라 영화, 라디오, TV를 통해 여러 나라의 사물과 문화를 연결한 세계화의 영향은 이제 우리의 삶에서 유아의 놀이와 놀이에 대한 사람들의 신념 및 태도를 바꾸어 놓았다.

그중 하나는 유아의 놀이에 관련된 수용 가능한 정책과 실제에 대한 국제적 담론 수준으로 지구상의 모든 유아는 놀이하는 자신을 포함한 권리도 포함하여 생존과 번영을 위한 기본적 인간권리를 가지고 있는 것이다. 유아의 놀이를 지키기 위한 내용은 아동놀이 국제연맹, 놀이보호단체, 아동놀이 국제연합과 같은 국제기구 선언문의 핵심이다.

21세기의 큰 문제는 세계화 과정을 어떻게 풍부하게 하고 긍정적 내용을 제공할 것인가이다. 국제적으로 유아 교육자들과 유아발달 전문가들은 공통된 관심사, 규정된 전문가적 견해, 사고의 개념적 도구와 탐구방법, 역동적이고 발현적인 지식기반을 많이 공유한다. 따라서 놀이터의 안전에 대해 이야기하고, 유아의 비만, 기술공학, 특수유아에게 적합하게 제작된 장난감 고안에 대해 이야기를 하는 우리는 세계적 단위에서의 유아의 놀이, 발달 교육의 전문 영역에 대한 관계망과 경험의 교류를 계속할 필요가 있다.

유아의 놀이는 의사소통과 기술공학으로 구축된 새로운 세계에서 오늘날 유아가 성장하고 성숙하면서 유연성, 융통성, 이중문화든, 다문화든 혹은 혼합이든 다양한 정체성을 확립하는 데 필요한 심리적 기초 형성에 기여해야 한다.

(1) 세계시민교육의 실천 방안

① 타인을 포용하고 존중하는 상호 작용 중심의 교실 환경과 학교 분위기를 조성한다.

② 다양한 문화에 대한 감수성을 내포한 학습자 중심의 접근법, 독립성과 상호작용·대화를 지향하는 교수·학습 방법을 근간으로 하여 학습 목표의 일관성을 유지한다.

③ 실제 과제를 수행한다.

④ 학습자들이 그들의 지역 상황과 관련하여 세계에 어떻게 연결되어 있는지 이해하는 데 도움이 되는 글로벌 차원의 학습 자료를 활용한다.

⑤ 학습 목표 및 학습 지원에 활용되는 교수 형태와 일치하는 평가 전략을 사용한다.

⑥ 교실, 학교, 지역사회 등 지역에서부터 글로벌까지 다양한 맥락에서 학습을 경험할 수 있는 기회를 제공한다.

⑦ 역할 모델로서의 교사나 교육자의 역할을 강조한다.

⑧ 학습자와 그 가족을 교수·학습의 인적 자원으로 활용하는데, 특히 다문화

적 환경에서는 더욱 필요하다(유네스코, 2015: 73).

(2) 21세기 어린 세계시민을 위한 교육

① 다양한 정체성을 이해하고 각각의 문화, 종교, 민족 등 여러 차이를 초월하고, 집단 정체성을 개발할 잠재력과 인류 공동의 소속감, 다양성의 존중이 필요하다.

② 국제문제와 정의 평등, 존엄, 존중 등 보편가치에 대한 깊은 지식으로 세계화 과정, 상호의존성, 국가단위로 적절하게 또는 특수하게 해결할 수 없는 글로벌 도전과제에 대한 이해, 미래 주요개념으로서의 지속 가능성으로 지구를 구하기 위한 '녹색교육'이 필요하다.

③ 다양한 차원과 관점, 각도로 문제를 인식할 수 있는 다중관점의 접근방식에 기반한 추론 및 문제해결 능력을 키워야 한다.

④ 공감과 갈등 해소 같은 사회적 기술 또한 배경과 출신, 문화, 관점이 다양한 사람들과 관계를 형성하고 상호작용하기 위한 의사소통기술과 품성 등의 비인지 기술로서 세계인으로서의 공감과 연대감을 키운다.

⑤ 글로벌 도전 과제에 대한 글로벌 해법을 찾기 위해 공동으로 협력하고 책임질 줄 알며 공동의 이익을 위해 노력할 줄 아는 행동 역량으로 책임감, 의사결정 능력을 키운다.

⑥ 전통유학과 같은 인문정신의 훈련이 필요하다.

⑦ 교육은 개인의 인성과 삶을 형성하는 과정이다. 사람에게 가장 중요한 문제는 삶의 의미이다.

⑧ 세계시민교육에서 추구하는 학습자상으로 인지적 영역에서는 '국가·세계의 상호연계성에 대해 인식하고 비판적·창의적 사고력을 갖춘 학습자'가 필요하며, 사회·정서적 영역을 위해서는 '공감 능력을 가지며 인권과 다양성을 존중하는 학습자'가 필요하며, 행동적 영역에서는 '윤리적 책임감을 가지고 공동체를 위해 실천하는 학습자'가 필요하다.

어린 세계시민을 위해 정직, 성실, 책임감을 가르치는 인성교육 특히 이웃과 더불어 사는 공동체협력 교육이 필요하다. 정직, 성실, 책임, 사랑에 기초한 전인적 세계시민교육을 위한 참교육을 실천할 때 세상을 근본적으로 변화시킬 수 있다.

(3) 세계시민교육을 위한 내용

① 안간의 보편적 가치: 자아인식, 자아존중감, 정체성, 다양성, 존중, 인권, 평등
② 세계화: 세계문제, 세계역사, 힘과 거버넌스, 국제체제, 상호의존
③ 다양한 문화: 문화이해, 문화 다양성, 자문화
④ 세계의 평화: 사회정의, 갈등해결, 의사소통, 나눔, 배려, 책임, 감정이입/공감, 협력, 민주주의
⑤ 지속 가능한 발전과 환경: 환경, 지속 가능한 개발/발전

(4) 새로운 교육과정에서 세계시민교육과 인접분야교육의 공통점과 강조점

① 국제이해교육

- 공통점: 평화, 인권, 민주주의 강조
- 강조점: 시민성과 비판적 사고 강조

② 지속 가능발전교육

- 공통점: 지속 가능한 미래와 사회변혁 추구
- 강조점: 글로벌공동체의 구성원으로서의 정체성 강조

③ 다문화교육

- 공통점: 평등, 인권 강조
- 강조점: 모든 사람의 시민의식 강조

④ 민주시민교육

- 공통점: 책임 있는 시민, 인권, 민주주의 강조
- 강조점: 글로벌 공동체의 구성원으로서의 정체성 강조

⑤ 개발교육

- 공통점: 전쟁, 빈곤, 환경문제 등 전 지구적 이슈를 다룸
- 강조점: 개발도상국의 이슈를 나와 내 주변의 환경과 관련지어 비판적으로 바라보기

새로운 교육과정에 담은 세계시민교육(유네스코 아시아 태평양국제이해교육원, 2017).

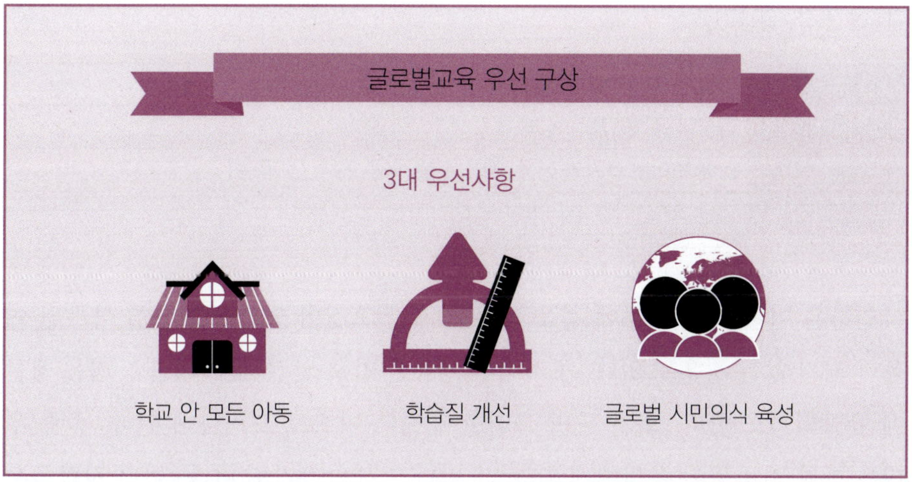

[그림 2-4] 글로벌교육우선구상(GEFI)의 3대 우선사항

출처: http://www.unesco.org/new/en/gefi/about/ (2017. 1. 31. 인출).

3. 평화를 만드는 교육

평화는 누구나 소망하는 인류보편적인 가치임에도 불구하고 세계도처에서 크고 작은 분쟁은 끊이지 않고 있다. 오히려 비평화적인 이슈들이 다양화·복잡화되고 있으며, 이들의 내면에는 세계의 경제, 사회, 문화, 역사적인 맥락이 복합적으로 작용하고 있다. 오늘날 평화의 개념은 소극적이고 직접적인 것으로부터 점차 적극적, 간접적, 구조적, 문화적인 것으로 확대되고 있다.

이는 세계를 하나의 공동체로 인식했을 때 평화가 부재한 원인을 세계의 구조적인 측면에서 찾아볼 수 있기 때문이며 평화의 실현을 위해서는 상호연결성을 바탕으로 한 서로의 협력이 필요하기 때문이다. 따라서 아동이 세계시민으로서 평화와 관련된 문제를 지구촌 의식을 가지고 바라볼 수 있도록 도와야 한다(현은자, 2017).

소극적 평화	직접적 폭력이 없는 상태
적극적 평화	간접적 폭력이 없는 상태
직접적 폭력	눈에 보이는 폭력과 전쟁, 테러, 폭행, 싸움/협박, 언어폭력
간접적 폭력	가난, 차별, 억압, 환경파괴

인간은 어떤 존재 때문에 겁을 먹곤 하지만 그것이 인간을 괴롭힐 아무런 이유가 되지 않는 경우도 있다. 공격적인 행동은 간혹 낯선 것에 대한 두려움 때문에 유발되기도 한다. 화가 나면 그러한 감정이 밖으로 드러나게 된다. 종종 우리는 다른 사람들이 우리에게 화가 나 있다고 생각하기도 한다. 어떤 사람들은 무기를 갖고 있으면 그들이 안전해질 거라고 믿는다. 하지만 무기를 갖게 되면 더 큰 위험이 있다고 생각하게 되고 그래서 심지어는 더 큰 두려움에 떨게 된다. 공격에 공격으로 응답하면 새로운 공격을 불러온다. 긍정적인 태도는 종종 다른 사람 또는 상대편으로부터 긍정적 반응을 불러온다. 다른 사람도 안전하다고 느낄 때에야 비로소 자신도 진정으로 안전하다고 느끼는 사람도 있다. 선량

하고 친절한 사람은 두려움을 느낄 필요가 거의 없다.

하지만 좋은 사람이 된다는 것은 겉으로만 쾌활한 얼굴을 하고 있는 것이 아니라 진정으로 친절하고 온화한 사람이 된다는 것을 의미한다.

아이들의 주변에 아는 사람들 중에서 친절하지 않게 대하는 사람이 있는지 물어본다. 상황을 변화시킬 수 있는 좋은 방안은 없는지 간략히 의견을 교환해 본다. 교실에서 대표를 정하여 그 사람에게 꽃이나 그를 위해 갓 구운 쿠키와 같은 선물을 가져다줄 수도 있다. 주변이나 같은 마을에 있는 다른 학교의 어떤 반과 우리반이 친선교류를 할 수 있는지 아이들과 토론해 본다. '아기곰 브롬'의 이야기에 대해 서로 의견을 주고받을 수도 있을 것이다.

학기 초 새로운 환경에 적응하는 시기에 교실에서 '아기곰 브롬'의 이야기를 연극으로 상연할 수도 있을 것이고, 다른 기관 아이들이나 선생님, 부모님들을 초대해 〈나는 화가 나면〉이라는 노래를 부를 수도 있을 것이다(유네스코 아시아 · 태평양 국제이해교육원, 2004).

1) 평화지대

평화지대라는 용어는 전 세계의 몇몇 기구들이 사용하고 있다. 또한 평화지대는 아프리카, 중앙아프리카, 하와이, 필리핀, 네팔 등에 있다. 실제로 평화지대가 어떻게 구성되는가는 지역마다 다를 수 있다.

평화지대는 성스럽고, 종교적이고, 역사적이고, 교육적이고, 문화적이고 지리적·환경적으로 중요한 영역을 의미하며, 그 지역 공동체가 보호하고 보존할 의무가 있다. 이 지역은 정부당국이 공식적으로 승인한 곳이다. 평화지역은 단순히 군사행동이나 전쟁이 없는 '비무장지대'를 의미하지 않는다. 평화지대는 무기, 폭력행위, 불의, 환경파괴로부터 벗어나 있는 보호구역이다.

2) 평화지대 사례

필리핀에는 몇몇의 평화지대가 있다. 여기서는 어느 누구도 전쟁에 사용되는 무기를 소지할 수 없다. 어떤 무장단체나 군대도 이곳에 들어설 수 없다. 따라서 평화지대에 거주하는 사람들은 평화와 비폭력 상태에서 살 수 있다. 평화지대 거주민들은 더 이상 군과 반군 간의 교전상태에 놓이지 않게 되어 집중포화의 두려움도 벗어나게 되었다(유네스코 아시아·태평양 국제이해교육원, 2004).

3) 아이들의 평화에 대한 생각

(1) 평화롭게 산다는 것은 어떤 것일까?

행복하게 사는 것, 내가 흥미 있는 일을 하는 것, 꿈을 가지는 것, 행복하게 사는 것, 평화롭게 사는 것은 권리이다.

여러 사람을 죽이는 것은 권리가 아니다(레지오 어린이).

(2) 평화란 무엇일까?

잔잔한 세상, 자유로운 것, 신나게 놀 수 있는 것, 싸우지 않는 것, 재미있게 놀 수 있는 것, 미세먼지가 없는 것, 나무가 많은 것, 도둑이 없는 것, 동물을 죽이지 않는 것, 총·칼·대포를 만들지 않는 것, 나무가 많은 것, 규칙을 지키는 것, 엄마랑 아빠가 싸우지 않는 것이다(대한민국 만 5세 유아).

4. 지속 가능한 발전 교육

우리의 수요를 충족시킬 수 있도록 식량 증대를 위한 지속 가능발전 방법 모색과 유기농법 이외에는 선택의 여지가 없다. 그러나 이것이 논의되는 반면에 증가하는 세계인구를 감안하여 그들에게 충분한 음식을 공급하기 위해서는 고생산성 농업이 필요하고 유기농업이나 농업의 지속 발전을 지향하는 농업방법은 고생산성을 이끌 수 없다는 의견이 팽팽히 맞서고 있다. 하지만 이러한 고투입, 고에너지 농업의 문제점은 증가하는 인구에게 식량공급을 지속적으로 외침에도 불구하고 현실에선 식량생산이 인류에게 식량공급이 아니라는 원리로 진행된다는 점이다. 그러므로 식량자급이 가능하지만 실제적으로 식량자급이 실현되지 않고 있는 이유가 여기에 있다. 이것이 고에너지 농업모델의 단면이다.

유기농업이란 생산자연의 섭리에 거슬리지 않고 자연 친화적으로 모든 농산물을 생산하는 방법이다. 유기농업에선 천연비료를 사용한다. 유기농법을 사용하는 농부들은 관찰을 통해 자연적으로 해충을 이기는 방법 등의 지식을 점차적으로 발전시켜 나간다. 그들은 자연에서 얻는 것뿐만 아니라 자연에 기여하고자 노력한다. 유기농산물은 화학농산물보다 보존기간이 길고 맛이 좋으며 우리의 건강에 이롭다. 따라서 유기농산물은 음식의 질을 높이고 요리법의 다양성과 고도의 문화적 건강적 가치를 가지는 민족 음식 전통을 향상시킨다.

유기체(organic)라는 단어는 우리 생활의 한 부분으로 여겨진다. DDT와 같은 유해한 살충제와 탄소를 포함한 화학 물질이 유기적 화학작용에 포함된다. 우리는 유기체를 우리 삶, 즉 생활에 관련된 것으로 인식하는 본질적인 개념으로 이해하고 유기농업에 화학물질을 사용하지 않는다는 철학과 실행으로 간주한다.

유기농업과 유기농업의 이로움, 유기농산물과 무화학식품의 이로움, 유기농업 시행의 장애요소, 농업에서 화학물질 남용의 문제점과 유기농업 장려 캠페인 등은 활동 주제로 수업에 활용할 수 있다. 화학농업 남용의 문제점과 무화학식품의 이로움, 유기농업에서 파생되는 이로움을 이해한다. 또한, 자연파괴와 천연자원의 유대를 이해하고, 유기농업 시행의 장애요소를 분석하고 식품의 생산·수송·마케팅에서의 자연 불친화적 본질을 이해하며, 후손을 위한 천연자원 보존의 필요성을 인지한다. 화학비료와 농약사용으로 수자원이 오염되고 있다. 또한 유해한 화학물질 다량살포로 해충의 천적들을 몰살시키고 있다(유네스코, 2004).

환경은 지역이나 국가적인 경계 없이 세계시민 모두의 공동유산이기에 이에 대한 책임이 요구된다. 환경에 대한 의식을 개인과 국가적 차원에서 지구촌으로 확대하고 발전시켜 나가야 한다. 개인의 소유가 될 수 없는 환경을 함께 사용하고 함께 보존해야 하는 것으로 인식되어야 한다. 이제 우리는 세계시민으로서 지구촌에 대한 공동체 의식을 갖고 환경의 지속 가능한 발전과 보존으로 미래를 내다보아야 한다(현은자 외, 2017).

※ 아기토끼 동극 활동

주제	아기토끼 동극	활동유형	언어, 사회 미술

활동목표

- 동극의 역할을 나누어 할 수 있다. 아기토끼가 왜 두려워하는지 이해한다.
- 두려움을 해소할때 화를 내거나 무기를 사용하는 것보다 웃으며 인사를 하는 것이 좋다는 것을 이해한다.

활동자료

동화그림자료, 동물모양 머리띠, 강을 표시할 수 있는 재료

1. 활동 소개하기

1) '아기토끼' 동화를 들려준다.

> 아기토끼는 엄마 생일에 꽃을 선물하고 싶었어요. 예쁜 꽃들은 다리 건너에 있었어요. 다리는 외나무다리였어요. 아기토끼가 다리를 건널 때 다리 밑에 괴물이 있을까 두려웠어요. 그때 고양이가 나타나 "막대기를 들고 겁을 주면 돼."라고 말했어요. 강아지는 "무섭게 인상을 쓰면 돼."라고 말했어요. 그러자 닭이 "아니야 웃으면서 인사를 하렴" 하고 말했어요. 아기토끼는 그 말을 연습해 보았답니다. '안녕하세요.' 닭은 말했어요. "그러면 괴물도 웃으면서 '아기토끼야 안녕' 하고 인사해 줄 거야." 아기토끼는 닭의 말대로 하면서 무사히 다리를 건너갈 수 있었어요. 다리를 건너가 예쁜 꽃을 따서 엄마토끼에게 선물을 했답니다.

2) 동극을 위한 환경을 꾸미기 위해 자료를 준비한다.

2. 활동 전개하기

1) 동화를 읽을 수 있는 친구들은 1쪽씩 그림의 색을 칠하고 나레이터를 한다.
2) 교사는 환경을 꾸민다.
3) 토끼, 고양이, 강아지, 닭의 가면을 만든다.
4) 아기토끼가 주인공이므로 역할을 바꾸어 준다.

3. 활동 정리하기

1) 아기토끼 역할을 하면서 어떤 마음인지 이야기를 나눈다.

4. 활동 평가하기

1) 두려울 때 어떤 행동을 하면 두려움이 없어지는지 평가한다.

5. 활동 확장하기

1) 사회영역에서 역할을 바꾸어 가며 동극을 하도록 한다.

6. 가정과 연계하기

1) 낯선 사람을 만났을 때 두려워하기보다 웃으며 인사를 하면 마음이 편해짐을 경험하게 한다.

Tip

> 두렵다고 겁을 주거나 무서워하기보다 웃는 얼굴로 인사하며 맞이하면 마음이 밝아지므로 함께 웃으며 인사하기를 권한다.

※ 세계시민교육을 위한 활동 1: 평화놀이

주제	평화놀이	활동형태	자유선택활동
		활동유형	언어, 수·조작, 미술

활동목표

· 평화가 무엇인지 이해한다.
· 평화놀이를 안다.
· 동화 『안 돼!』의 내용을 이해한다.

활동자료

신문지, 광고지

『안 돼!』(2012).
데이비드 맥페일 글·그림.
시공주니어.

1. 활동 소개하기

1) 평화에 대해 이야기 나눈다.
 - 평화가 무엇일까요?
  ① 행복하게 사는 거예요.
  재미있는 것을 하는 거예요.
  꿈을 가지는 거예요.
  행복하게 사는 것과 평화롭게 사는 것은 권리예요.
  여러 사람을 죽이는 것은 권리가 아니에요.
  평화는 우리의 권리예요. (레지오어린이)
  ② 잔잔한 세상, 자유로운 것, 신나게 놀 수 있는 것, 싸우지 않는 것, 재미있게 놀 수 있는 것, 미세먼지가 없는 것, 나무가 많은 것, 도둑이 없는 것, 동물을 죽이지 않는 것, 총·칼·대포를 만들지 않는 것, 나무가 많은 것, 규칙을 지키는 것. (대한민국 만 5세 유아)

2) 동화 『안 돼!』를 읽어 준다.
 - 우리 교실이 평화로우려면 어떻게 해야 할까요?
 거짓말하지 않아요.
 규칙이 있어야 해요.
 용기가 있어야 해요.
 배려가 있어야 해요.
 용서해야 해요.
 때리지 않아요.
 괴롭히지 않아요.
 소리 지르지 않아요.
 꼬집지 않아요.
 밀지 않아요.

2. 활동 전개하기

1) 신문과 광고로 할 수 있는 일에 대해 이야기 나눈다.
 - 신문과 광고지가 많이 있어요.
 - 무엇을 하고 싶은가요? (딱지 접기요.)
 - 신문지를 뭉쳐 보세요.
 - 무엇을 할까요?
 - 신문지로 어떤 놀이를 하면 즐거울까요?
 - 광고지도 뭉쳐 보세요.

	3. 활동 정리하기 1) 오늘 한 일에 대해 이야기 나눈다. - 어떤 놀이를 했나요? - 즐거웠나요? - 행복했나요? - 평화롭다고 생각했나요? **4. 활동 평가하기** 1) 교실 안에서 평화롭게 놀이를 계획하고 실행하는지를 평가한다. 2) 평화를 느끼는지 평가한다. **5. 활동 확장하기** 1) 두 팀으로 나누어 광고지 뭉치와 신문지 뭉치를 비교하며 놀기를 한다. **6. 가정과 연계하기** 1) 집에서 평화로우려면 어떻게 해야 할까요? **Tip** 둘씩 마주 앉아 글씨를 이면지 종이에 평화가 무엇인지를 쓰고 상대편 친구에게 던진다. 받은 친구는 다시 평화가 무엇인지 덧붙여 쓰고 던진다. 서로 평화가 무엇인지 짝을 지어 이야기해 보게 한다.

※ 세계시민교육을 위한 활동 2: 화가 나면

주제	화가 나면	활동형태	자유선택활동
		활동유형	언어, 음률

활동목표

- 화가 날 때의 나의 행동을 안다.
- 나의 화로 친구의 평화를 깨뜨리지 않음을 이해한다.

활동자료

'화가 나면' 악보, 가사

『소피가 화나면, 정말 정말 화나면』(2013).
몰리 뱅 글·그림.
박수현 옮김.
책읽는곰.

1. 활동 소개하기

나는 화가 나면

'나는 화가 나면 내 두 손으로 한 대 때려요. 그리고 또 한 대
나는 화가 나면 언제나 내 두 손으로 여기 한 대 퍽 저기 한 대 퍽
나는 화가 나면 내 두 발로 여기 한 번 쾅 저기 한 번 쿵
내가 화를 내면 사람들이 모두 날 무서워해요.
나는 화가 나면 내 두 눈으로
여기 한 번 노려보고, 저기 한 번 째려보고
내가 화를 내면 사람들이 모두 날 피해요.
나는 화가 나면 아무도 못 말려요.
크게 고함치고 또 한 번 소리치고
내가 화를 내면 아무도 못 말려요.
나밖에 없어요. 다른 사람은 없어요.

(테오 키르스텐 작사·작곡)

출처: 유네스코아시아·태평양 국제이해교육원(2004). 함께 배우고 나누는 세계의 교실 1. 한울아카데미.

1) 〈나는 화가 나면〉을 읽어 준다.
2) 『소피가 화나면 정말정말 화나면』 동화도 읽어 준다.
3) 동화를 생각한다.

2. 활동 전개하기

1) 화가 날 때 하는 행동에 대해 이야기 나눈다.
   - 화가 나면 어떻게 하나요?
2) 화를 푸는 방법에 대해 이야기 나눈다.
   - 화를 어떻게 푸나요?
   - 소리 지르나요?
   - 뛰나요?
   - 노래를 큰 소리로 부르나요?

	3. 활동 정리하기 1) 화를 풀 때 주의해야 할 사항에 대해 이야기 나눈다. - 화날 때 화가 가장 잘 풀리는 행동은 무엇인가요? - 내가 화를 풀기 위해 친구를 괴롭히지 않아요. - 주위의 친구를 배려해야 해요. - 혼자 있을 때는 화를 풀 수 있어요. **4. 활동 평가** 1) 화날 때의 행동과 주위의 사람을 괴롭히지 않으면서 화를 풀고, 삭히는 방법을 아는지 평가한다. **5. 활동 확장하기** 1) 노래를 부를 때 행동을 직접 해 본다. **6. 가정과 연계하기** 1) 집에서 화날 때 방에서 혼자 소리를 지르거나 쿠션을 던지거나 신문을 찢거나 마음대로 자유롭게 할 수 있는 환경을 주어 화를 삭히고 풀 수 있도록 한다. **Tip** 화를 무조건 참으라고 하지 않는다. 화를 내는 것은 건강하지만 화를 풀 때 주위의 사람에게 해가 되지 않게 주의하도록 한다.

CHAPTER 3

세계시민교육을 위한 권리교육

'지구촌'이라는 말처럼 세계는 이제 한 마을이나 다름없어졌다. 이제는 지구촌 문제를 우리의 문제로 바라보고 생각하는 '세계시민'으로서의 감수성이 필요한 시점으로 국제적 흐름 속에서 우리의 교육도 '세상을 읽을 줄 아는' 교육을 해야 하며 그것이 바로 세계시민교육이다.

세계시민교육(Global Citizenship Education: GCE)은 인류 보편적 가치인 세계 평화, 인권, 문화 다양성 등에 대해 폭넓게 이해하고 실천하는 책임 있는 시민을 양성하는 교육으로 평화교육, 인권교육, 환경교육, 다문화 교육 등을 모두 포함하며 새롭게 창조된 교육적 목표나 방향이 아니라, 실천과 참여를 중심으로 기존의 모든 교과 속에 포함되어 있는 세계시민적 교육목표를 찾아가는 것이다.

1. 세계시민과 세계시민교육

「유엔아동권리협약」에서는 세계 인구의 절반을 차지하는 18세 미만의 인류를 보호하는 인권 개념으로 아동이 세계시민으로서의 인권을 존중받아야 하며, 아동 스스로 그것을 인식할 수 있도록 교육해야 한다고 밝히고 있다.

1) 세계시민의 개념

세계시민이란 나의 행동과 세계와의 관계를 알고 책임감 있게 행동하는 사람, 전 세계의 평화와 번영을 위해 전 지구적인 시각으로 바라보며, 인간의 존엄성과 인권을 중요시 여기는 사람, 지구촌 공동체의 한 사람으로 책임의식을 갖는 사람을 말한다.

2) 세계시민교육의 개념

세계시민교육은 아동들이 대한민국의 국경을 넘어 지구촌 사회에서 인류공동체적인 책임을 가지고, 평화적인 갈등 해결과 환경보호, 인권존중 등의 지식과 태도를 형성하며 실질적으로 실천할 수 있도록 하는 것을 목적으로 하고 있다.

3) 세계시민교육의 목표

세계시민교육은 전 세계를 하나의 공동체로 여겨 스스로가 공동체의 구성원임을 인식하고, 알맞은 지식과 기술을 익혀 공동체의 안녕과 지속 가능한 발전을 위해 노력하는 태도를 가질 수 있도록 하는 데 근간을 둔다. 세계시민교육은 지구촌의 다양한 사람들과 협력하여 세계시민으로서의 책임과 의무를 다할 수 있도록 하는 교육으로 유네스코 한국 위원회는 세계시민교육의 일반적 목표를 다음의 여덟 가지로 제시하고 있다.

① 지구 사회 가족 의식과 지구촌 의식의 육성

② 인종·문화의 다양성에 대한 문화 상대주의적 관용성의 앙양

③ 세계의 상호 의존과 상호 관계의 과정에 대한 이해

④ 국제적 의사소통 능력과 태도의 육성

⑤ 변화하고 있는 세계 속 한국의 위상과 역할에 대한 이해

⑥ 사회적·개인적 문제해결에 있어서 세계 사회적 시각과 미래 지향적 시각의 중요성 인식

⑦ 한국 문화와 세계 문화 속에서 문화 주체성 필요 인식

⑧ 지구 사회 체제의 각종 국제 협력 기구들의 역할에 대한 이해

4) 세계시민교육이 추구하는 세계시민상

세계시민교육이 추구하는 세계시민상은 다음과 같다.

첫째, 모든 분야에 있어서 인류 보편적 가치 기준에 따라 합리적·정상적으로 사고하고 판단하는 동시에 행동하는 인류 보편적 가치를 지향하는 세계시민을 육성한다.

둘째, 세계 문제에 관심을 갖고, 인류의 미래를 좌우할 수 있는 지구촌의 도전들을 이해할 수 있고 지구촌 변화를 이해하는 세계시민을 육성한다.

셋째, 타 문명, 타 문화에 대한 이해를 바탕으로 타인의 입장을 간주관적(inter-subjective)으로 접근할 수 있는 역지사지(易地思之)의 자세를 가진 교차 문화(cross-cultural)적 소양을 갖춘 세계시민을 말한다.

넷째, 이질적 문명과 문화권으로 구성되어 있는 지구촌 세계에서 상호 존중과 배려의 자세로 초국가적 연대를 통해 세계와 소통할 수 있는 세계시민을 말한다.

다섯째, 상대방의 감정과 일체화가 되어 지구촌 가족들과 기쁨과 고통을 같이하는 공동체적 유대감과 지구적 공감대를 가진 세계시민을 추구한다.

2. 세계시민교육의 필요성

과학 기술의 발달로 인해 정보 통신과 경제·문화 등 다양한 분야에서 개인과 연결되는 세계를 전 지구적 차원으로 확대시켰다. 이는 국경을 넘어선 인적, 물적 교류의 증대뿐만 아니라 환경오염과 질병, 전쟁과 테러, 가난과 불평등 및 국제적 인권 문제 등 개인이나 국가 차원으로는 해결하기 힘든 문제들도 함께 증대되었다는 것을 의미하는 것으로 우리는 이제 전통적으로 국민 국가를 중심으로 조직되고 운영되어 오던 공교육의 지평을 넓혀 인류의 보편적 가치를 추구하는 인간을 육성하기 위한 교육, 즉 세계시민 의식(global citizenship) 함양교육을 해야만 한다.

전쟁과 평화, 빈곤과 저개발, 환경과 에너지, 인간 안보, 다문화·다 문명사회의 등장, 국제법과 국제기구의 무력화에 따른 국제 정부의 위기 등 지구촌 현안 문제들은 국경을 넘는 초국가적 성격을 띠고 있기 때문에 독자적 노력으로 해결할 수 있는 사안이 아니다. 지구촌의 쟁점들은 글로벌한 안목을 가지고 국제 공조를 통해 해결해 나가야 할 것이다. 동시에 지구촌 문제의 해결을 위해 적극적으로 행동에 나설 때, 우리나라 아동들이 '사려 깊고 행동하는 세계시민'으로 변보할 수 있을 뿐 아니라 지구촌 변화에 지도적 역할을 할 수 있다.

따라서 우리가 외면했던 지구촌 문제가 어느 순간 우리의 문제로 다가온다는 것을 인지하고, 관심과 이해의 눈으로 지구촌 문제를 바라보고 소통과 공감을 통해 문제를 해결함으로써 전 인류가 더불어 살아가는 방법을 모색해야 한다는 점에서 세계시민의식교육은 필수적이라 하겠다.

1) 세계시민교육의 현황

평화교육, 인권교육, 국제 이해교육의 시작된 세계시민교육은 2012년 9월 국제연합(UN)총회에서 '세계교육 우선구상(Global Education First Initiative:

GEFI)'을 통해 '모든 아동의 취학', '교육의 질 향상'과 함께 '세계시민 의식 함양'이 세 가지 우선 분야로 강조되면서 세계시민교육이 전 세계적인 주목을 받기 시작하였다. 그리고 2015년 5월 인천 송도에서 개최된 유네스코 세계 교육 포럼(World Education Forum)에서 세계시민교육 내용을 담은 '인천 선언'을 채택하면서, 세계시민교육은 향후 2030년까지 전 세계 유네스코 회원국들이 추진해야 할 범세계적 교육 정책 목표의 하나가 되었다.

2) 우리나라의 세계시민교육의 현황

세계 평화와 세계적 문제에 주목하여 유네스코 중심으로 이루어졌던 국제 이해 교육은 1990년대 국제화·세계화 속에 수립된 7차 교육과정에 그 내용을 반영하였고 2000년대 들어와 외국인 노동자와 국제결혼 이주자의 증가로 다문화 사회가 도래하면서 2007 개정 교육과정에는 다문화 교육을 강조하였으며 2009 개정 교육과정에서는 다문화 교육의 필요성과 함께 '국가 공동체의 발전을 위해 노력하며, 더불어 살아가며 협동하는 세계시민으로서의 자질과 태도를 기른다.'라고 명시함으로써 세계시민교육의 필요성을 제기하고 있다. 그러나 현 교육과정에서 제시하고 있는 세계시민교육은 실제 지도를 위한 구체적인 교수·학습 방법 및 지향점이 모호한 가운데 아직 명시적인 수준을 넘지 못하고 있고, 다른 영역과의 연계에도 한계를 보여 준다는 점이 아쉽다.

앞으로 세계시민교육은 세계적인 문제에 대해 인식하고 이해하는 가운데 공감하고 공유하는 마음으로 현실적인 행동에 나설 수 있는 진정한 세계시민으로 육성하기 위한 단계적인 교육과정이 만들어져야 한다. 즉, 현실적인 문제를 깨닫고 그 원인들을 파악할 수 있는 풍부한 지식을 제공하고, 지구촌 시민으로서 가져야 할 전 지구적 감성을 육성할 수 있는 적극적인 접근 방법을 제시하는 것이다. 이러한 인식과 감성을 바탕으로 어떠한 행동을 할지 아동 스스로 판단할 수 있도록 해야 할 것이다.

3. 세계시민교육에 대한 접근법과 관점

세계시민교육은 아동이 인권, 평등, 다문화, 환경, 국제협력과 인류의 지속가능한 발전을 이루기 위해 필요한 지구촌에 대한 소속감과 책무감 역량을 갖도록 하는 것이다. 세계시민교육은 기존의 단일국가 기반의 전통적 시민교육과 다르다.

1) 세계시민교육에 대한 접근법

첫째, 세계시민교육은 아동, 청소년을 능동적인 교육주체로 삼는다. 학습자가 국지적, 세계적 문제에 모두 동등한 관심을 가지고 적극적인 역할을 담당할 수 있는 능력을 함양한다. 이를 통해 학습자는 보다 공정하고 관용적이고 지속가능한 발전이 이루어지는 세상을 만드는 데 능동적인 기여를 할 수 있다고 생각한다.

둘째, 세계시민교육은 변혁적인 교육이다. 기성세대의 가치체계와 규범을 일방적으로 학습자에게 전달하는 경향이 있던 전통적 시민교육과 달리 세계시민교육은 학습자가 자신이 보유한 권리와 의무를 깨달을 수 있는 기회를 제공함으로써 아동이 성인이 된 후 더 나은 세상, 더 나은 미래를 만들어 갈 수 있도록 이끈다.

셋째, 세계시민교육은 과정 중심적이고 문제해결 중심적 교육이다. 단순히 학교지식습득 위주의 교육이 아니라 필수지식을 토대로 주어진 문제를 창의적으로 해결해 나가는 과정 중심적 교육을 강조한다.

넷째, 세계시민교육은 참여 지향적이며 실천 지향적 교육이다. 세계시민교육은 시민성에 대하여 배우는 교육을 뛰어넘어 시민성의 실천을 배우는 교육이다.

다섯째, 세계시민교육은 평생 교육적 접근이 요구된다, 또한 세계시민교육은 학교의 공식적 교육과정과 잠재적 교육과정 모두를 통해 전개되어야 한다.

2) 세계시민교육의 네 가지 관점

세계시민교육을 실천하는 관점에는 여행자적 관점, 국가주의적 관점, 인도주의적 관점, 비판적-변혁적 관점 등 네 가지 관점이 있다. 이 관점들은 각 국가 및 학교의 특성에 따라 하나 또는 두 개 이상 결합하여 교육과정 구성 및 교수-학습활동에 반영되기도 하며 각 교과의 특성, 또는 개별 교사의 주관적 교과적 관점의 차이에 따라 달라지기도 한다. 세계시민교육의 네 가지 관점은 아래와 같다.

〈표 3-1〉 세계시민교육의 네 가지 관점

	여행자적 관점	국가주의적 관점	인도주의적 관점	비판적-변혁적 관점
잠재의식	다른 나라의 사회문화 관련 지식의 부족	세계화시대에서 생존을 위한 국가경쟁력 강화	- 빈곤문제 - 개별역량과 기술 부족 문제	- 구조적, 체계적인 차별과 불평등 - 부정부패
핵심가치	다양성 상호이해의 정신	- 국가경쟁력 강화 - 수월성 - 리더십	- 인류애 - 조화 - 개발 - 관용	- 정의 - 배려 - 다원성-책임감
교육목적	문화적 다양성의 이해와 존중	글로벌경쟁리더의 강화	- 타인을 배려하고 인류공영에 기여함 - 이타적 시민의 역량을 증진함	자국 및 타국의 문화와 사회체제에 존재하는 편견, 불평등, 권력관계에 대해 비판적 성찰을 수행할 수 있는 역량을 함양함

출처: Andreotti & Pashby(2013)의 분류를 확장함(서대훈, 재인용).

4. 국내외 세계시민교육프로그램

1) 월드비전 세계시민교육

(1) 세계시민교육의 요소

① 지식과 이해

지속 가능한 세계, 더불어 사는 세상을 만들기 위해서 우리는 먼저 지구마을에 어떤 일들이 벌어지고 있는지, 지구마을 이웃들에게 무슨 일이 일어나고 있는지 인식해야 한다는 것 알아야 한다. 이러한 인식은 지구마을을 향한 관심과 기본적인 지식이 밑바탕이 되기 때문에 월드비전 세계시민교육에서는 빈곤과 개발협력, 인권, 기후정의, 평화에 대해 살펴본다.

② 기술

세계시민은 지구마을에서 일어나고 있는 상황을 수동적으로 받아들이지 않고 비판적으로 사고하고 바람직하지 않은 것은 개선하려고 노력하는 기술을 가지고 있어야 한다. 이를 위해 월드비전 세계시민교육은 토론하는 능력, 부정과 불평등에 도전하는 능력, 사람과 그를 둘러싼 모든 환경을 존중하는 시각, 분쟁 해결과 협동의 기술을 배울 수 있도록 구성되어 있다.

③ 가치와 태도

세계시민교육을 통해 축적한 지식과 기술을 바탕으로 자존감과 이웃을 배려하고 존중하는 공감력을 발전시킨다. 또한 사회정의에 대한 헌신, 다양성 존중, 환경에 대한 관심과 지속 가능한 개발에 대한 노력 등으로 우리가 변화를 이끌어낼 수 있다는 믿음을 갖게 한다.

④ 실천과 행동

보다 정의롭고 평화로운 세상, 모든 어린이가 풍성한 삶을 누릴 수 있는 더 나은 세상을 만들기 위해 우리는 지식보유 차원에서 머무는 것이 아니라 적극적으로 실천하고 행동하는 세계시민의 자세와 역할을 배울 수 있도록 한다. 자신이 살고 있는 지역에 대한 문제와 더불어 국제 문제에 관심을 갖고 그것을 해결, 변화시킬 수 있는 실천적 방법을 모색하고 직접 실행에 옮길 수 있도록 한다.

(2) 세계시민교육방법

① 생각하기(think)를 통해 글로벌 이슈들에 대해 배운다.
② 공유하기(share)를 통해 자신의 생각을 타인과 나눈다.
③ 행동하기(act)를 통해 자신의 변화된 행동으로 참여한다.

2) 유네스코 세계시민교육

국제이해교육과 세계시민교육을 증진시키기 위해 대한민국 정부와 유네스코 간 협정에 의거하여 유네스코 회원국들과 함께 2000년 8월 국내 처음으로 유네스코 '아태교육원'을 설립하였다. 이 단체는 유엔 지속 가능발전 목표(Sustainable Development Goals: SDGs) 및 유네스코가 2015 세계교육포럼에서 합의된 내용을 토대로 공식적으로 채택한 '교육 2030 실행계획'에 반영되어 있는 세계시민교육을 확산시키고 발전시키는 데 앞장서고 있다.

(1) 세계시민교육 핵심인력 양성

교육자들을 대상으로 여러 가지 연수 프로그램을 제공하여 세계시민교육 실천 동기 부여 및 전문성 향상, 네트워크 구축 등의 활동을 지원하고 있다. 또한 세계시민교육 청년 리더십 워크숍을 통해 청년들이 직접 미래세대를 위한 교육에 대해 논의하고 활동사례를 공유하여 기성세대가 아닌 청년들이 이끄는 교육 활동을 만들어 가고 있다.

(2) 세계시민교육 연구 및 정책개발

다양한 세계시민교육 관련 연구 및 정책개발에 힘쓰고 있으며, 세계시민교육을 위한 교수학습자료 개발 등을 통해 더욱 많은 사람들이 세계시민교육을 접할 수 있도록 노력하고 있다.

(3) 국제교사교류

한국의 교사가 외국으로, 외국의 교사가 한국으로 파견되어 파견국의 초·중등학교에서 전공과목 및 융합수업, 문화 간 이해 수업 등을 진행하며 현지 학교의 일원으로 활동하고 다양한 학교 및 지역활동에 참여한다. 교사는 파견국가에 자국의 문화를 알리는 민간외교관의 역할을 수행할 뿐 아니라, 다양한 교육 활동을 통해 함양한 글로벌역량과 세계시민의식을 귀국 후 자국의 학생들에게 전파하는 중요한 역할도 맡게 된다.

3) 우리나라 유아 세계시민교육

(1) 내용

<table>
<tr><td rowspan="5">소중한 인권</td><td colspan="2">① 인간의 가장 기본적인 권리인 인권은 나에 대한 소중함을 기반으로 인권의 의미를 이해하고 편견이나 차별의식을 갖지 않도록 한다.
② 세계시민으로 성장하는 데 필요한 권리 의식 함양 → 더불어 살아가는 태도를 기르는 것을 목적으로 한다.</td></tr>
<tr><th>하위내용</th><th>개념</th></tr>
<tr><td>인간(나와 타인) 존중</td><td>- 나는 소중한 존재이다.
- 모든 사람은 존중되어야 한다.
- 사람은 누구나 기본적인 권리가 있다.
- 사람들은 각각의 생각과 표현방식을 가진다.
- 사람들은 나름대로의 능력을 갖고 있다.</td></tr>
<tr><td>자유 평등</td><td>- 누구나 하고 싶은 것에 참여할 수 있는 자유가 있다.
- 인간은 존엄성과 권리에 있어서 평등하다.
- 사람들은 누구나 차별받지 않을 권리가 있다.</td></tr>
<tr><td>더불어 사는 세상</td><td>- 다양한 사람과 가족이 있으며 서로 도우며 살아간다.
- 나와 다른 사람의 권리를 보호하기 위해 노력하는 단체와 사람들이 있다.
- 사람들에 대한 편견과 차별을 갖지 않으며 더불어 살아야 한다.</td></tr>
<tr><td rowspan="5">세계는 하나</td><td colspan="2">우리의 삶이 세계의 모든 나라들과 밀접한 관련이 있으며 상호 교류하고 협력하고 있음을 이해하고 세계시민으로서 자신을 인식하도록 하는 것을 목적으로 한다.</td></tr>
<tr><th>하위내용</th><th>개념</th></tr>
<tr><td>가까운 세계</td><td>- 세계 사람들은 왕래하며 살아가고 있다.
- 세계 사람들은 정보와 물건을 서로 주고받는다.
- 다양한 방법으로 세계 여러 나라에서 일어나는 일들을 알 수 있다.
- 세계는 교통과 통신, 인터넷으로 가깝게 연결되어 있다.</td></tr>
<tr><td>서로 협력하는 세계</td><td>- 세계는 경제적으로 협력하며 살아가고 있다.
- 세계 여러 나라는 서로 도움을 주고받는다.
- 세계 여러 나라는 서로 교류하며 살아가고 있다.</td></tr>
<tr><td>세계 속의 나</td><td>- 세계 속에서 일하는 다양한 사람들이 있다.
- 우리 주변에는 세계를 위해서 일하는 사람들이 있다.
- 나는 이 세계의 일원으로 세계에 대한 역할과 책임이 있다.</td></tr>
</table>

<table>
<tr><td rowspan="5">다양한 문화</td><td colspan="2">① 우리 민족의 문화에 대한 정체성과 자긍심을 갖고 이를 기반으로 다른 나라의 문화를 이해하며 존중하는 것을 목적으로 한다.
② 나라, 민족마다 문화의 다양성을 경험, 인간으로 가지는 공통성을 긍정적으로 경험하도록 한다.</td></tr>
<tr><th>하위내용</th><th>개념</th></tr>
<tr><td>자랑스러운 우리 문화</td><td>- 자랑스러운 우리나라 전통문화가 있다.
- 우리나라를 나타내는 상징들이 있다.
- 우리나라를 빛낸 사람들이 있다.</td></tr>
<tr><td>다양한 문화의 공통점과 차이점</td><td>- 의식주에는 공통점과 문화적 차이점이 있다.
- 여러 나라마다 지켜야 할 예절을 가지고 있다.
- 모든 사람은 기쁨과 슬픔 등의 감정을 느끼지만 표현하는 방법이 다양하다.</td></tr>
<tr><td>다양한 문화에 대한 이해와 존중</td><td>- 나라마다 독특한 문화가 있고, 그 문화는 존중되어야 한다.
- 성, 인종, 계층, 계급 등에 의해 차별되지 말아야 한다.</td></tr>
<tr><td rowspan="5">평화로운 세계</td><td colspan="2">평화에 대한 지식을 알고, 다른 사람 이해, 존중하며, 평화적으로 문제를 해결하는 기술과 태도를 갖도록 한다.</td></tr>
<tr><th>하위내용</th><th>개념</th></tr>
<tr><td>평화로운 우리</td><td>- 나에게 평화로운 마음이 있다.
- 나와 타인은 감정과 생각이 다를 수 있다.
- 갈등은 평화적인 방법으로 해결할 수 있다.
- 평화는 모든 사람들이 함께 누려야 하는 것이다.</td></tr>
<tr><td>평화를 위한 노력</td><td>- 평화와 비평화는 선택하는 것이다.
- 평화를 위해서 내가 실천할 수 있는 일들이 있다.
- 평화를 위해서 노력하는 사람들과 단체들이 있다.</td></tr>
<tr><td>전쟁과 평화</td><td>- 세계에는 전쟁과 분쟁이 일어난 곳이 있다.
- 전쟁으로 고통받는 사람들이 있다.
- 우리 민족은 한국 전쟁의 아픔을 가지고 있다.
- 평화적 통일을 이루기 위해 노력이 필요하다.</td></tr>
</table>

<table>
<tr><td rowspan="5">함께 가꾸는
지구 환경</td><td colspan="2">인간에 의해 파괴되어 가고 있는 환경을 개선하고 보호하는 것은 세계시민으로서의 공통된 책임이기 때문에 자연을 아끼고 사랑하는 마음, 실천할 수 있는 일에 직접 참여, 책임감을 갖도록 한다.</td></tr>
<tr><th>하위내용</th><th>개념</th></tr>
<tr><td>우리 생활과 환경</td><td>- 모든 생물은 소중하다.
- 생명체(사람, 동물, 식물)는 서로에게 의존하여 살아간다.
- 우리가 살아가는 데 있어 자연환경은 중요하다.</td></tr>
<tr><td>자연의 보전과 보호</td><td>- 자연의 아름다움을 느끼고 소중히 여긴다.
- 동물들이 사는 서식지를 보호해야 한다.
- 자원은 무한한 것이 아니므로 바르게 사용해야 한다.
- 환경을 보호하기 위해 내가 실천할 수 있는 일이 있다.</td></tr>
<tr><td>지구를 살리기 위한 노력</td><td>- 지구의 환경은 인류 공동의 유산이다.
- 지구의 환경은 모든 나라가 힘을 모아 보호해야 한다.
- 세계시민으로서 환경에 대한 책임감을 갖는다.</td></tr>
</table>

(2) 유아세계시민교육 활동방법

① 토의 활동

어떤 주제나 일상생활에서의 갈등이 일어났을 때, 서로 의견을 나누고 의견들 사이의 유사점과 차이점을 찾아보며 궁극적으로 문제를 해결한다.

② 협동 학습

지구촌 이슈, 관심거리들을 다룰 때 사회적 지식 전달에 그치는 것이 아니라 유아 수준에서 적절한 실천으로 이어질 수 있도록 협동 학습을 최대한 활용하며, 소그룹별로 의견을 나누고, 문제를 해결하는 과정에서 책임감을 형성할 수 있다.

③ 견학

견학은 각 주제에 대한 흥미를 유발하고 배운 것을 강화할 뿐만 아니라 확장시켜 준다. 견학은 직접 관찰-필요한 자료 수집-수집한 자료에 기초하여 추론 및 결론 내리기 순으로 이뤄진다. 또한 견학은 사회 현상을 바르게 이해하고 세계시민으로서 생활하는 데 필요한 지식, 가치, 태도, 기술을 형성한다.

④ 극화놀이

극화놀이는 교실에서 현실을 재창조하는 기회를 준다.

⑤ 도서

도서는 세계시민교육에 대한 간접 경험을 하고 다른 사람의 생활, 경험, 느낌을 공감하게 할 뿐만 아니라 도덕적 판단 기준을 갖게 하며 아울러 새로운 지식들을 배우게 된다.

⑥ 다양한 매체 활용하기

극장, 영화, 잡지 등은 아동에게 수많은 정보를 생생하게 접할 수 있는 기회를 준다.

⑦ 전문 인력 및 시설 활용하기

다양한 분야에서 일하고 있는 전문 인력들을 초청하여 그들과의 경험을 나누어 봄으로써 유아들의 경험과 흥미를 확산시킬 수 있다. 전문 인력 및 시설을 활용하기 전 미리 궁금한 것을 생각해 보거나 전문 인력에 대해 조사하는 것은 많은 도움이 된다.

5. 소중한 권리, 아동의 권리

권리란 인간의 여러 가지 욕구에 대한 사회적 표명이며 즉, 여러 가지 욕구가 사회에 의하여 인식되고 주장될 때 권리라고 표현한다.

아동에게 권리가 있다 함은 아동을 독립된 한 인간으로서 최소한의 기본적 생활을 영위할 뿐만 아니라, 나아가 인간다운 생활을 영위할 권리가 있는 존재로 파악하는 것을 말하며, 사회와 국가는 이러한 권리를 보장해 주어야 할 의무가 있다고 간주하며 이를 아동권리라고 한다.

아동권리(兒童權利)는 아동이 가진 인권으로 아동에게 주어지는 특별한 보호와 관리에 대한 배려로서 아동에 대한 권리는 부모와의 관계를 유지할 수 있는 권리는 물론 국가가 돈을 내는 보편적인 교육을 받으며, 적절한 형법의 적용을 받아 인간으로서의 독자성을 발휘하는 권리를 포함한다.

1) 아동권리협약

20세기 들어 아동을 독립된 인격체로 받아들이기 시작하면서 아동이 누려야 하는 기본적인 권리를 담은 「아동권리협약」을 1989년 11월 20일 국제연합 총회에서 채택하고 1990년 9월 2일 발효하였으며 2016년을 기준으로 한국을 포함한 전 세계 196개국이 비준하고 있다.

2016년 보건복지부는 어린이날을 맞아, '아동의 권리와 어른들의 책임'을 규정한 아동권리헌장 선포식을 열고 '아동권리헌장'을 발표했다. 아동권리헌장의 모든 조항은 "아동은 ~ 권리가 있다."는 형식으로 작성되어 있으며, 시대의 진전과 의식이 담겨 있다. 9개 조항으로 구성된 헌장에 포함된 아동의 주된 권리로는 보살핌을 받을 권리, 보호받을 권리, 차별받지 않을 권리, 보호받을 권리, 지원받을 권리, 알 권리, 교육받을 권리, 참여할 권리, 존중받을 권리 등을 설명하고 있다. 아동권리헌장은 아동을 존중받을 권리가 있는 독립적인 인격체로 여긴다는 점에서, 단순히 아동을 보호해야 할 대상으로 규정했던 어린이헌장에서 한 단계 발전한 모습을 보이고 있다.

(1) 유엔아동권리협약

유엔아동권리협약은 인권 사각지대에 놓인 아동의 권리 보장을 목적으로 한다. 역사적으로 아동은 성인의 시각에서 보호와 통제의 대상으로만 여겼으며 의존성과 불완전한 의사능력 등으로 인해 권리 침해에 관한 관심을 받기 어려웠다. 특히 산업혁명과 제1·2차 세계대전을 거치면서 아동의 인권 침해 문제가 대두했으며 20세기 중반부터는 아동의 권리를 보장하고 인권 침해를 방지해야 한다는 여론이 국제적으로 형성되어 국제연합(UN)이 아동권리협약을 채택하기에 이르렀다.

UN이 아동권리협약에서 세 가지 기본원칙하에 아동의 네 가지 기본 권리를 규정하고 있으며 기본원칙과 아동의 기본권리는 아래와 같다.

① 기본원칙

① 아동의 연령기준으로서, 이 협약의 대상인 어린이를 18세 이하의 자로 정의함

② 무차별의 원칙으로서, 아동의 권리는 인종, 국적, 종교를 초월하여 모든 아동에게 해당됨

③ 아동 최선의 이익 우선 원칙으로, 모든 조치, 정책들은 아동에게 가장 유익한 방향으로 결정되어야 함

② 아동의 기본권리

가. 생존권

생명을 유지하며, 최상의 건강과 의료 혜택을 받을 권리로 위협요인으로는 굶주림과 영양실조, 신체적 학대를 포함한 성인에 의한 공격, 빈곤, 보호시설에 수용된 아동 환경, 범죄에 개입한 아동(갱, 구걸, 마약, 절도 등), 집 없는 아동과 고아 등 다양한 종류가 있다. 이 권리를 침해받는 피해아동은 비행, 가출 등으로 거리에 나온 아동, 학대당하는 아동, 성적으로 착취당하는 아동, 부모에게 버려진 보호시설의 아동이다.

나. 보호권

차별대우와 착취, 학대와 방임, 가족과의 인위적 분리 등으로부터 보호받을 권리로 위협요인으로는 경제적 착취, 정신적 학대, 전쟁, 방임과 유기, 혹사, 차별대우이다. 이 권리를 침해당하는 피해아동으로는 위법 행위를 한 아동, 돌봐

주는 사람이 없는 아동, 성적으로 학대당하는 아동, 거리의 아동 등이 있다.

다. 발달권

육체적, 정서적, 도덕적, 사회적 성장에 필요한 정규교육, 비정규교육을 포함한 모든 종류의 놀이, 여가, 정보, 문화 활동, 사상, 양심, 종교의 자유를 누릴 권리, 국적과 이름을 가질 권리이다. 발달의 필요조건은 정보와 자료, 교육, 놀이와 오락 활동 등, 문화 활동 참여 사상, 양심 및 종교의 자유, 건강과 신체적 발달, 표현의 권리이다.

라. 참여권

자신의 의사를 표현할 자유와 자기 생활에 영향을 주는 일에 대하여 말할 수 있는 권리, 아동 자신의 능력에 부응하여 적정한 사회활동에 참여할 기회를 가질 권리이다. 참여의 필요조건은 자신의 견해를 자유롭게 표현할 권리, 정보를 얻을 권리, 집회참여의 자유와 결사 및 참여의 권리단계이다.

2) 세계시민교육과 아동의 권리 프로그램

(1) 유엔 APPA – 세계시민교육 글로벌 리더십 과정

평화 나눔 공동체(Action for Peace through Prayer and Aid: APPA)는 세계시민교육과 아동권리가 통합된 프로그램을 제공하고 있다.

차시	목차	시간	세부내용	기타(준비물)
1	세계시민이란?	4	① 세계시민 나야 나! ② 넌 어디서 왔니? ③ 세계가 100명이 사는 마을이라면 ④ 세계시민 티셔츠 만들기	빔프로젝터, 노트북, 스피커, 마이크, PPT, 활동지(교재), 필기도구, 포스트잇, 매직 세트, 교구용 과자, 티셔츠, 교구용 도서(『내가 라면을 먹을 때』) 컵, 소금, 설탕
2	세계시민과 인성	4	① 특별한 지구마을 ② 우리의 공감 고리 ③ 같이한 가치 ④ 세계시민 인성나무 포스터 만들기	빔프로젝터, 노트북, 스피커, 마이크, PPT, 활동지(교재), 필기도구, 포스트잇, 매직 세트, 가치 카드, 우드락, 가위, 색상지
3	세계시민과 아동인권	4	① 내가 가진 물건 ② 권리를 찾아 주세요. ③ 우리는 같은 권리를 가지고 있어요. ④ 세계시민 아동권리 포스터 만들기	빔프로젝터, 노트북, 스피커, 마이크, PPT, 활동지(교재), 필기도구, 포스트잇, 매직 세트, 색연필, 면장갑, 가상화폐, 가위, 우드락, 색상지
4	세계시민과 환경 및 평화	4	① 물은 생명이다. ② 점점 무거워져요. (탄소 발자국) ③ 평화의 씨앗 ④ 세계시민 생명 텀블러 만들기	빔프로젝터, 노트북, 스피커, 마이크, PPT, 활동지(교재), 필기도구, 포스트잇, 매직 세트, 색상지, 텀블러 세트
5	세계시민과 SDGs	4	① 지구마을(SDGs) ② 우리가 만들어요. (SDGs) ③ 우리가 원하는 세상(SDGs) ④ 세계시민 SDGs 타일 만들기	빔프로젝터, 노트북, 스피커, 마이크, PPT 활동지(교재), 필기도구, 포스트잇, 매직 세트, 네임펜 세트, 타일, SDGs현수막

(2) 월드비전 – 세계시민교육프로그램

	세계시민이란	인성	아동인권	환경	SDGs	평화
유아	나는야 세계시민!		· 총 4차시로 교안, 교구 등이 패키지로 제공 · 1~3차시는 교사가 진행 · 4차시는 월드비전 직원이 진행			
	발루뽀가 들려주는 우리가 몰랐던 이야기		· 총 2차시로 교안, 교구 등이 패키지로 제공			
초등 1,2	우리는 모두 연결되어 있어요!	특별한 우리가 만드는 특별한 지구마을	· 우리에겐 권리가 있어요! (UNCRC)	한조각의 꿈(소비와 생산문제)	우리가 원하는 세상	맞잡은 두 손에 평화 가득해! (관계에서의 평화)
초등 3,4	세계시민의 눈으로 보는 세상	세계시민의 같이 가치 나무	운동화 소녀 이야기(아동노동)	내가 남긴 발자국(기후변화, 대기오염 문제)	우리가 원하는 세상	평화의 씨앗을 심어요(남북 평화)
초등 5,6	세계시민? 나야 나!	너와 나의 공감고리(협동, 소통, 배려)	내 친구의 소지품	물은 생명이다(물 문제)	더 나은 내일을 위한 약속	평화를 만드는 아이들(난민문제 평화)
중등	세계가 만약 100명의 마을이라면	변화를 위한 목소리(책임, 협동, 소통)	여자아이들의 권리 캠페인 Basic for Girls	지구는 당신이 필요해요	SDGs 지구 여행	평화를 만드는 아이들(난민문제 평화)
			분쟁피해 지역 아동보호 캠페인 I AM			
고등	지도 밖으로 행군하는 세계시민	변화를 위한 목소리(책임, 협동, 소통)	여자아이들의 권리 캠페인 Basic for Girls	배고픈 세계, 식량의 위기(식량문제)	지구를 위한 한 시간	평화와 만나는 시간
			분쟁피해 지역 아동보호 캠페인 I AM			

6. 아동을 위한 권리 중심 놀이 활동

※ 활동 1: 친구야 내가 도와줄게

주제	세계시민교육-인권, 책임감	활동명	친구야 내가 도와줄게.
		활동유형	언어, 미술

활동목표

· 나는 친구를 존중한다.
· 나는 친구를 도울 수 있다.

창의 요소

인지적 요소-사고의 수렴

인성 요소

공감, 장애이해

활동자료

워크지, 색연필, 사인펜, 『꽃처럼 향기로운 내 동생』 동화책, 암호카드, 카드모양 종이

『꽃처럼 향기로운 내 동생』(2004).
아그네스 라코르 글.
그웬 르 갹 그림.
크레용하우스.

1. 활동 소개하기

1) 오늘 활동의 이름은 '친구야, 내가 도와줄게'에요.
2) 내가 어떻게 친구를 도와줄 수 있는지 알아보아요.

2. 활동 전개하기

1) 앞을 볼 수 없는 친구가 집에 가야만 하는데 회오리바람이 부네요.

2) 친구가 안전하게 집에 돌아갈 수 있도록 알려 주세요.

3. 활동 정리하기

1) 눈을 감고 집으로 가는 길을 찾으니 마음이 어떤가요?
2) 눈을 뜨고 설명하는 친구가 어떻게 말을 해 주면 좋았을까요?

4. 활동 평가하기

1) 나와 친구들의 말과 행동을 이해하였는지 언어적 상호작용으로 평가한다.
2) 나와 친구들이 이야기 나눌 때 필요한 여러 암호를 글과 그림을 이용하여 표현한다.

5. 활동 확장하기

1) 『꽃처럼 향기로운 내 동생』을 읽는다.
2) 친구들과 암호를 만들어 이야기 나누기를 한다.

6. 가정과 연계하기

1) 부모님, 형제, 친구들과 상호작용할 수 있는 암호를 만들어 본다.

※ 활동 2: 거울아, 거울아

주제	세계시민교육-인권	활동명	거울아, 거울아
		활동유형	언어, 연극, 미술

활동목표

· 가치의 개념을 안다.
· 나의 소중함을 안다.

창의 요소

인지적 요소-사고의 수렴

인성 요소

공감, 자신감

활동자료

거울, 커튼(가리개), 내 이름이 적힌 도화지, 사인펜(또는 색연필), 가위, 풀, 반짝이 가루(여러 가지 색)

1. 활동 소개하기

1) 오늘 활동의 이름은 '거울아, 거울아'에요.
2) 내가 나에 대해 칭찬하는 거예요.

2. 활동 전개하기

1) 친구들은 친구들이 어떻게 행동할 때 '멋지다', '근사하다' 등을 느끼나요?
2) 왜 그런 행동이 '멋지다', '근사하다'고 생각될까요?
3) 여기 별 안에 내 사진을 붙이고 내 이름을 적어 보아요. (둘 중 하나 선택)

4) 풀칠한 그림 위에 여러 색의 반짝이가루를 뿌린다.
5) 나를 소개해 주세요.

3. 활동 정리하기

1) 나를 근사하게 만드는 행동은 어떤 것이 있을까요?
2) 나의 어깨가 으쓱하는 멋진 생각에는 어떤 것이 있을까요?
3) 친구가 어떤 행동을 했을 때 멋지다고 생각하나요?

<table>
<tr><td></td><td>
4. 활동 평가하기
1) 나는 나의 행동을 보고 "나는 ~하니까 멋진 아이야."라고 칭찬할 수 있다.
2) 친구가 ~행동을 했을 때 "너는 ~하니까 멋져."라고 칭찬할 수 있다.

5. 활동 확장하기
1) 커튼 속에 거울을 놓는다.
2) 거울 속의 나를 보고 칭찬해 본다.

6. 가정과 연계하기
1) 부모님, 형제, 친구들과 어떤 행동을 했을 때 멋진지 이야기 나눠 본다.
2) 부모님, 형제, 친구들이 한 행동 중 멋진 행동에 대해 칭찬한다.
</td></tr>
</table>

※ 활동 3: 내 친구 이름은 ~야

주제	세계시민교육-인권	활동명	내 친구 이름은 ~야
		활동유형	언어, 미술

활동목표

- 나는 친구를 존중한다.
- 나는 친구가 필요한 것을 잘 안다.
- 나는 친구를 잘 돌봐줄 수 있다.

창의 요소

인지적 요소-사고의 수렴

인성 요소

- 공감, 장애의 이해
- 책임감

활동자료

풍선, 풍선 펌프기, 매직펜, 테이프, 장식용품(리본, 끈, 색깔 테이프, 스팽글 등)

1. 활동 소개하기

1) 오늘 활동의 이름은 '내 친구 이름은 ~야'에요.
2) 내가 얼마나 친구를 잘 돌보는지 알아보아요.

2. 활동 전개하기

1) 오늘은 새로운 친구들을 만나는 날이에요.
2) 우리는 각자 좋아하는 친구들을 초대할 거예요.
(유아가 직접 풍선 펌프기를 이용하여 풍선을 부풀린다.)
3) (부풀어진 풍선을 가리키며)
내가 사귀고 싶은 친구의 얼굴을 그려 주세요. 그리고 친구를 멋지게 꾸며 주세요(풍선 꼭지의 방향은 아동 마음대로).
4) 멋지게 꾸민 후 그 풍선 친구의 이름을 지어 주세요.

3. 활동 정리하기

1) '풍선 친구'를 반 친구들에게 소개해 주세요.
2) 왜 나는 그 친구를 좋아하게 되었나요?
3) 그 친구는 어떻게 말하고 행동할 때 좋아해요?
4) 그 친구와 계속 친하게 지내려면 그 친구와 나는 어떻게 해야 할까요?

4. 활동 평가하기

1) 내 친구를 소개할 수 있다.
2) 친구와 잘 지내려면 어떻게 행동하고 말을 해야 하는지 설명할 수 있다.

5. 활동 확장하기

1) 각자 만든 풍선 친구들과 역할 놀이를 한다.
2) 만든 풍선 친구를 가정으로 가져가 4일 동안 돌보고 난 후 그 주 마지막 날 가지고 와서 가정에서 친구와 어떻게 지냈는지 설명한다.

6. 가정과 연계하기

1) 풍선 친구를 가정으로 가져가 부모님, 형제에게 소개한다.
2) 풍선 친구가 가족들과 잘 지내려면 가족들은 어떻게 돌봐줘야 하고 풍선 친구는 어떻게 행동해야 하는지 이야기 나눠 본다.

※ 활동 4: 숲을 그냥 내버려 둬

주제	세계시민교육-환경	활동명	숲을 지키자
		활동유형	언어, 신체, 역할

활동목표

- 환경의 소중함을 안다.
- 환경을 지키기 위한 방법을 안다.

활동자료

도화지, 사인펜, 색연필, 가위, 자, 풀, 깡통, 플라스틱 통 등

『숲을 그냥 내버려 둬!』
(2016).
다비드 모리송 글·그림.
크레용하우스.

1. 활동 소개하기

1) 오늘 활동의 이름은 '숲을 그냥 내버려 둬'예요.
2) 숲을 왜 지켜야 하는지 알아보아요.

2. 활동 전개하기

1) 동화책 『숲을 그냥 그대로 둬』를 읽는다.
2) 『숲을 그냥 그대로 둬』를 읽고 이야기 나눈다.
   - 숲을 생각하면 무엇이 생각나니?
   - 숲속에는 어떤 동물이 살까?
   - 쥐돌이는 왜 발명품을 만들려고 했을까?
   - 왜 다른 동물은 쥐돌이의 발명품을 반대했을까?
   - 보라비가 내렸다면 어떻게 되었을까? 등등

3. 활동 정리하기

1) 우리 주변의 상황과 연계하여 이야기 나눈다.
   - 우리 주변에도 이런 일이 있나요?
   - 어떻게 해결하였나요?
   - 이런 일이 생기지 않으려면 어떻게 해야 할까요?

4. 활동 평가하기

1) 나와 다른 가족구성원에 대해 편견을 갖고 있는지 이야기 나눈다.
2) 게임 규칙을 알고 상황에 맞게 자신의 감정과 행동을 조절하면서 활동하는지 관찰하여 평가한다.

5. 활동 확장하기

1) 환경을 보호할 수 있는 기계를 만들어 보도록 한다.
2) 환경을 지키는 로봇을 만들어 본다.

6. 가정과 연계하기

1) 가정에서 환경을 지킬 수 있는 방법에 대해 이야기를 나눈다.

※ 활동 5: 내가 그린 그림

<table>
<tr><td rowspan="2">주제</td><td rowspan="2">세계시민교육-반 편견 교육</td><td>활동명</td><td>내가 그린 그림</td></tr>
<tr><td>활동유형</td><td>언어, 미술</td></tr>
<tr><td colspan="2">
활동목표
· 나는 몸을 자유롭게 움직일 수 없는 사람들의 힘든 점을 안다.
· 나와 장애를 가진 친구의 신체적 차이를 안다.
· 나는 몸이 불편한 친구를 잘 돌봐줄 수 있다.

활동자료
신체장애인 사진, 구족화 그리는 사람들의 사진, 붓, 물감, 사인펜, 도장, 스탬프, 전지
</td><td colspan="2">
1. 활동 소개하기
1) 오늘 활동의 이름은 ‘내가 그린 그림’에요.
2) 손을 사용하지 않고 발로 그림을 그리는 거에요.

2. 활동 전개하기
1) (구족화가가 그린 그림을 보여 주며)
무엇을 그렸나요? 어떤 느낌이 드나요? 누가 그린 그림일까요?
2) 구족화가의 사진을 보며 이야기를 한다.

3. 활동 정리하기
1) (　　)를 반 친구들에게 소개해 주세요.
2) 왜 나는 그 친구를 좋아하게 되었나요?
3) 그 친구는 어떻게 말하고 행동할 때 좋아해요?
4) 그 친구와 계속 친하게 지내려면 그 친구와 나는 어떻게 해야 할까요?

4. 활동 평가하기
1) 나는 다른 사람의 마음을 이해하려고 노력한다.

5. 활동 확장하기
1) 게임이 끝나면 자신의 발과 가락을 이용하여 그림을 그린다.
2) 보드게임을 통해 필요한 보장구(휠체어, 집게 등)를 선택한다.

6. 가정과 연계하기
1) 자신이 그린 구족화를 집으로 가져가 소개한다.
2) 가족들과 함께 구족화를 그려본다.
</td></tr>
</table>

※ 활동 참고자료

과연 당신의 세계시민 점수는? (그렇다→5점, 보통이다→3점, 아니다→1점)

점수	단계	설명
50~40	아름드리	· 당신은 이미 훌륭한 세계시민입니다!
35~25	묘목	· 완벽한 세계시민으로 성장하고 있는 당신! · 조금만 더 세계 이야기에 관심을 기울여주세요~
20~10	새싹	· 세계시민 의식을 갖기 시작하셨군요! · 차근차근 세계시민으로 나아가 주세요.
5~0	씨앗	· 우리는 더 이상 세계와 단절되어 존재할 수 없답니다. · 마음을 열고 세계와 내가 어떻게 연결되어 있는지 알아보는 것은 어떨까요?

CHAPTER 4

다문화 이해를 위한 교육

우리가 살고 있는 지구에는 여러 국가가 존재하고 있고, 그 국가마다 오랜 삶의 양식으로 인한 다양한 문화가 공존하고 있다. 20세기 이후 세계화가 현실이 되면서 서로 다른 문화 간의 교류가 빈번해지고 소통의 필요성이 절실해지고 있다. 이러한 가운데 등장한 개념이 다문화이고, 다문화의 의미는 문화 다양성 또는 다문화주의 개념과 함께 해석되고 있다.

사전적 의미로, 다문화(多文化)란 한 사회 안에 여러 민족이나 여러 국가의 문화가 혼재하는 것을 이르며, 문화 다양성은 인류 창의성의 표현이자 인류 노력의 결실이며 인류의 집단적 경험의 총체로서 미적, 도덕적, 도구적 가치를 지니는 것으로 일컬어지고 있다(유네스코, 2010). 홍종열(2014)은 문화 간 소통 능력(intercultural competencies)을 강조하고 있는데, 문화 다양성은 바로 낯설고 이질적인 타문화를 편견 없이 바라보고 상호 대화를 통해 이해를 증진시키는 데 기여하고, 이를 통해 궁극적으로 인류 문화의 발전과 평화에 이바지할 것을 지향하기 때문이라는 것이다.

오늘날 가속화하고 있는 세계화 현상은 서로 다른 문화 간 만남과 교류를 더욱 활발하게 만들고 있어 문화 다양성을 실감하게 한다. 사실 새로운 정보통신

기술과 발달된 교통, 전 세계적 미디어, 막강한 다국적 기업들은 오히려 세계가 점점 좁아지고 있으며, 문화적 차이가 약화되고 있음을 시사한다(Paul Hopper, 2007). 문화적 고유성의 약화와 동질화 현상은 문화 다양성이라는 과제가 결코 쉬운 문제가 아님을 말해 준다. 그러나 동시에 세계화는 기술의 발달과 네트워크의 확장을 통해 타문화 또는 소수문화에 대한 접촉과 정보 전달의 가능성을 확대시키고 문화 간 대화의 기회를 부여함으로써 문화 다양성을 촉진하기도 한다(홍종열, 2014).

다문화란 한 사회 안에 여러 민족이나 국가의 문화가 뒤섞여 있는 것을 말한다. 원래는 문화의 다양성을 가리키던 말이었는데, 시간이 흐르면서 이질 문화에 대한 인정과 존중이란 의미를 갖게 되었다. 그래서 민족주의에 근거한 편견과 행동을 지양해야 한다는 의도를 표명할 때 사용된다. 또한 다문화주의(multiculturalism)란 말은 현대 사회가 평등한 문화적·정치적 지위를 가진 서로 다른 문화 집단을 끌어안을 수 있어야 한다는 의미로도 사용된다. 그런 측면에서 보자면 다문화주의는 하나의 국가나 민족은 하나의 문화를 가진다는 단문화주의(monoculturalism)와 대비되는 개념이다(박기현, 2015).

'다문화'라는 용어는 1957년 스위스를 기술할 때 처음으로 사용된 것으로 알려져 있다. 이후 1960년대 후반에 이르러 캐나다에서 대중화가 되었고, 영어권을 중심으로 빠르게 퍼지게 되었다. 무엇보다 세계화로 인해 이민의 증가가 이루어지면서 다문화 가정이 증가하였고, 서로를 이해하고 존중하고자 하는 다문화주의에 대한 관심이 증가하고 있다고 볼 수 있다. 초기 다문화는 반편견이 중심이 되었지만 현재에 이르러서는 존중의 의미가 보다 강조되고 있음을 알 수 있는데, 핵심은 '공존'이며, 공존을 위해 '소통'의 필요성이 절실해지고 있기 때문으로 해석할 수 있다.

우리나라의 경우, 다문화 사회의 형성 원인으로 국가 간 인구 이동과 교류, 즉 국제결혼과 이주노동자의 증가를 꼽을 수 있다. 이주여성을 중심으로 한 다문화 가정의 형성은 1970년대부터 이루어졌다고 볼 수 있다. 급격하게 농촌인구가 줄어들면서 농촌 지역의 남성들이 결혼을 하지 못하는 경우가 발생하게 되면서 처음에는 중국의 조선족 여성들이 국제결혼을 하기 위해 이주를 해 왔고, 다음으로는 필리핀과 베트남과 같은 동남아시아 여성들이 결혼중개업체를 통해 많이 이주해 왔다. 최근에 이르러서는 우즈베키스탄, 러시아 등 다양한 나라와의 국제결혼이 이루어지고 있는 실정이다. 이에 따라 우리나라에는 다양한 문화가 공존하고 있는 것이다.

이주여성을 축으로 하는 다문화 가정 외에 다른 유형의 국제결혼이 이루어졌다. 2000년대 이후, 우리나라가 성장을 거듭하게 되면서 유학이나 사업차 방문으로 인한 외국인 유학생 및 거주자들의 수가 증가했다. 그 결과, 자연스럽게 우리나라 사람들과 결혼하는 외국인이 늘어났고, 국제결혼이 곧 다문화 가정으로 이어지게 되었다.

다문화 가정 형성의 또 다른 이유는 이주노동자 수의 증가인데, 우리나라 사람들의 인건비가 높아지고 점차 사람들이 3D업종을 기피하게 되면서 인력난이 발생한 것이 그 주된 이유이다. 우리나라 사람들을 대신하여 네팔, 필리핀, 인도네시아 등의 동남아시아 사람들이 와서 노동자가 된 것이다. 우리나라에서 일하는 외국인 노동자 중에는 동남아시아 사람들이 가장 많은 것으로 조사되고 있는데, 문제가 되고 있는 것이 바로 불법 체류이다. 광주 MBC(2019. 2. 25. 보도 자료)에 따르면, 2018년 불법체류 외국인 노동자의 수는 2017년 대비 10만 명이 증가한 35만 5,000명이라고 한다. 불법 체류 외국인 노동자의 문제가 이슈화되고 있는 이유는 여러 측면에서 살펴볼 수 있다. 불법 체류 외국인 노동자의 수가 계속 증가할 것이며, 이에 따라 사회불안이 조장될 수도 있다는 측면도 있지만 기본적으로 불법 체류 외국인 노동자의 인권이 존중받지 못한다는 점일 것이다. 또한 외국인 노동자에 대한 이미지가 부정적으로 형성되면서 문화 다양성 존중의 인식이 파괴될 수 있다는 염려가 함께한다.

다문화 사회의 문제점으로는 무엇보다 '갈등'을 지적할 수밖에 없다. 우리나라는 그동안 혼혈인을 무시하고, 이들에 대한 적절한 정책을 마련해 주지 않았다. 그 밑바탕에는 혈통 중심적인 단일민족주의를 중시하는 사고가 존재하고 있다. 과연 우리는 단일민족일까? 답은 '우리는 단일민족이 아니다'이다. 고려 4대 왕인 광종 때 과거제를 제안한 쌍기는 후주사람이었고, 고구려 유리왕이 '황조가'를 읊으며 그리워한 '치희'도 중국인이었다. 그리고 더 거슬러 올라가서 고조선 시대 '위만조선'이 존재했었던 역사적 기록을 참조하면 우리는 단일민족일 수 없음이 명백하다. 단일민족, 한민족의 관점은 일제 강점기 때 필요에 의해 강조된 것이라는 해석이 타당하다고 본다. 따라서 우리 사회는 단일민족이라는 혈통주의에서 벗어나 바람직한 다문화 사회가 되기 위한 노력을 기울여야 할 것이다.

[그림 4-1] 2008 대한민국 공익광고 대상작

다문화 가정의 가장 어려운 점은 바로 언어를 매개로 한 소통의 부재일 것이다. 현재 많은 외국인 엄마들이 회화는 되지만, 기초적인 한국어를 습득하지 못한 채로 결혼을 하고 있는 실정이다. 그래서 다문화 가정의 자녀들은 엄마와 아빠 두 사람이 모두 한국어를 쓰는 가정보다 한국어 습득이 늦어지고 있고, 이는 취학과 함께 학습부진으로 이어진다. 대다수 다문화 가정의 아이들이 언어적 발달 장애를 겪게 되고, 학교에서 친구들로부터 소외되며, 학습부진아가 되는 상황에 처해 있다. 언어를 매개로 한 소통의 문제는 단순하지 않다는 데 주목할 필요가 있다. 어머니와 자녀 간 애착의 근본적인 문제로 출발해서 사회 불안적 요소의 형성이라는 측면으로 이어지기 때문이다. 최근 들어 이주여성들의 언어를 배우고, 그들의 문화를 존중하자는 움직임이 일고 있는 것은 매우 긍정적이라고 할 수 있다.

다문화 가정이 안고 있는 또 다른 문제는 문화의 차이로 지목되고 있다. 대부분의 농촌 총각들이 국제결혼전문업체를 통해서 결혼을 하는 관계로, 결혼대상자에 대해서 잘 알지 못하고 결혼에 이른다는 것이다. 그 결과, 문화와 나이 차이를 극복하지 못해 가정 내의 다툼이 빈번해지면서 가정이 깨지는 불상사가 발생하고 있다. 사실, 언어는 단기간의 학습을 통해 어느 정도는 해결할 수도 있지만 문화에 대한 이해는 다른 차원의 이야기이다. 생활 속에서 자연스럽게 익혀지는 것이 문화이기 때문에 단순히 지식적 관점에서 접근하면 실패할 확률이 매우 높은 영역이다. 다양성에 대한 이해와 존중이 강조되는 부분이라고 할 수 있다.

조화로운 다문화 사회를 만들어 가기 위해서는 열린 마음과 존중하는 태도가 필요하다. '살색'이라고 지칭되던 크레파스는 이제 '살구색'으로 불리고 있다. 편견을 조장하는 용어를 사용하지 않는다는 것은 바로 인식의 한계를 벗어난다는 것을 의미한다. 이제 우리는 열린 마음으로 우리와 다른 피부색, 문화를 가진 사람들과 어울려 살아갈 준비를 해야 한다. 이주여성들에게 한글 교육을 받도록 하는 데만 주목할 것이 아니라 우리들이 이주여성의 모국어뿐 아니라 음식, 생활양식 등에 대해서 관심을 기울여야 한다.

또한 외국인 이주 노동자들이 차별적인 대우를 받지 않도록 함께 노력해야 할 것이다. 이주 노동자란 다른 나라나 다른 곳으로 옮겨 다니면서 육체노동으로 살아가는 사람을 일컫는 말이다. 외국인 이주 노동자들은 나쁜 노동 조건에서 일하는 경우가 많기 때문에 다칠 가능성이 높고, 임금을 제때 받지 못해 생활하는 데 어려움을 겪는 경우가 왕왕 있는 것으로 보고되고 있다. 따라서 이에 대한 대책이 시급히 요구되는데, 무엇보다 한국어 교육을 체계적으로 받을 수 있는 정책이 이루어져야 할 것이다. 이와 같은 개선을 통해 올바른 다문화 사회를 만들어 가야 한다. 이때 우리가 명심해야 할 것은 '함께 만들어 간다'일 것이다. 우리와 외국인 둘 다가 주최라는 점을 기억해야 할 것이다.

다문화 사회를 바라보는 관점은 크게 두 가지로 구분할 수 있는데, 하나는 용광로 이론이다. 용광로 이론은 여러 나라의 문화를 용광로에 녹여 남미 문화도, 영국 문화도, 동양 문화도 아닌 종합된 하나의 새로운 동질 문화를 형성하려는 이상주의적 이론이다(장인실 외, 2012). 즉, 여러 민족의 고유한 문화들이 그 사회의 지배적인 문화 안에서 변화를 일으키고, 서로에게 영향을 주어서 새로운 문화를 만들어 나가는 것을 의미한다. 중국이 대표적 사례인데, 중국의 경우 수많은 소수민족이 있지만 국민의 대다수인 한족 중심의 정책을 펼치면서 소수민족 문화를 전체에 융화시키고 있다.

두 번째 관점은 샐러드 볼 이론으로, 국가라는 큰 용기 안에서 샐러드 같이 여러 민족의 문화가 하나의 새로운 문화를 만들어 가는 것을 의미한다. 즉, 각각의 민족이 가지고 있는 고유한 문화들이 국가라는 용기 안에서 각자의 고유한 맛을 유지한 채로 전체적인 맛을 만들어 나가는 것이다. 미국이 그 대표적인 사례이다. 미국은 세계 여러 나라에서 온 이민자들이 함께 세운 나라로, 각 이민자들의 여러 가지 문화들이 뒤섞여서 미국 특유의 문화를 만들어 내고 있다. 샐러드 볼 이론은 우리나라의 경우, 비빔밥으로 이해되고 있다.

현재 우리나라는 국가 정책적으로 용광로 이론 쪽으로 기울어져 있는 편이지만 다문화 사회 관련 시민단체 등에서는 샐러드 볼 이론을 따라야 한다는 주장이 강하다. 샐러드 볼 이론에 공감하는 사람들의 수가 증가하면서 점차적으로 우리나라도 샐러드 볼 이론을 따르는 정책을 펼쳐나갈 것으로 예측된다. 박기현(2015)에 따르면, 다문화 사회의 갈등을 해결하기 위해서는 용광로처럼 마구 섞어서 우리 것으로 강제화하려는 것에서 벗어나 비빔밥처럼 조화를 이루면서 서로 섞어야 한다.

다문화 사회에서 마지막으로 짚어야 할 문제는 바로 새터민, 즉 북한 이탈 주민에 관한 것이다. 새터민은 탈북자라는 용어 대신 사용되고 있는데, 새로운 터전에 정착한 주민을 의미한다. 일부에서는 '같은 민족인데, 왜 다문화 가정에 포함될까?'라고 의구심을 가질 수도 있다. 그러나 분단된 지 2019년 현재로 70여년에 이르고 있고, 서로 상이한 체제와 환경 속에서 생활해 오면서 언어 소통의 문제도 야기되고 있으며, 특히 사회구조의 차이에서 발생하는 의식과 문화의 차이가 크기 때문에 새터민도 다문화 가정으로 배려 받아야 함이 마땅하다.

현재 정부의 다문화 가족 지원 정책은 초기 정착 과제에서 고용과 교육에 초점이 맞추어져 있고, 다문화 가족 지원 센터를 통해 적극적인 지원이 이루어지고 있는 상황이다.

1. 나라에 따른 식생활교육

미국 일간지 뉴욕 타임즈의 베스트셀러 목록에 오를 만큼 많은 주목을 받은 그림책이 있다. 바로 요르단 왕비인 라니아 알 압둘라가 전 세계 아이들에게 서로 다른 문화를 이해하고 존중하는 법을 알려 주기 위해 펴낸 그림책『샌드위치 바꿔 먹기』이다. 유니세프의 어린이를 위한 명예 글로벌 홍보대사와 UN의 소녀교육 이니셔티브 명예 의장으로 활동하고 있는 라니아 왕비는 아이들 교육에 대한 남다른 열정을 보이고 있는 것으로 평가받고 있는데,『샌드위치 바꿔 먹기』는 친구와 서로 다른 맛과 모양을 지닌 샌드위치를 바꿔 먹으면서 문화의 차이를 받아들이게 된 자신의 경험을 바탕으로 이야기를 펴낸 것으로 알려져 있다.

『샌드위치 바꿔 먹기: 서로 다른 문화를 이해하고 존중하는 다문화 그림책』(2011)

- 켈리 디푸치오, 라니아 알 압둘라 왕비 글·트리샤 투사 그림, 신형건 옮김, 보물창고.

"우리는 새로운 것이나 외국 것 또는 이상한 것과 마주쳤을 때, 곧잘 성급한 판단을 내리곤 한다. 하지만 우리가 서로를 알려고 하고, 서로의 입장을 이해하려 하고, 다른 관점의 생각을 귀 기울여 듣고자 하는 시간을 갖는다면, 우리는 누군가와 우리 자신에 대해서 소중한 것을 배우게 될 것이다."

- 라니아 왕비 인터뷰 -

출처: 예스24 www.yes24.com

『샌드위치 바꿔 먹기』는 샌드위치라는 간단한 소재로 중동과 서양의 문화 차이를 가장 단순하고 극명하게 보여 주면서 편협한 생각의 위험, 선입견의 불필요함을 제시하고 있다. 셀마와 릴리가 샌드위치를 바꿔 먹은 후 서로의 샌드위치가 맛있다고 외치면서 차이에 대한 인정과 조화의 중요성을 강조한다.

식생활은 풍토의 지대한 영향을 받는 가운데 이루어진다. 즉 지역의 기후와 토양 등의 상태에 따라 식생활의 여건이 결정된다. 열대기후인지 온대기후인지에 따라, 토지의 상태가 척박한지 아닌지에 따라 생산물의 종류와 상태가 다르고, 이에 따라 조리법에서 음식을 먹는 양식까지 결정되는 것이다. 따라서 한 나라의 문화를 이해하기 위해서는 반드시 기후와 토양을 기본으로 한 음식문화를 살펴봐야 한다. 주된 음식과 조리법, 먹는 예절 등을 찾아보면 자연스럽게 그 나라의 역사와 사람들의 생활에 대한 이해가 싹트게 되는 것이다.

세계화가 활발히 이루어지면서 음식의 교류 또한 원활해지고 있고, 낯선 음식 문화에 대한 호기심이 커지고 있다. 또한 이질적인 것들의 뒤섞임, 조합, 조화를 뜻하는 '퓨전'이 음식에도 반영되어 다양한 문화의 경계를 파괴하고 있다. 김현주(2011)는 "자연의 좋은 재료로 좋아하는 음식을 만들어 좋은 사람들과 나누어 먹는 즐거움 속에서 생(生)과 활(活)의 기쁨을 공유하는 것이 인간 식생활의 기본 전제라면, 식생활교육도 우리에게 생을 주는 생명교육, 활력을 주는 생활교육인 동시에 그 식생활의 다양성을 알려 주는 문화교육의 형태로 진행되어야 한다."고 주장한다.

최근 들어 선진국을 중심으로 한 여러 나라들의 식생활교육의 방향성을 살펴봄으로써, 문화의 다양성에 대한 이해를 증진시킬 수 있을 것이다. 김현주(2013)의 연구를 중심으로 그 내용을 살펴보면 다음과 같다.

1) '식육추진 기본 계획' 수립: 일본

일본 식생활교육의 전환점이 된 것은 영양교육을 '식육(食育)'이라 하여 먹을거리에 대한 교육을 강조하며 2005년 제정된 「식육기본법」과 이에 따라 수립된 '식육추진 기본 계획'이다. 식육기본법은 '국민의 건전한 심신과 풍부한 인간성을 키우기 위한 식육을 추진하기 위해 시책을 종합적이면서 계획적으로 추진하는 것' 등을 목적으로 한다. 이 법은 국민의 식생활에 대한 것으로, 질병예방과 건강유지를 위해 식에 대한 안전성과 식량 해외의존 문제 등에 대한 해결 측면을 내용으로 한다. 국민 스스로 먹을거리에 대한 지식과 관심을 갖고 선택하게 함으로써 일본 전통문화를 계승·발전하게 하고, 도시민의 농촌체험을 통한 도농 간의 교류로 일본 농어촌 및 농어업의 발전과 활성화를 도모하기 위해 제정되었다(정혜경, 2009).

매월 19일을 '식육의 날'로 정해 부모와 함께 식사하기 캠페인을 실시하고 있다. 학교에서 급식을 담당하고 있는 영양교사의 역할도 지침을 마련했는데 관련 내용은 다음과 같다(이영미 외, 2008).

첫째, 학교의 식에 관한 전체적인 지도 교육안을 작성하여 학교 전체와 학년

별 식에 관한 지도 목표를 설정하고, 급식시간을 이용한 식에 관한 지도내용 등을 연간 일람표로 정리하여 제시한다. 학년마다 각 교과, 특별활동, 종합 학습시간의 지도내용을 추출하고 그것을 연간 일람표로 정리한다.

둘째, 교과 담당교사와 연계하여 식생활교육을 실시한다.

셋째, 영양문제가 있는 학생의 개별 상담지도를 한다.

넷째, 지역특산물 활용, 보호자와 지역사회 간 구체적인 제휴방안을 계획하고 실시한다.

이 외에도 일본의 외식사업체인 미쿠니 그룹은 주요 사업으로 프랑스의 미각교육 시스템을 도입하여 아동을 위한 미각교육 및 요리 콘테스트를 실시하여 아동의 주체적인 올바른 식생활 확립과 건강증진에 힘쓰고 있다(미쿠니그룹 홈페이지).

2) '슬로 푸드(slow food)' 개념 도입: 이탈리아

이탈리아에서 슬로푸드 운동이 시작된 배경에는 패스트 푸드(fast food)가 자리 잡고 있다. 패스트 푸드는 음식문화의 지역적·역사적 차이를 넘어선 표준화된 맛을 상징한다. 이에 대항하기 위해 슬로푸드 운동은 미각과 식사의 즐거움, 전통음식의 보존 등을 내세우며, 좋은(good) 맛, 깨끗한(clean) 조리와 환경, 공정한(fair) 대가를 핵심 가치로 설정하고 있다(임노규, 2009).

슬로푸드 운동은 단순히 천천히 조리된 음식을 천천히 먹는 행위가 아니라 세계 각 지역별, 나라별 특성에 맞는 다양하고 환경 친화적 전통음식문화를 보호하고 재발견하여 널리 알리는 것을 강조한다. 1996년 발표된 슬로푸드 법령에서는 지킴(사라질 우려가 있는 전통적인 식재료나 요리법, 질 좋은 식품과 전통주를 지킨다), 지지함(품질 좋은 식재료를 제공하는 생산자를 보호한다), 가르침(어린이와 소비자들에게 미각교육을 진행한다)의 세 가지 지침을 제시하고 있다. 2000년부터 슬로푸드 이념을 실천하는 사람을 발굴하고, 그들의 공적을 널리 알리기 위해 '슬로푸드' 시상대회를 개최해 5개 분야로 나누어 수상자를 선정 시상한다(육아방송, 2007).

2003년 11월에 나폴리에서 개최된 제4회 슬로푸드 국제협회대회에서는 '스쿨가든(학교농장)'이 채택되었는데, 협회지부가 있는 도시 지역 학교마다 하나의 '학교정원'을 실현하는 것을 목표로 하고 있다. 나아가 장래에는 식생활교육을 정식 교과과정으로 학교의 커리큘럼에 채택되도록 하여, 협회가 지역 수준에서 지켜온 귀중한 식재료를 그 지역의 아이들이 학교에서 재배해 보도록 하며, 복수의 교과 과정에 의해 다각적으로 학습하고, 학교급식에 사용하도록 하는 것을 제창하고 있다.

슬로푸드와 더불어 주목해야 할 것은 1998년부터 초등학교에서 의무적으로 실시되는 미각교육이다. 미각교육은 현대사회에서 획일화되고 있는 인간의 식생활에서 자기 주도적이고 능동적인 소비자를 육성하기 위한 것이다. 이를 위해 슬로푸드 이탈리아 본부는 미각교육 담당기관으로 공식 승인되어 그 역할을 수행하고 있는데, 이 교육의 핵심은 채소나 과일을 기르는 학교 정원과 매주 목요일마다 정규수업으로 진행하는 먹을거리 수업을 운영하여 어린이들이 자연스럽게 제철 과일과 야채를 접하고 성장과정을 지켜보면서 자연의 소중함을 배우게 한다(육아방송, 2007).

오늘날 세계의 많은 도시가 슬로 시티 운동에 동참하고 있는데, 우리나라는 담양군 창평면, 장흥군 유치면, 신안군 증도면, 완도군 청산면, 하동군 악양면 등이 슬로 시티 국제연맹에 가입되어 있다.

3) '미각교육'을 통한 패러다임 전환: 프랑스

프랑스의 미각교육은 1987년 초등학생을 대상으로 하는 미각교실(Classes du gout)을 처음 도입한 퓌제와 피에르(Puisais & Pierre)가 디종(Dijon) 지역을 시작으로 하여 아동 미각교육 프로젝트(EduSens)를 전국적으로 확대하면서 시작되었다. 이것의 목표는 어릴 때부터 어린이의 미각을 발달시켜 EQ와 IQ를 향상시키고 새로운 음식에 대한 거부반응을 줄이는 등 올바른 식습관을 형성하게 하는 것이다(Reverdy C. et al, 2008). 이를 계기로 미각교육은 유아기부터 11세까지에 해당하는 성장기 학생들을 대상으로 미각과 식생활 지식을 습득시키기 위해서 기본적인 맛을 종류별로 체험하고 식품분류, 다양한 미각 개발과 식에 대한 지식과 사고방법을 길러 주는 내용으로 추진되었다. 지역정보센터에서 양성한 전문교원이 10~11세 초등학교 고학년을 대상으로 식생활교육 수업을 담당하고 급식 시에는 영양전문교원이 영양지식과 식단 및 조리법을 가르치는 미각조리교육을 실시한다. 프랑스의 국립농업과학원에 따르면 미각교육은 10단계로 구성되어 있다. 1단계는 오감에 대한 교육이고 2~7단계는 미각, 후각, 시각, 향미 등 다양한 맛에 대해 교육한다. 8~10단계는 음식의 재료와 양념을 맛보고 평가하는 방법 등을 교육한다(Reverdy C. 외, 2008).

미각 훈련에 도움이 되는 조리 체험을 위해 요리 실습을 통하여 식사에 대한 영양학적 이해, 예절, 식단구성 등에 대한 창의성을 발휘하도록 도와주고 있다. 이러한 교육은「미각주간」을 설정하여 국민운동으로 전개하고 있다. 미각주간은 프랑스 국립식문화평의회의 주관으로 1990년부터 매년 10월 둘째 주에 실시하며, 미각주간에는 '모든 사람에게 미각을' 이라는 슬로건을 제시하여 주로 젊은 세대를 중심으로 프랑스의 전통 식문화를 전파하려는 노력을 기울이고 있다. 초등학교 고학년을 대상으로 3,500명의 베테랑 요리사가 각 학교에 파견되어, 미각조리수업(요리실습 및 시식회)을 실시하고, 참가학생에게는 교과서와 수료증이 수여된다. 미각주간은 맛에 대한 교육만 강조하는 것이 아니라 그 주간 내내 맛과 음식을 즐기는 것이 얼마나 즐거운 것인지를 교육을 통해 알 수 있게 한다(정혜경, 2009). 특히 교사 자율에 의해 프랑스어, 수학, 과학 수업의 일부로 진행하고 있으며, 매년 전국 초등학교 4~5학년 어린이 10만여 명이 미각교육 수업을 받고 있다. 이를 통해 처음 본 음식에 대한 흥미를 갖게 하며 호기심을 발전시켜 계몽된 소비자(informed consumer)를 육성하고자 한다(김영진 외, 2009).

프랑스 미각교육의 기본 방침은 다음과 같다.

첫째, 학생들의 미각을 기르고 전통요리의 우수한 영양과 맛을 장려한다.

둘째, 자신의 감각과 미각을 정확하게 표현하도록 훈련시킨다.

셋째, 식품제조법과 성분에 대하여 이해시킨다.

넷째, 지역의 전통요리 및 특산물의 맛을 계승한다.

다섯째, 향과 향신료, 기본 맛을 내는 능력을 기른다.

여섯째, 부엌, 가구, 식기, 조명, 음향 등 식 공간의 중요성에 대해 이해시킨다.

일곱째, 식사시간은 배식을 제외한 30분으로 하고 식사 후 휴식시간을 갖는 등 충분한 식사시간을 기지도록 장려한다.

프랑스 어린이들은 세 살부터 '우리 마을에 양배추를 직접 심을 거야'라는 가사가 반복되는 노래를 부르며 음식과 신선한 농산물의 중요성을 배운다. 학교급식에서도 아이들에게 지역별로 생산한 농산물의 각기 다른 맛을 익힐 수 있도록 식재료와 음식메뉴를 끊임없이 바꾸며, 학교급식을 통해서 편식을 금하고, 정확한 수저를 사용하는 것을 비롯해 여러 식재료의 다양한 풍미를 비교하고, 맛과 건강 면에서 좋은 음식을 선택하는 지혜를 얻고, 여러 사람과 함께하는 식문화를 몸에 익히도록 교육한다(국제슬로푸드 한국위원회, 2013. 4. 17.).

2. 사회·정서 놀이 활동

놀이의 중요성은 강조해도 지나침이 없다. 놀이를 통해서 아동은 세상을 배우고 익힌다. '놀이'란 '일'과 대립되는 개념을 가진 활동으로 규정할 수 있는데, 다양한 연구들을 통해 놀이는 아동의 정서적 발달과 사회성 발달, 인지적 발달뿐 아니라 다양한 문제들을 해결하는 과정을 거치면서 자존감을 형성하며, 더 나아가 놀이를 통해 창의성을 높일 수 있다고 정의되고 있다.

놀이의 역사적 관점은 어땠을까? 물론 아동에 대한 인식에 따라 놀이에 대한 견해도 변화되었고, 시대와 국가에 따라 그 변화의 양상 또한 달라졌다고 할 수 있다. 고대 이집트 시대로부터 유럽의 중세 말까지 아동은 놀이를 포함해서 특별한 욕구들과 특별한 활동을 가지는 존재로 생각되었다. 르네상스 시대 동안 아동은 성인에 비해 별로 중요하지 않은 존재로 여겨졌고, 모든 연령의 사람들이 함께 일하고 함께 논다는 의미에서 성인세계로 통합되었다.

17세기에는 아동에 대한 새로운 인식이 발달되었다. 이제 아동은 주목받을 만하다고 여겨졌고, 성인과는 다른 발달적 욕구와 문제를 가지는 것으로 생각되었다. 프랑스인들은 영국인들보다 항상 놀이에 대해 더욱 수용적이었다. 프랑스에서 놀이는 아동에게만 적합한 것으로 간주된 반면, 영국에서 놀이는 아동의 자제력 발달과 일하는 시간을 방해하는 하찮은 활동으로 여겨졌다. 미국에서 청교도의 유산은 아동에 관한 그리고 놀이의 가치에 관한 양면적 태도였다. 영국인과 비교하여 미국인들은 자녀들과 더 친밀하고 더욱 관대했지만 프랑스인들과 달리 아동의 놀이성을 완전히 수용하지는 않았다. 그러나 미국인들은 오늘날 놀이를 보다 많이 수용하고 있고, 아동의 특별한 발달적 특성과 욕구를 더 잘 인식하고 있다. 그렇지만 수용의 정도에 관해서는 여전히 의문이 남는다. 어떤 심리학자들은 우리가 놀이를 수용하려고 노력하지만 놀이의 기능을 이해하지 못하고 있다고 주장하는 반면, 다른 이들은 우리가 아동에게서 놀이할 기회를 빼앗고 아동이 성인이 되도록 재촉하는 데 힘을 쏟고 있다고 믿는다(Hughes, 2010).

1) 놀이의 본질적 특성

놀이에 대한 초기 이론들은 남아도는 신체의 에너지를 방출하거나 성인 생활에 아동을 준비시킴에 있어 생물학적으로 결정된 역할과 같은 생물학적, 유전적 요소들을 강조했다. 반면, 현대 이론은 정신적, 지적 그리고 놀이의 사회적 이점들을 강조한다. 예를 들어 정신분석적 관점은 놀이가 불안에 대한 방어라고 하며, 인지 이론은 놀이의 지적인 가치를 강조하고, 각성조절 이론은 아동이 자극의 최적 수준을 스스로에게 제공하기 위해 놀이를 한다고 주장한다(Hughes, 2010).

하나의 활동을 놀이라고 할 수 있으려면 다섯 가지 필수적 특성을 가지고 있어야 한다(Rubin, Fine, & Vandenberg, 1983).

첫째, 놀이는 **내적으로 동기화된 것**이라는 것이다. 놀이는 그 자체가 목적이다.

둘째, 놀이는 참여자가 놀이를 **자유롭게 선택해야 한다**는 것이다.

셋째, 놀이는 즐거워야 한다는 것이다. 놀이의 가장 전형적인 행동적 준거는 '긍정적인 정서'이다.

넷째, 놀이는 **사실 그대로의 것이 아니라는 것**이다. 즉, 놀이는 놀이하는 사람의 흥미에 맞추어 현실의 왜곡과 가장이라는 요소를 포함한다.

다섯째, 놀이는 놀이하는 **사람이 적극적으로 참여하는 것**이다. 신체적으로나 심리적으로 몰입해야 한다.

영아기 아동의 관점에서 놀이의 사회적 측면을 살펴보면, 먼저 놀이는 영아에게 환경을 통제한다는 느낌을 주며, 그 결과 자신감을 길러 주고 지적 성장을 촉진한다.

또한 놀이는 영아와 부모와의 강력한 상호작용을 통해 부모-영아 애착의 관계 형성을 촉진한다. 인생의 출발에서 주 양육자인 모와의 긍정적 애착관계 형성은 매우 중요한 과제로 인식되고 있는데, 놀이가 이를 촉진시킨다는 측면에서 놀이가 매우 중요하다는 것을 시사한다. 이 외에도 놀이는 영아의 주변 탐색 활동을 보다 적극적으로 수행하도록 격려하며, 언어발달을 촉진시킨다.

● 성인-영아 놀이의 최적화 방법 사용하기

- 아동의 사소한 신호에도 민감해야 함
  - 아동의 의도와 능력을 잘 파악할 수 있어야 함
  - 아동의 반응을 잘 이해해야 함
  - 아동의 도움을 필요로 하고 성인이 개입해야 하는 때와 방법을 알아야 함
  - 아동의 행동을 따라 한 다음 그것을 확장해야 함
- 즐겁고 이용 가능한 태도를 유지해야 함
  - 놀이에 열정적인 모습을 보여야 함
  - 놀이 중에 미소 짓고 웃는 모습을 보여야 함
  - 자주 눈맞춤을 함
  - 아동 중심의 말을 사용함(예: 목소리 톤 높이기, 과장된 억양 사용하기, 말을 반복해서 사용하기)
  - 재미있는 얼굴 표정을 함
- 아동이 최적의 상태에 있도록 함
  - 아동이 지루해하거나 너무 흥분하지 않도록 한다.
  - 아동이 현재 장난감에 지루해할 때 새로운 장난감을 제공해 줌
  - 신체적 움직임이 왕성한 놀이를 주도함
  - 과도하게 흥분한 아동의 놀이 강도를 줄이고 안아주거나 어루만져 주어서 진정시키고 달래줌
- 영아와 걸음마기 아동과 함께 사회성 게임을 함
  - 함께 나누고 보완적인 역할을 하고 교대로 하는 까꿍놀이와 같은 게임을 함

출처: Hughes(2010). 놀이와 아동발달. 유미숙 외 역(2012). p. 81.

2) 아동의 발달적 특성과 적절한 놀잇감의 제공

아동의 발달에 따라 놀이의 양상도 발달하므로, 그에 적합한 놀잇감을 제공해 주어야 한다. 연령에 따른 아동의 보편적인 발달적 특성과 적합한 놀잇감의 내용을 정리하면 다음과 같다.

〈표 4-1〉 연령에 적합한 놀잇감

연령	일반적 특성	적절한 놀잇감
2세	효과적으로 언어를 구사하고, 대근육이 발달되고 있으나 주로 소근육을 많이 사용함. 활발하고 열성을 보이며 독립적이고 자기조절에 관심이 많음	**대근육 사용 놀잇감:** 그네, 놀이터용 블록, 목마와 같은 탈것, 잡아당기거나 미는 용도의 놀잇감 **감각적 놀이와 놀잇감:** 찰흙, 단순한 그리기, 물장난, 블록, 인형
3세	가상 놀이에 관심이 고조되나 근거 없는 공포를 느낌. 성인들의 역할에 관심이 많음. 고집이 세나 2세 때보다는 또래들과 잘 지내려 함. 생산적인 행위를 하려는 조짐이 보임	상상적 놀이를 위한 소품(헌 옷 등), 작은 인형, 퍼즐, 보드게임, 성취감을 고취시키는 미술용구(붓, 화판, 마커펜, 크레파스 등)
4세	안정적이며 자신감을 보임. 성인의 관심과 승인을 얻기 위해 노력하는데, 과시, 광대짓, 모험을 자주 함. 3세 때보다는 계획성이 있으나 우발적인 결과물을 만들어 냄. 소근육이 발달하여 자르고 붙이는 행위를 하고 작은 블록을 가지고 큰 구조물을 자주 만듦	세발자전거나 큰 수레, 그림 그리기, 색칠하기, 나무로 형상 만들기, 구슬 꿰기를 위한 장난감, 상상력을 길러주는 그림책
5세	논리적 사고의 조짐이 보임. 안정적이며 예측 가능함. 4세 때보다는 덜 자기중심적임. 또래와 협력을 잘하고 공유하고자 함. 현실적이며, 실용적이고 책임감이 있음	시범자와 함께하는 잘라 붙이기와 각종 미술놀이가 적합함. 단순한 카드놀이와 빙고 등의 게임이 적합한데, 이들 게임은 규칙이 매우 단순 명료하고 결과가 대부분 단순한 확률에 의존함. 연극놀이에 적합한 소품도 좋은 놀잇감이 됨

출처: Hughes(2010). 놀이와 아동발달. 유미숙 외 역(2012). p. 95.

3) 사회적 놀이의 개념과 의의

사회적 놀이의 특징은 사회적 상황의 맥락 속에서 비실제적인 모든 행동(모든 놀이형태의 필수요인)에 참여하는 데 있다고 한다. 가비(Garvey, 1993)에 따르면 사회적 놀이를 위해서는 세 가지 능력이 필수적이다.

첫째, 아동은 현실적인 것과 가장인 것의 구분을 분명히 해야 하기 때문에 아동은 현실을 정확하게 파악할 수 있어야 한다.

둘째, 차례를 지키기 위해서는 규칙이 있음을 아동이 인식할 수 있어야 하고,

게임을 시작할 때 특별히 규칙을 정하지 않았더라도 그 규칙을 준수할 수 있어야 한다.

셋째, 아동은 놀이주제를 정할 때 반드시 상상한 것을 공유해야 한다.

사회적 놀이의 주제는 놀이를 하는 아동 각자가 상대방의 행동 직후에 힌트를 얻는 것이므로 선천적으로 사회적인 것이다. 상징적인 사회적 주제에 대한 사회적 놀이의 중요성은 상호작용을 원활하게 하기 위해 아동에게 규칙 만들기를 장려하며, 인간의 모든 사회적 작용의 이면적 의미에 초점을 두도록 자극한다.

사회적 놀이를 통해서 애착관계의 형성이 용이한데, 이의 근거는 다음과 같이 설명할 수 있다. 첫째, 재미있게 놀아주는 부모는 긍정적인 정서를 가장 많이 나타낸다. 아기는 이런 부모에게 많은 호감을 갖고 있고 부모와 노는 것을 가장 재미있어 한다. 둘째, 부모의 온화함과 아이가 부모에게 갖는 호감은 아이의 반응과 긍정적인 감정을 많이 만들어 낸다. 셋째, 부모의 따뜻함과 아이의 반응이 결합되면 부모-자녀 간에 친밀한 관계를 형성할 가능성이 증가한다(Beckwith, 1986).

애착관계 외에도 사회적 놀이는 쉽게 또래집단의 일원이 되게 하며, 다른 사람과 협동하는 법을 배우는 데 도움이 되고 다른 사람의 눈을 통해 세상을 보려는 노력을 통해 자기중심적인 관점에서 벗어나는 데 도움이 되는 것으로 보고되고 있다. 다른 사람의 견해나 역할을 가정할 수 있는 능력은 상호 간의 밀접한 의사소통 확립에 필수적이고, 이러한 능력은 이타적 행동과 관련 있다는 것이 보편적 견해이다. 따라서 사회적 놀이를 통해 다름에 대한 이해와 다름에 대해 존중하는 태도를 익힐 수 있다고 볼 수 있다. 우리가 사회적 놀이의 중요성을 강조하는 이유가 바로 이것이다.

3. 부모-자녀 간 언어 놀이 활동

부모는 가정에서 영유아에게 가장 직접적인 영향을 미친다. 부모와 영유아가 어떤 상호작용을 해 나가며, 부모는 어떤 언어적 모델을 제공하고 있는가가 언어발달에 중요한 역할을 한다. 부모는 자녀의 연령에 따라 또는 각각의 개인별 수준에 맞추어 문자의 길이를 조절하고, 억양을 달리하며 반복적인 표현을 많이 넣어 영유아와의 대화에 피드백을 많이 해 줄 수 있도록 하며, 자녀의 언어발달을 자극한다. 이때, 부모는 자녀에게 정확하고 적절한 언어를 사용함으로써, 자녀의 부정확하거나 부적절한 언어를 교정해 준다(이대균 외, 2009).

언어 놀이 활동은 아동의 언어능력의 발달에 따라 보다 복잡한 양상을 띤다고 할 수 있다. 어휘의 다양성, 말의 길이 등을 달리 할 수 있고, 보편적으로 이러한 놀이는 그림책 읽기나 극놀이를 통해 활성화시킬 수 있다. 다문화 가정의 경우, 모가 이주여성이라면 그림책을 통해 한글에 대한 접근성을 높이고, 자녀와 함께 말을 배우고 익히는 과정에 참여함으로써 건강한 모자관계 형성에도 도움이 될 것이다.

1) 그림책을 통한 언어 놀이 활동

그림책은 유아 자신의 경험과 직접적으로 관련되어 있고 또한 아름다운 상상 속으로 몰고 갈 수도 있기 때문에 매우 중요하다. 그림책 속에 담겨 있는 소리와 예술적으로 꾸며진 단어와 그림의 의미는 유아의 정서와 상상력에 호소하므로 큰 즐거움을 주게 된다. 특히 나이 어린 유아에게 그림책은 다양한 정서적 경험을 안전하게 할 수 있도록 해 준다. 어린이가 태어날 때부터 풍부한 상상력을 가지고 나오는 것은 아니기 때문에 어렸을 때부터 그림책을 통해 직접·간접 체험을 하는 것은 상상력을 풍부하게 해 주는 경험이 될 수 있다. 따라서 그림책은 아직 충분히 발달하지 못한 유아의 상상력을 보충하고 개발하며 풍부하게 하는 데 큰 역할을 할 수 있다(김현희·박상희, 2016).

보편적으로 그림책은 아동의 언어발달을 촉진시키기에 적합한 매체로 인식되고 있다. 그림책을 활용하여 언어발달을 촉진하고, 언어의 유희성을 즐길 수 있는데, 대표적인 그림책을 소개하면 다음과 같다.

『응가하자, 끙끙』(2017).
최민오. 보림.

『응가하자. 끙끙』은 응가하려 힘을 주는 동물 친구들의 익살스런 표정, 동물마다 다르게 생긴 똥의 모습, 그리고 "응가하자. 끙끙, 끙끙, 끄응끙" 하며 반복되는 소리가 무척 흥미로운 그림책이다. "응가하자. 끙끙, 끙끙, 끄응끙"뿐 아니라 똥을 눈 다음 "이야 나왔다, 야호!" 하는 감탄이 반복적으로 이루어지기 때문에 아이들이 자연스럽게 따라 할 수 있어서 언어 놀이 활동 매체로 적합하다.

『괜찮아』(2005).
최숙희. 웅진주니어.

『괜찮아』는 "개미는 작고, 뱀은 다리가 없고, 타조는 못 날아요. 하지만 괜찮아요! 우리는 모두 잘하는 게 있어요." 등 여러 동물들의 부정적 측면의 생태 특징을 제시하면서 긍정적으로 생각하게 하는 그림책이다. 특히 "괜찮아!"라고 반복되는 부분들은 어린이이들이라도 쉽게 따라 할 수 있기 때문에 재미있게 놀이를 진행할 수 있다.

『옛날 옛날에 파리 한 마리를 꿀꺽 삼킨 할머니가 살았는데요』(2000).
심스 태백 지음.
김정희 옮김. 베틀북.

『옛날 옛날에 파리 한 마리를 꿀꺽 삼킨 할머니가 살았는데요』는 영아보다는 유아 수준에서 언어의 유희를 즐길 수 있는 유쾌한 그림책이다. 끝말잇기를 하듯이 전체의 이야기가 반복적으로 꼬리의 꼬리를 무는 듯 이어지기 때문에 이야기를 리드미컬하게 말할 수 있다.

2) 극화놀이를 통한 언어 놀이 활동

극화활동은 유아들이 직접 대본을 쓰고 소품을 만들어 보는 극놀이부터 교사가 인형을 조종하여 제시하는 인형극 공연에 이르기까지 매우 다양한 방식으로 제시될 수 있다. 유아들은 극화활동을 통해 이야기의 등장인물이 되어 보기도 하고 자신들의 눈으로 세상을 볼 수 있게 된다(김현희·박상희, 2016).

(1) 인형을 활용한 극화활동

인형극은 이야기 구연하기와 더불어 역사적으로 오랫동안 발전되고 계승되어 온 언어적 표현 양식이며, 인류의 문화가 세대를 통해 꾸준히 전해 내려오게 된 주요한 매체라고 할 수 있다. 인형극은 구연의 형태에 시각화와 경이로움을 보탠 것이라고 할 수 있다. 인형극의 제작과 상영은 인형극을 하는 사람들의 문화와 사회의 영향을 받는다(김현희·박상희, 2016).

최근의 인형극은 인형을 통한 개인적 표현을 중시하며 다양한 청중을 대상으로 하는 방향으로 변화하고 있다. 주로 오락거리의 방편으로만 쓰이던 것에서 교육, 치료, 의사소통을 위한 도구로 사용되는 방향으로 바뀌고 있다(김현희·박상희, 2016). 따라서 아동의 연령과 발달수준에 적합한 그림책 또는 이야기책을 선정하여 이야기의 부분 또는 전체를 극화하는 것이 바람직하다. 이야기 속 등장인물을 손 인형, 손가락 인형, 막대 인형, 테이블 인형, 그리고 그림자 인형으로 제작하여 인형극을 연출할 수 있다.

(2) 창의적 극화활동

창의적 극화활동은 인형을 조종하거나 활용하는 형태가 아니며 유아들이 이야기 내용에 대해 역할을 정하고 연기해 보는 형태를 말한다. 역할놀이는 일반적으로 문제 상황에서 대안을 발견하고 해결책의 결과를 발견해 보며 '문제를 연기'해 보는 교육적 전략이다. 문학작품을 통해 유아들은 역할놀이를 하면서 이야기 속의 등장인물이나 그 인물이 처한 문제에 함께 몰두하게 된다. 이야기 속의 등장인물들의 도전과 좌절을 함께 나누면서 작가가 이야기를 구성해 가는 방식을 평가해 보게 되기도 하고 동시에 개인적이며 사회적인 가치를 발달시키게 된다(김현희·박상희, 2016).

부모-자녀 간 언어 놀이의 매체를 그림책이나 이야기책으로 정하여 자녀의 연령과 발달수준에 적합하게 그림책을 읽거나 대본을 만들어 이야기를 상연하는 활동을 진행할 수 있다. 그림책이나 이야기책 혹은 구연동화는 우리나라뿐 아니라 이주여성 어머니의 모국의 이야기를 포함시킬 수 있다. 이를 통해 언어뿐 아니라 이야기 속에 담겨져 있는 의미와 문화를 익힐 수 있고, 부모와 함께 놀이 활동을 함으로써 바람직한 부모-자녀 간 관계를 형성할 수도 있다.

※ 다문화 이해 활동 1: 샌드위치 만들기

주제	샌드위치 만들기	활동형태	소집단 활동
		활동유형	요리

활동목표

- 아동이 좋아하는 재료들을 선택하여 샌드위치를 만들 수 있다.
- 레시피 순서에 따라 샌드위치를 만들 수 있다.
- 친구의 샌드위치와 같은 점과 다른 점을 비교할 수 있다.

활동자료

샌드위치 만드는 레시피
샌드위치 재료: 식빵, 양상추, 토마토, 햄 등의 속재료와 마요네즈, 케첩 등의 소스

『샌드위치 바꿔 먹기: 서로 다른 문화를 이해하고 존중하는 다문화 그림책』
(2011).
켈리 디푸치오 & 라니아 알 압둘라 왕비 글.
트리샤 투사 그림.
신형건 옮김.
보물창고.

1. 활동 소개하기

1) 그림책 『샌드위치 바꿔먹기』를 읽어 준 후, 아동들이 좋아하는 샌드위치에 대해 이야기 나눈다.

2. 활동 전개하기

1) 아동들이 좋아하는 샌드위치 속 재료를 선택하게 하고, 제시된 레시피에 따라 샌드위치를 만들게 한다.

3. 활동 정리하기

1) 아동이 만든 샌드위치가 다른 아동과 같은지 또는 다른지 비교하여 발표하게 한다. 서로 나눠 먹고 그 맛 또한 비교하여 말하게 한다.

4. 활동 평가하기

1) 활동목표에 따라 아동들이 활동을 수행했는지를 평가한다.

5. 활동 확장하기

1) 아동 자신이 만든 샌드위치와 친구가 만든 샌드위치의 속 재료를 구분하여 글 또는 그림으로 표현하게 한다.

6. 가정과 연계하기

1) 빵의 종류와 속 재료를 다양하게 하여 엄마가 좋아하는 샌드위치, 아빠가 좋아하는 샌드위치를 만들어 보고 서로 같은지, 다른지 비교해 본다.

※ 다문화 이해 활동 2: 새로운 색 만들기

주제	새로운 색 만들기	활동형태	소집단 활동
		활동유형	미술

활동목표

- 색의 명칭을 안다.
- 지시에 따라 색을 혼합할 수 있다.

활동자료

그림물감과 팔레트

『파랑이와 노랑이』(2003).
레오 리오니 글 · 그림.
이경혜 옮김.
물구나무(파랑새어린이).

1. 활동 소개하기

1) 그림책 『파랑이와 노랑이』를 읽어 준 후, 각기 다른 그림물감을 섞어서 새로운 색을 만들 수 있다는 것을 알게 한다.

2. 활동 전개하기

1) 각 그림물감의 색 명칭을 확인하고, 먼저 파랑과 노랑을 팔레트에 짠 후 손가락으로 섞게 한다. 그런 다음 빨강과 파랑, 빨강과 하양, 빨강과 노랑 등 여러 색을 혼합해 보게 한다.

3. 활동 정리하기

1) 색의 혼합에 따라 새롭게 만들어진 색의 이름을 확인한다.

4. 활동 평가하기

1) 활동목표에 따라 아동들이 활동을 수행했는지를 평가한다.

5. 활동 확장하기

1) 팔레트가 아닌 흰 도화지, 색 도화지, 마분지, 습자지 등에 그림물감을 혼합해 보게 한다. 그리고 그림물감이 아닌 크레파스나 색연필 등의 소재를 달리하여 색을 혼합하고 그 결과를 확인하게 한다.

6. 가정과 연계하기

1) 셀로판지를 겹쳐서 새롭게 만들고, 그 색의 명칭을 확인한다.

CHAPTER 5

장애아동 이해를 위한 교육

장애에 대한 인식은 역사적으로 다양하게 변화해 왔을 뿐 아니라 국가마다 매우 다르게 정의하고 있다. 고대사회에서는 악령이 머릿속에 들어 있다는 생각을 하기도 하였고, 아리스토텔레스나 플라톤 등의 고대철학자들조차 합리적인 사고를 할 수 있는 자만이 인간이라고 규정하기도 하였다. 중세에 이르러서는 인간의 원죄 또는 허물 많은 어머니의 죄로 인식되어 종교적인 힘에 의지하거나 시혜의 대상으로 이해되기도 하였다. 근대 인간중심의 휴머니즘 발달과 의학의 발전, 특히 세균학과 병리학 등의 발달 등으로 장애의 원인이 밝혀지기 시작하면서 장애인에 대한 교육의 필요성과 함께 인간의 기본원리에 대한 사회적 인식이 생기기 시작되었다. 현대에 이르러서는 장애인의 사회적 통합과 삶의 질에 관한 것들이 사회적 화두로 자리 잡으면서 정치, 경제, 사회문화, 교육, 복지 등 사회전반의 인식개선과 장애인 차별금지에 대한 제도개선이 빠르게 이루어지고 있다(이창미 외, 2009).

표준국어대사전에 따르면, 장애란 "어떤 사물의 진행을 가로막아 거치적거리게 하거나 충분한 기능을 하지 못하게 함. 또는 그런 일"을 의미하기도 하고, "신체 기관이 본래의 제 기능을 하지 못하거나 정신 능력에 결함이 있는 상태"를 일컫는다. 「장애인복지법」(2012)에는 "장애인은 신체적 · 정신적 장애로 오랫

동안 일상생활이나 사회생활에서 상당한 제약을 받는 자를 말한다. 그리고 신체적 장애란 주요 외부 신체기능의 장애, 내부기관의 장애 등을 말하며, 정신적 장애란 발달장애 또는 정신질환으로 발생하는 장애를 말한다."라고 정의되어 있다. 또한 1975년 유엔총회에서 채택된 「유엔장애인권리선언」에는 '선천적이든 후천적이든 신체적·정신적 능력의 결여 때문에 개인 혹은 사회생활에 필요한 것을 자기 스스로 완전히 혹은 부분적으로 확보할 수 없는 상태'로 장애를 기술하고 있다.

1979년 유엔총회에서는 장애를 장애인 개인과 환경과의 관계로 파악해야 한다고 언급함으로써 장애의 개념에 기능상의 장애뿐만 아니라 사회적인 불리(handicap)도 포함시켜야 함을 명시하였다. 이러한 맥락에서 세계보건기구(WHO)에서는 1980년 국제장애분류(International Classification of Impairments, Disabilities and Handicaps: ICIDH) 기준을 제시함으로써 장애의 개념적 틀을 정립하고 이에 근거하여 장애를 분류할 것을 권장하였다. 이 분류에서는 장애를 손상, 불능 및 불리의 세 가지 단계로 구분하고 이를 모두 장애의 범주에 포함시켰다. 이러한 개념 정의는 장애에 대한 기존의 정의에서 탈피하여 신체적 장애뿐 아니라 사회적 장애를 포함시킨 것으로, 장애의 범주를 보다 확장시킴으로써 장애인에 대한 국가적·사회적 차원의 의무를 강조한 것으로 볼 수 있다. 이후 1997년에 제시한 ICIDH-2에서는 이를 더욱 확장하여 장애의 개념에 환경과 개인이라는 상황적 요인을 포함시켜, 장애를 손상(impairment), 활동(activities), 참여(participation)로 구분하였다. 그러나 이들 기준은 여전히 장애를 질병이나 외상 등으로 인한 한 개인의 문제로 인식하는 경향이 강했으며, 따라서 사회적 모형의 필요성이 끊임없이 제기되었다. 이러한 사회적 필요에 따라 2001년에는 ICIDH의 개정판으로 볼 수 있는 국제 기능·장애·건강 분류(International Classification of Functioning, Disabilities and Handicaps: ICF) 기준이 발표되었다. ICF에는 신체기능 및 활동과 참여를 포괄하는 기능(functioning)과 장애(disability) 그리고 환경요인과 개인요인이 상호작용을 주고받는 배경요인이 포함되어 있다. 이는 기존의 의학적 모형에 사회적 모형을 통합하여 장애에 대한 기존의 시각을 장애보다는 건강이라는 개념으로 접근하는 통합적 시각을 제시하였다(신은경 외, 2012).

이와 같은 일련의 흐름들은 장애아를 대상으로 한 교육의 관점과 양식의 변화을 야기했는데, 그것이 바로 '통합교육'으로의 전환이라고 할 수 있다. 한국통합교육학회편(2009)에 따르면, 통합교육은 기존에 장애아동들만 모아서 교육하던 분리교육에서 다시 장애아동이 일반교육이라는 주류 속에 포함되어 학습의 공동체 안에서 이들의 교육적 요구를 충족시켜야 한다는 교육의 재구조화 측면에서 대두된 개념이라는 것이다. 김일명 외(2013)는 기존의 분리교육과 일반교육에 대한 한계를 극복하기 위해 학교를 모든 학습자에게 적합하게 재구조화해야 한다는 철학적 기조에 근거하여 통합교육이 논의되고 있다고 하였다.

'통합'이란 커다란 의미에서 장애로 인해 전반적인 발달 지체나 발달상의 불균형을 보이는 장애아에게 정상적 발달을 촉진하기 위해 제한되지 않은 환경과 일반적인 경험을 제공해 주는 것으로 말할 수 있다. 통합은 장애아가 비록 정상에서 이탈된 발달을 보인다고 해도, 그 아동들에게 정상적인 발달의 기회, 상호작용의 기회, 일반아동들에게 제공 되는 다양한 경험을 제공해 줄 수 있다면, 장애아도 정상적인 발달을 이룰 수 있다는 믿음에 기초한다(이창미 외, 2009). 강영심과 정정련(2002)에 따르면, 통합교육은 장애아의 독립적인 삶의 성취와 정상적인 환경에서의 성공적인 행동과 적응을 가장 중요한 목표로 하는 특수교육의 중심철학이며, 수단으로서 특수교육이 나아가야 할 방향일 뿐만 아니라 교육이 지향해야 할 기본적인 신념이기도 하다.

통합에 관한 논의는 1972년 미국에서 「경제기회균등법」에 의해 '헤드스타트 프로그램'에 적어도 10%의 장애아를 입학하도록 규정하면서 본격화되었다. 그 이후 통합에 대한 논의는 "장애아를 일반아동을 위한 프로그램에 배치해야 한다(inclusion)"는 주장과 함께 "아동의 경험과 지식을 연결 통합하고, 발달영역간의 통합을 이루어야 한다(integration)"는 개념이 포함되었다. 즉, 장애 통합이란 "장애아동은 동일연령의 아동들이 있는 일반교실에 동일 시간 동안 포함되어야 하며, 동시에 장애 아동에게 필요한 특수교육 서비스가 제공되어야 함"을 강조하고 있다. 이러한 인식에 기초하여 장애아동의 보육도 일반보육의 책임 속에 포함되어야 하며, 장애아동 모두에게 가능한 일반적 교육 환경과 생활환경을 제공하여야 함을 강조하게 되었다(이창미 외, 2009).

장애아동을 가진 부모는 대부분 통합교육을 원하지만 일반교육현장은 장애아동의 요구를 충족시켜 줄 수 있는 준비가 아직은 부족한 상황이고, 사회의 인식 또한 일정부분 부정적이다. 그러나 시대적 분위기가 통합교육의 필요성을 강조하는 방향으로 움직이고 있으며, 다양성의 수용 및 공동체 의식의 실천 차원에서도 통합교육은 시행되어야 한다(임경옥·박경화·조현정, 2017). 통합교육의 목적은 장애아동이 가지고 있는 장애의 유형이나 장애의 정도에 관계없이 장애아동을 둘러싸고 있는 사회의 구성원으로서 수용되는 것이며, 더불어 살아가는 것이다. 즉, 통합교육은 장애아동이 가진 장애의 유형과 정도에 상관없이 가능한 한 자신이 속한 지역사회에서 구성원으로 인정받고 그 사회에 기여할 수 있도록 하는 데 목적이 있다(이미숙 외, 2013).

장애아동에게 적합한 통합교육의 기회를 제공하기 위해서는 장애아동의 발달 특성과 각 장애별 특성에 대한 이해가 선행되는 것이 바람직하다. 장애아동들이 가지고 있는 특성들은 매우 다양하므로, 부모와 교사들은 장애아동이 가지고 있는 장애의 특성에 대해 올바르게 이해하고, 이를 바탕으로 각 아동이 지니고 있는 흥미와 욕구에 적합한 교육을 제공하는 것이 바람직하다. 또한 장애가 있다고 하더라도 일반 비장애아동과 유사한 발달 특성을 보인다는 점을 명기하여 좋은 교육환경을 제공하고자 하는 노력을 아끼지 말아야 할 것이다.

나이가 어린 장애유아는 학령기 아동에 비해 성장과정과 변화가 크기 때문에 학령기 아동에 대한 대상자 정의 및 진단기준을 적용하기에 적절하지 않다. 영유아기에는 장애명으로 표찰을 하면 부정적인 영향을 미칠 수 있고 인지력이나 행동적인 문제 등으로 인한 장애진단의 경우 조기에 장애라고 단정하기에는 시기상조인 경우가 많다. 그리고 유아의 경우에는 발달의 속도가 개인마다 차이가 크기 때문에 발달상의 일시적인 문제일 수도 있다. 한번 장애로 낙인이 되면 유아에게 부정적인 영향을 끼칠 수 있으므로 어린 유아들에게는 장애진단에 각별히 주의를 기울여야 한다. 그러므로 장애유아인 경우에는 발달지체(developmental delay) 또는 장애위험아(at-risk children)라는 명칭이 더 적절할 것이다.

• **발달지체(developmental delay)**

미국의 경우를 살펴보면 장애유아를 진단할 때에 학령기 아동과 같은 장애 범주로 진단할 수도 있고 특별한 장애 범주로 진단하지 않고 발달지체(developmental delay) 또는 지체된 유아(preschool delay) 등의 용어로 진단을 하기도 한다. 이 발달지체 용어는 구체적인 장애명을 붙이지 않음으로써 부정적인 영향을 가지지 않도록 하며 유아인 경우에는 무한한 발달의 가능성을 가지고 있으므로 적절한 교육 서비스를 제공하면서 미래의 발달을 지켜보고자 하는 의도도 내포하고 있다. 발달지체의 진단을 내릴 경우에는 일반적으로 동일한 생활연령 또래의 능력에 비해서 두 가지 이상의 영역에서 25% 지체를 보이는 경우 또는 두 가지 영역에서 6개월 이상의 지체를 보이는 경우를 기준으로 하고 있다. 그리고 많이 사용되는 진단기준은 하나 이상의 영역에서 25%의 지체를 보이는 경우이다.

• **장애위험아(at-risk children)**

장애위험아란 개념은 현재는 정상적인 발달을 보이고 있거나 정상발달수준으로 따라올 것이라는 기대를 하지만 출생 전, 출생 시, 신생아기의 중추신경계의 손상 등의 생물학적 요인이나 환경적인 요인으로 인해서 정상적인 발달을 보이지 못할 가능성이 있는 영유아를 의미한다. 조산 및 출산 시의 저체중은 생물학적 위험요인 중 가장 대표적인 요인이다. 환경적인 요인으로는 영유아의 정상적인 발달을 저해하는 환경을 의미하게 되는데 가정이 빈곤하거나 부모가 자녀에게 폭력적인 경우를 들 수 있다. 이러한 위험요인을 가지고 있는 영유아가 조기에 중재 서비스를 받지 못하게 되면 발달지체가 나타날 수 있게 된다(이창미 외, 2009).

장애 아동은 일반 아동들에 비하여 소수집단이며 가장 무력한 계층에 속하기 때문에 차별받지 않도록 법적으로 장애아동의 권리를 명시하고 있다. 이와 관련된 구체적인 내용으로 「아동복지법」에서는 아동권리와 관련된 기본 이념을 다음과 같이 제시하고 있다.

> ① 아동 부모의 성별, 연령, 종교, 사회적 신분, 재산, 장애 유무, 출생 지역 등에 따른 어떤 차별도 받지 말아야 한다.
> ② 완전하고 조화롭게 인간적으로 발달하기 위해서, 아동은 안정된 가정환경에서 행복하게 자라야 한다.
> ③ 아동에 관한 모든 활동에서, 아동의 이익에 가장 큰 우선순위를 두어야 한다.

「유엔아동권리협약」의 제23조에서는 장애아동에 대해 ① 정신적 또는 신체적 장애 아동의 존엄성이 보장되고 자립이 촉진되어야 하며, ② 장애아동의 특별한 보호를 받을 권리를 인정하고, ③ 장애아동의 전면적인 사회 참여와 문화적, 정신적 발전을 포함한 개인적 발전의 달성에 이바지하는 방법으로 그 아동이 교육, 훈련, 건강관리 지원, 재활 지원, 취업 준비 및 오락 기회를 효과적으로 이용하고 제공받을 수 있도록 계획해야 한다고 규정하고 있다(특수교육학용어사전, 2009, 국립특수교육원).

우리나라의 「아동복지법」과 「유엔아동권리협약」에 기초할 때, 장애아동은 그 어떤 차별도 받지 않고 온전한 환경 속에서 존중받으며 성장해야 한다. 이를 위해서는 우리 사회의 동의가 필요하다. 바로 '지속적인 관심과 지원'이다. 3월 11일 보건복지부는 서울정부청사에서 2019년 업무계획을 발표했다(내일신문, 2019. 3. 11.). 이 업무계획에 따르면, 아동과 장애인 그리고 노인계층에 대한 지원 강화가 그 핵심을 이루고 있다. 즉, 아동의 양육 돌봄에 대한 부담을 줄이기 위해 소득과 관계없이 만 6세 미만 모든 아동에게 월 10만 원의 아동수당을 지급하고,

9월부터 만 7세 미만 아동까지 확대(약 270만 명)한다는 것이다. 국공립 어린이집을 550개소 이상 확충하고, 방과 후 돌봄 사각지대 해소를 위해 다함께 돌봄센터 150개소를 더 늘리고, 2022년에는 1800개소를 확충할 계획이라고 한다. 또한 발달장애인 주간활동 서비스를 신설하고, 발달장애인 거점병원을 6개 늘려 8개로, 장애인검진기관을 20개 늘린 28개로 확충하는 계획안도 포함되어 있다. 그리고 7월부터는 장애등급제를 단계적으로 폐지하여 의학적 기준이 아닌 서비스 필요수준에 따라 활동지원 등 서비스를 맞춤형으로 지원한다는 내용이 제시되어 있다. 앞으로 장애아동과 같이 특별한 요구를 가진 대상에 대한 우리 사회의 보다 깊은 관심과 지원이 이루어질 것으로 전망된다. 한층 심화된 복지서비스를 통해 장애아동들이 건강한 사회구성원으로서 생활할 수 있기를 기대한다.

1. 차이와 다름 이해 교육

현재 우리사회는 '차이'와 '다름'에 대한 존중을 강조하는 인식이 대두되고 있지만 여전히 '다름'을 '틀림'으로 이야기하고 있음을 볼 수 있다. 엄연히 '틀리다'라는 것은 차이를 지칭하는 것이 아니라 '맞지 않다' 혹은 '정답이 아니다'를 의미하며, 감정적으로 공존할 수 없음을 내포하기도 한다. 반면, '다르다'라는 것은 상이함에 대한 존중을 내포하면서 객관적이고 합리적인 인식 속에서의 공존을 이야기한다고 할 수 있다. '다르다'의 사전적 의미는 '비교가 되는 두 대상이 서로 같지 않다'는 것으로, '틀리다'는 잘못된 표현임을 적시하고 있다. 그리고 '차이'의 사전적 의미는 '서로 같지 않고 다름 또는 그런 정도나 상태'를 일컫는다. 우리 사회가 대체적으로 개인의 차이(difference)에 대한 이해도와 허용도가 낮았던 이유는 아마도 한민족이라는 인식에서 비롯되었을 것으로 추정할 수 있다. 그러나 더 이상 우리는 한민족이 아니며, 동일한 피부색이나 생김새 또는 생각으로 편을 가르는 일은 시대착오적이라는 사실을 직시해야 한다.

통합교육은 모든 아동의 다양성을 수용해야 한다. 아동들이 서로 다르다는 것을 당연하게 받아들여야 하는데, 이를 위해서는 '차이'에 대한 잘못된 인식의 개선이 필요하다. 따라서 김일명 외(2013)가 제시하고 있는 통합교육의 조건 중 하나인 심리적 환경, 즉 '차이'에 대한 인식과 '차이'에 대한 명칭 그리고 명칭과 낙인의 제거에 대해서 살펴보고자 한다.

1) 차이에 대한 인식

역사적으로 차이가 있는 구성원을 바라보는 관점은 '다르기 때문에 몰살해야 한다'는 관점부터 '공동체의 동등한 구성원'이라는 관점에 이르기까지 많은 변화가 있었다.

첫째, 가장 극단적인 관점인 몰살이 있다. 다르다고 생각되면 살해하거나 아예 태어나지 못하게 해야 한다는 관점이다. 고대 그리스와 로마에서는 장애가 있는 아동은 산이나 강에 버려졌고, 직접 살해하거나 화형에 처하기도 했다. 고대에만 이러한 관점이 존재했던 것은 아니다. 20세기 초기만 해도 미국에서는 경제적으로 별로 도움이 안 되는 사람들의 수를 줄이기 위해 장애가 있는 사람은 거세하는 법을 통과시켰다.

둘째, 다르다는 이유만으로 살해하는 것은 비인간적이라는 인식이 나타나면서 살해하는 대신에 주류 사회에서 격리하는 단계로 넘어가게 된다. 학교, 교실, 직장, 가정, 사회 등 격리의 장소는 다양하다. 격리에는 차원이 다른 다음의 두 가지가 있다.

① 사회를 구성하고 있는 다수를 예기치 않은 소수의 영향으로부터 보호해야 한다. 그래서 유럽에서는 유대인을 강제수용소로 격리 수용하였고, 1800년대와 1900년대에 미국에서는 인종차별이 있었으며, 20세기 초기에 장애가 있는 사람들을 수용하기 위한 시설들이 늘어났다.

② 훈련받은 전문가들이 장애를 가진 사람들만을 위해 특별히 설계된 서비

스를 제공할 수 있는 환경에 그들을 분리해야 한다. 이러한 관점에서 보면 특수학교나 시설이 이들을 위해 보다 효과적으로 서비스를 제공할 수 있다. 이렇게 적절한 서비스를 위해서 격리해야 한다는 관점은 열등하다거나 악마가 씌어서 격리해야 한다는 첫 번째 관점과는 완전히 다르다.

그러나 많은 사람은 인간의 권리와 우리가 원하는 사회의 모습을 고려할 때 격리나 분리는 바람직하지 않다고 이야기한다. 먼저 인간은 개인차를 가지고 있으며, 이러한 개인차는 모두 존중받아야 한다. 개인의 고유한 특성이 존중받는 것은 인간의 권리이다. 또한 바람직한 사회는 그러한 차이와 다양성에 모두 동등한 가치를 부여해야 한다는 것이다.

셋째, 자선의 입장이 있다. 자선은 장애를 가진 사람의 입장을 고려하고 보살펴 주어야 한다는 생각이다. 그러나 이러한 관점에서 다수는 소수를 자신과 동등하다고 생각하지 않는다. 즉, 능력, 지위, 위신 등에서 소수는 다수에 비해 열등하다고 생각한다. 따라서 자선을 받는 사람은 동정의 대상이 된다. 자선을 베푸는 입장에서는 그들을 잠재적 동반자나 친구로 생각하지 않으며, 사회에 기여할 수 있는 구성원으로 보지 않는다. 이렇게 보면 자선은 또 다른 형태의 소외, 즉 인간 간의 진정한 상호작용을 막는 방식이 된다.

넷째, 동반자의 입장이 있다. 다름에 대한 동반자의 입장은 장애를 가진 사람을 사회를 구성하고 있는 동등한 구성원으로 인정하는 관점이다. 그들이 전혀 다른 사회에서 살아야 할 이방인이 아니라 같은 사회에서 살아가야 할 친구라는 것이다. 사회는 물론 학교에서도 장애를 가지고 있는 아동들에 대한 관점은 동반자의 입장을 가져야 한다.

따라서 교사는 장애를 가지고 있는 아동도 비장애아동과 동일한 환경에서 교육받을 권리를 가지고 있는 똑같은 아동이라는 인식을 가져야 한다. 그리고 비장애아동은 장애를 가지고 있는 아동도 같은 교실에서 공부할 수 있는 친구라는 인식을 갖도록 해야 한다.

2) 차이에 대한 명칭

우리는 차이의 정도가 조금 크면 차이를 기준으로 집단을 구분한다. 장애와 비장애, 정상과 비정상 등이 대표적인 예다. 그러나 차이는 집단을 구분할 수 있는 성질이 아니다. 왜냐하면 차이는 연속선상에 존재하기 때문이다. 엄격하게 말하면 우리 모두는 서로 다르며, 어느 정도의 장애를 가지고 있다. 즉, 장애와 비장애는 서로 동떨어져 있는 것이 아니라 연속선상에서 같이 존재한다. 단지 비장애는 장애의 정도가 우리가 임의로 규정해 놓은 기준을 넘어서지 않았을 뿐이다. 즉, 장애가 있는 사람과 장애가 없는 사람은 별개의 집단이 아니라 동일한 집단 내에서 장애의 정도만 다른 것이다.

더욱이 어떤 경우는 장애의 기준이 모호한 부분이 많아서 장애와 비장애의 구분이 쉽지 않은 경우가 있다. 예를 들어, 미국에서는 학습장애의 기준이 주마다 달라서 어떤 주에서는 비장애아동이 다른 주에서는 학습장애 아동이 되는 경우가 허다하다. 지적장애의 경우도 마찬가지이다. 지능지수의 기준을 어디에 두느냐에 따라 지적장애가 될 수도 있고, 안 될 수도 있다. 그럼에도 우리는 기준을 정해 놓고 그 기준을 넘어서는 사람들에게 '장애'라는 명칭을 부여한다.

따라서 우리는 장애를 가진 사람을 장애아동, 장애학생, 장애인 등으로 부를 이유가 없다. 사실 영어에서는 이러한 명칭이 완화되었다. 즉, 'disabled children(students, individuals)'이라는 말 대신 'children(students, individuals) with disabilities'라는 말을 사용한다. 이 말은 한 사람 전체를 장애와 결부시키는 것이 아니라 어느 한 부분에서만 장애를 가지고 있다는 점을 강조한 것이다. 또한 장애보다는 교육적 요구를 강조하여 '특수교육 요구 아동(children with special needs)' 또는 '특수 요구 아동(children with special needs)'이라는 말도 사용한다.

이상을 요약하면, 차이는 장애가 아니다. 그냥 다를 뿐이다. 달리 말해, 개인차이며 개성이다. 그러므로 다름에 대한 '장애'라는 명칭의 부여는 부적절하며, 오히려 '개성'이라는 명칭이 더 적절하다. 따라서 모든 아동을 교육하는 통합학교는 아동들의 다름을 장애로 볼 것이 아니라 개성과 개인차로 보고, 어떻게 이러한 개성과 개인차를 고려한 교육을 제공할 것인지를 고민해야 한다.

3) 명칭과 낙인의 제거

장애라는 명칭은 명칭을 부여받은 사람을 이해하는 데 별 도움이 되지 않으며, 단지 그 명칭이 주는 부정적 의미만을 부각한다. 학교에서도 장애라는 명칭은 교육적으로 아무런 의미를 주지 못한다. 장애라는 명칭을 부여받은 아동은 대체로 일반 교육에서 분리되고, 명칭에 따르는 낙인을 갖게 되며, 친구들로부터 따돌림을 당하거나 자아존중감이 저하된다.

장애라는 명칭은 오직 신체, 감각, 인지, 행동 등에서의 장애를 강조한다. 그래서 교사, 부모 및 친구들은 장애 명칭을 부여받은 아동은 공부를 못하거나 이상한 행동을 한다는 선입견을 갖게 된다. 또한 같은 장애명을 부여받은 아동은 모두 서로 같다고 생각한다. 각각의 아동이 가지고 있는 개인차와 개성은 무시되는 것이다.

더욱 큰 문제는 모든 차이는 '장애'라는 용어로 통일하는 것이다. 학습장애, 행동장애, 정서장애, 시각장애, 청각장애, 언어장애 등이 그러한 예다. 영어로는 disability, disorder, retardation, impairment, disturbance 등 다양한 용어를 사용하고 있다. 우리의 경우는 왜 모두 장애라는 용어로 통일하였는지 확실하지는 않지만 아마도 그렇게 하는 것이 편리해서 그랬을 것으로 생각된다.

장애의 명칭은 집단을 구분하거나 낙인을 찍거나 차별하기 위해 있는 것이 아니다. 이는 병원에서 병명을 진단하는 이유와 유사하다. 병원에서 병명을 진단하는 이유는 그에 적합한 의료 서비스를 제공하기 위해서이다. 마찬가지로 우리가 아동에게 장애를 진단하는 이유는 그에 적합한 교육적인 서비스를 제공하기 위해서이다. 따라서 아동을 장애로 구분하여 선입견과 편견을 갖고, 더 나아가 낙인찍고 차별하는 것은 장애를 진단하는 원래의 목적을 벗어난 현상이기에 교육현장에서 시급히 시정되어야 할 사안이다. 아동에게 적절한 교육 서비스를 제공하기 위해서는 아동이 가지고 있는 특성과 능력을 정확하게 진단하는 것만으로도 충분하다. 공식적으로 장애의 명칭을 사용할 이유가 없는 것이다.

결론적으로, 부모나 교사는 장애아동의 장애명을 굳이 칭할 필요가 없으며, 또한 그로 인한 선입견과 편견을 가져서도 안 된다. 특히, 교사는 비장애아동들에게 장애아동들의 다름을 존중할 수 있도록 안내해야 한다. 아동은 저마다 존중받으며 행복하게 살아갈 권리가 있다. 따라서 다르다는 이유로, 차이가 있다는 이유로 무시당하거나 격리당하지 않아야 하며, 이는 비단 장애와 비장애의 문제에 국한되지 않는다. 아동은 모두 다 다르다. 따라서 그 다름에 대해 존중하고 존중받아야만 한다. 경쟁이 아닌 협력의 측면에서, 구분이 아닌 배려의 차원에서 통합교육이 이루어진다면, 장애와 비장애의 구분 없이 어울려 놀이를 한다면 현재 우리 사회가 안고 있는 문제들은 그 심각성을 상실할 것이다.

2. 함께하는 사회·정서 놀이 활동

통합교육을 통해 얻을 수 있는 가장 큰 혜택은 정상적인 발달을 보이는 또래와 장애아가 함께하면서 서로 간의 상호작용의 기회를 늘릴 수 있다는 것이다. 또래 집단과 긍정적인 사회적 관계의 발달에 어려움이 있는 장애아는 사회적으로 활동적인 환경에 속하여 참여하는 것이 또래와의 상호작용 기술을 습득하는데 직접적인 영향을 미친다(이창미 외, 2009). 장애아동과 일반아동의 통합 놀이 활동에 대한 연구에 의하면, 여러 가지 교육적 혜택들이 보고된다. 장애아동의 경우 장애아동만으로 구성된 놀이집단에서 놀이할 때보다 통합 놀이 활동 시 사회성의 발달, 인지능력의 발달, 의사소통 능력의 발달, 문제행동 감소를 가져온다(Hanline, 1993). 일반아동의 경우에는 장애아동과 함께 놀이 활동에 참여할 때 장애인에 대한 긍정적인 태도의 발달, 능력의 차이에 대한 이해의 증가, 구체적인 의사소통 및 상호작용 방법의 습득 등과 같은 혜택이 있다(김수연, 1997).

미국의 경우 전국 규모로 실시된 오덤(Odom, 1991)의 조사 연구에 의하면 학령 전 장애아가 통합교육을 받았을 때 나이에 적절한 사회성 기술들을 좀 더 잘 배우고 있는 것으로 유치원 교사들에 의해서 보고되었다. 일반아동의 활동적인 모습과 적절하게 반응하는 모습들이 장애아에게 더욱 발전된 사회적 상호작용을 할 수 있게 된다. 스트레인(Strain, 1993)의 '자폐아동의 사회적 기술 습득에 관한 연구'에서도 자폐아동과 일반아동을 통합하지 않고 각각 분리하여 따로따로 사회성 기술을 훈련했을 때 서로의 요구를 받아들이는 상호작용 기술의 습득이 어렵다는 결과를 보였다. 그러므로 여러 가지 실제 상황에서의 상호작용 기술훈련은 통합된 환경 안에서만 효과적이며 일반화할 수 있다는 것을 의미한다. 그러나 물리적인 통합이 이러한 혜택을 자동적으로 보장하는 것은 아니며, 실질적으로 교사의 지도나 개입 없이 장애아와 일반아동이 서로 상호작용하는 비율은 매우 낮으므로 통합 현장에서 교사의 역할이 중요하다. 장애아와 일반아동의 사회적 상호작용이 증진되도록 체계적인 프로그램이 제공된다면 통합보육은 좀 더 성공적으로 이루어질 수 있게 된다(이창미 외, 2009).

1) 장애아와 놀이를 통한 사회·정서 발달

사회성 발달 영역은 아동의 개인적 기질, 자아개념, 타인에 대한 인식, 행동의 특성, 놀이의 형태나 성인이 제의한 활동에 대한 참여도, 부모와의 상호작용, 또래와의 상호작용, 규칙이나 약속 지키기 등이다. 장애아의 경우 사회성 발달을 위해서 필요한 여러 능력을 습득하지 못하였기 때문에 타인의 정서 및 의도 등을 이해하는 사회인지 능력은 일반아동과 비교하여 질적인 수준에서 상당한 차이를 보인다. 사회적 상호작용의 어려움은 여러 상황을 경험하지 못한 것과 함께 그런 과정에서 사회적 기술을 습득할 기회의 부족으로 인한 것이 많다. 그러므로 다른 발달 영역의 지도와 함께 연령에 적절한 사회성 기술을 습득할 수 있도록 환경을 조성해 주고 그 안에서 또래와 함께 놀고 배울 수 있는 기회를 마련해야 한다(이창미 외, 2009).

정서적 표현에는 두 가지 측면이 있다. 한 측면은 정서표현, 즉 얼굴 표정, 몸짓, 발성을 통해 타인에게 느낌을 전달하는 것이다. 또 다른 측면은 정서 이해, 즉 타인의 정서 표현을 읽는 것이다(Steinberg et al., 2012). 장애아동은 발달과정 중에 있고, 더욱이 장애를 지니고 있기 때문에 자신의 정서를 표현하거나 타인의 정서를 이해하는 것이 비장애아동과는 다른 발달양상을 보인다. 물론, 아동이 지닌 장애의 종류에 따라서 차이가 존재하지만 보편적으로 비장애아동에 비해서 장애아동의 정서표현은 느리게 발달한다고 할 수 있다.

아동의 발달영역은 서로 분리되어 있지 않다. 영역의 발달은 영역 간 상호 연계 속에서 이루어지며, 특히 놀이는 아동의 신체와 인지뿐 아니라 사회·정서의 발달을 촉진시키는 것으로 알려져 있다. 또한 정서 표현에 있어서 타인의 정서를 이해하는 능력은 사회성 발달과 밀접한 관련이 있다. 따라서 본 장에서는 장애아동의 발달 특성을 고려하여 중심을 사회성 발달에 두고 장애아동의 사회·정서 놀이 활동을 살펴보고자 한다.

(1) 놀이 발달 단계에 따른 놀이 지도 방법

2세 이상의 아동들의 사회적 놀이는 몰입되지 않는 행동, 단독놀이, 병행놀이, 연합놀이, 협동놀이의 조직적인 발달 단계를 거친다. 이창미 외(2009)의 설명을 토대로 그 내용을 살펴보면 다음과 같다.

① 몰입되지 않는 행동

상호작용은 없고 관심 있는 곳을 쳐다보거나, 물건을 빨거나 어른을 따라다니고, 주변에 흥미로운 어떤 사건도 일어나지 않을 때 자신의 신체를 가지고 놀거나 의자에 앉았다 일어났다 하거나, 한자리에 앉아서 방 주위를 흘낏 둘러보곤 한다. 이 단계에서는 되도록 또래 아동이 놀고 있는 환경에 가까이 있게 하고 장난감을 적절히 가지고 놀게 지도한다.

② 혼자서 하는 독립적인 놀이

아동은 가까이 있는 아동과 상관없이 혼자 논다. 장애아가 친구와 상호작용을 하지 않을지라도 장난감을 가지고 적절하게 놀도록 격려한다. 장난감을 가지고 노는 것은 사람과의 상호작용을 준비하는 과정이다.

③ 지켜보는 행동

대부분 아동들이 노는 것을 옆에서 보면서 지내며, 놀이 활동에는 끼어들지 않는다. 이 종류의 놀이의 몰입되지 않는 행동단계와는 다르다. 흥미롭게 보이는 무엇인가를 보는 것이 아니라 특정 집단의 아동들을 분명히 관찰하는 것이다. 관찰대상 집단과 대호가 가능한 거리에 앉거나 서서 집단 내에서 일어나는 모든 것을 보고 듣는다. 이때에는 일반 또래 아동에게 장애아한테 먼저 상호작용을 시도하도록 가르치면 도움이 된다.

④ 병행놀이

일반적으로 2세 반에서 3세 반 사이에 많이 나타나는 놀이 형태이며, 주변에 있는 아동들이 사용하는 것과 비슷한 장난감을 가지고 독립적으로 논다. 그러나 주위에 있는 아동들의 행동에 영향을 주거나 바꾸어 보려고 하지 않는다. 이때 장애아가 또래 아동과 장난감을 나누면서 놀도록 지도하며 언제나 장애아가 놀이 환경에 중심이 되게 한다. 이것이 상호작용을 시도할 수 있는 방법이 된다.

⑤ 연합놀이

일반적으로 병행놀이 다음에 나타나는 놀이 형태로, 만 4세 반까지 많이 관찰된다. 또래 아동과 함께 장난감을 빌려주고, 빌리고, 나누고 하면서 상호작용을 한다. 그러나 일의 분담도 없고 같은 목표를 향하여 활동을 조직하기보다 각각의 아동은 자신이 원하는 대로 활동한다. 아동은 활동보다는 아동들끼리 함께 있는 데 더 관심이 있다. 교사는 상호작용을 잘할 수 있게 장난감, 블록, 역할 놀이를 위한 옷 등을 적절히 제공해야 한다. 또래아동이 장애아와 장난감을 사이좋게 나누어 쓰면서 상호작용을 하면 칭찬해 주고 장애아가 그룹에서 이탈되거나 산만해지면 지적하기 등 교사의 적절한 중재가 필요하다.

⑥ 협동놀이

4세 반 이후에 나타나는 놀이 형태로 아동은 공동의 목표를 가지고 그룹 안에서 서로 다른 역할이 있고 분업하며 조직적으로 논다. 블록놀이, 소꿉놀이 등 1~2명이 놀더라도 모두 소속감을 느끼며 논다. 교사는 2~3명이 잘 상호작용하면서 놀도록 적절한 장난감, 알맞은 장소, 협동적인 놀이 활동을 준비한다.

놀이 경험은 장애아나 일반아동 모두 즐겁게 즐기는 가운데 서로의 관계가 행복해지고 만족한 경험을 할 수 있도록 이끌어져야 한다. 워러리(Wolery, 1994)는 또래주도 전략의 다양한 형태에 대해 다음과 같은 주요한 방법을 강조했다.

첫째, 경쟁을 유도하기보다 협력할 수 있는 활동이 적절하다.

둘째, 일반아동과 장애아가 한께 놀 수 있는 기회를 제공하고 지속적으로 놀 수 있는 기술을 연습할 수 있도록 일반아동과 장애아를 모두 촉진시켜야 한다.

셋째, 성인이 함께 활동하고 놀 수 있는 활동을 계획해야 한다.

일반아동과 장애아 모두에게 부담을 주거나 어떤 제한을 주기보다 상호작용을 즐기고 서로에게 유익을 줄 수 있도록 배려해 주어야 한다. 일반아동이 상호작용이 원활하지 못한 장애아와 상호작용을 성공해 나가는 가운데, 일반아동은 타인을 도움으로써 자신에 대한 자존감을 키울 수 있다. 그리고 장애아의 경우는 활동에서 격리되고 제외되는 경험을 갖게 되면 적절한 사회적 기술을 습득하지 못하게 된다. 일반아동이나 장애아 모두에게 적용되는 규칙을 마련하고 일반아동의 행동이 장애아에게 좋은 모델이 되도록 이끄는 것이 중요하다.

(2) 소그룹 활동을 통한 사회·정서 발달 지도

이창미 등(2009)은 소그룹 활동이 장애아가 쉽게 참여할 수 있는 환경을 조성할 수 있기 때문에 통합 환경에서 적절히 활용할 수 있다고 지적하였다. 연령에 따른 사회성 목표를 기술하기도 했는데, 그 내용을 살펴보면 다음과 같다.

① 3, 4세에 필요한 기술

- 활동과 활동 사이의 전이
- 지시 따르기
- 과제에 집중하기
- 말하는 사람에게 주의 기울이기
- 또래나 성인과 의사소통하기
- 차례 지키기
- 또래와 장난감 나누기
- 협력하여 돕기
- 방해하지 않기
- 활동 중에 적절한 언어 표현하기

② 5세에 필요한 기술

- 성인이나 또래에게 상호작용 시도하기
- 상호작용 전개하기
- 그룹 내에서 말하는 사람에게 집중하기
- 최소 15분 동안 과제에 참여하기
- 일과 중에 한 활동에서 다른 활동으로 바꾸기
- 또래나 성인과 질문하고 대답하기
- 줄을 섰을 때 이탈하지 않고 줄 안에 머무르기
- 손 들고 질문하기
- 차례 기다리기
- 교실 내에서 목소리 조절하기
- 활동 영역 안에 머무르기

이와 같은 사회성 목표를 참조하여 비장애아동뿐 아니라 장애아동들에게 각 연령이나 발달에 적합한 사회적 기술을 습득하도록 지도할 필요가 있다. 이때 교사가 주의할 점은 서두르지 않는다는 것이다. 교사는 장애아동에게 신뢰를 보냄과 동시에 인내심을 갖고 기다려야 한다. 그래야만 장애아동은 정서적 안정감을 지니고 교사가 기대하는 사회적 기술을 습득할 수 있다. 여러 연구에서 정서상태가 행동 및 과정에 상당한 영향을 미치는 것으로 보고한 바 있다. 변찬석(1998)은 "긍정적인 정서 상태는 애타심, 자기만족, 순응 등과 같은 사회적 행동에 영향을 미칠 수 있으며, 또한 기억, 창의적 문제해결, 의사결정 등과 같은 인지적 과정에도 영향을 미치는 것으로 밝혀졌다."고 기술하였다.

2) 놀이 활동계획의 구체적 사례

※ 짝과 사탕목걸이 만들기

교육목표	(소근육) 1. 사탕을 사탕비닐 안에 정확히 넣을 수 있다. 2. 리본테이프를 1번 매듭지어 묶을 수 있다. (사회성) 짝과 함께 작업할 수 있다. (작업을 독점하지 않기, 방관하지 않기, 함께하는 것을 즐거워하기) (정서/동기유발) 작업 자체를 즐거워하고, 완성된 목걸이를 보고 기뻐할 수 있다.
준비물	(개인당) 사탕 13개, 사탕비닐, 리본테이프(알맞은 길이로 잘려 있는 것)
교수활동전개	
1. 짝과 함께 자리에 앉도록 한다. 2. 교사가 비닐 안에 사탕을 집어넣고, 사탕 사이에 리본 묶는 시범을 보인다. (사탕 3~4개만 가지고 시범 보임: 13개를 다 만드는 동안 아동의 활동은 시범을 보는 것밖에 없어 쉽게 산만해지기 때문) 3. 재료를 나누어 준다. (두 사람당 목걸이 1개의 분량-짝과 공동작품 만들기 설명) 4. 비닐 안에 사탕 13개를 집어넣도록 한다. (일반아, 장애아가 공평하게 집어넣도록 도움) 5. 사탕 사이사이를 리본으로 묶도록 한다. (매듭짓기가 어려운 장애아는 교사가 직접 도움을 주어 매듭짓기를 터득할 수 있게 함) 6. 완성품을 가지고 짝의 목에 한 번씩 걸어 주도록 한다.	
기대되는 아동의 반응(활동): (정반응/오반응)	
1. 짝과 손잡고 자리에 앉는다. 2. 교사의 시범을 본다. / 집중력이 약해 1~2초 보다가 산만해진다. / 작업 이외의 것에만 관심을 보인다. 3. 재료를 받는다. / 허락 없이 사탕을 까먹는다. 4. 스스로 비닐을 열어 사탕 13개를 집어넣는다. (일반아 1개, 장애아 1개씩) / 교사의 도움 받아 비닐을 열어 사탕 13개를 집어넣는다. 5. 사탕 사이사이를 리본테이프로 묶는다. / 교사의 두 손가락을 잡고 묶는다. / 교사가 묶는 것을 보고 있다. 6. 완성된 사탕목걸이를 짝의 목에 걸어 준다. / 짝을 고려하지 않고 자기 목에 걸고 좋아한다. / 사탕목걸이를 목에 거는 것을 거부한다.	

응용할 수 있는 활동들	빨대목걸이 만들기, 사탕 팔찌 만들기
개별적 수정이 필요한 경우	1. 작업에 관심이 없는 아동에게는 교사가 개별적 역할을 주어 참여도를 높인다. 2. 허락 없이 사탕을 까먹는 아동에게는 사탕의 사용 용도를 설명해 주어 까먹지 않도록 한다. 3. 리본테이프를 묶지 못하는 아동은 미리 개별적으로 1번 매듭지어 묶기를 연습시킨다. 4. 사탕목걸이 걸기를 거부하는 아동은 거울을 보여 주어 목걸이를 건 모습이 보기 좋다고 칭찬해 준다.
평가방법	1. 사탕을 사탕비닐 안에 정확히 넣었는가? 2. 리본테이프를 1번 매듭지어 묶을 수 있는가? 3. 짝과 함께 작업할 수 있는가? 4. 작업 자체를 즐거워하고, 완성된 목걸이를 보고 즐거워할 수 있는가?

출처: 이창미 외(2009). 장애아 통합보육론. pp. 323-324.

3. 스스로 하는 놀이 활동

놀이에 대한 욕구는 모든 아동들에게 있어 기본적인 것인 만큼, 전형적으로 발달을 하고 있든 그렇지 못하든 간에 모든 아동들은 놀이를 할 뿐 아니라 놀이는 인생의 특별한 어려움을 겪고 있는 아동들에게 특별히 유익할 수 있다는 것을 보여 줄 것이다(Hughes, 2012). 장애아동들이 스스로 놀이를 즐길 수 있으려면 장애아동들의 장애 특성에 기초한 발달과 수준, 욕구 등을 고려한 놀이 환경과 놀잇감이 제공되어야 한다. 이를 위해 교사는 선행적으로 장애유형에 따른 장애아동들의 놀이 특성을 이해하고 있어야 하고, 장애아동이 지니고 있는 잠재능력을 최대한 이끌어내기 위한 노력을 기울여야 한다. 따라서 본 장에서는 이러한 부분에 초점을 두어 내용을 정리하고자 한다.

1) 장애아동의 놀이 특징

장애아동은 신체적·정신적·정서적인 문제, 혹은 이와 관련된 복합적인 문제들로 어려움을 겪는다. 뿐만 아니라 일반 비장애아동들과는 다른 환경 속에서 생활하고 있는 관계로 장애아동이 지니고 있는 결핍 상태가 점차적으로 커질 수 있다. 따라서 교사는 장애아동이 지니고 있는 장애에 대한 객관적인 정보나 지식을 숙지하고 장애아동의 생각과 행동을 수용하는 태도를 가지는 것이 바람직하다.

장애에 대해 충분한 이해를 하고 있는 교사는 각 장애아동의 반응에 대해 보다 민감할 수 있고, 각 장애에 적합한 환경을 제공할 수 있다. 또한 장애아동의 발달을 촉진할 수 있는 놀잇감의 제공과 언어적·신체적 자극을 제시할 수 있다. 이를 위해 휴즈(Hughes, 2012)의 장애아동의 놀이에 대한 내용을 정리하면 다음과 같다.

〈표 5-1〉 정상 발달 아동과 비교한 비정상적인 발달 아동의 놀이 특징

조건	놀이의 특징
시각장애	· 혼자놀이가 비교적 많음 · 환상놀이에서 상상력이 비교적 떨어짐 · 놀이에서 물리적 환경 탐색 경향이 비교적 적음
청각장애	· 협동적인 가상놀이를 할 가능성이 비교적 낮음 · 대상들을 상징적으로 사용할 가능성이 비교적 낮음
지적 결함	· 놀잇감의 표상 잠재력보다는 물리적 특성에 더 관심을 보임 · 놀잇감을 그저 단순히 조작하거나 다루는 경향이 더 높음 · 장난감 놀이가 보다 반복적이고 덜 다양함 · 상상놀이가 비교적 늦게 나타나고, 높은 수준의 정교성에 도달할 가능성이 더 낮음
언어장애	· 가상놀이를 덜 함 · 또래들의 놀이에 합류하려 할 때 또래들로부터 부정적인 반응을 받을 가능성이 더 높음
자폐증	· 놀이 재료들을 반복적이고 고정화된 방식으로 조작하는 식의 활동을 할 가능성이 더 높음 · 가상놀이에서 사물들을 상징적으로 사용할 가능성이 비교적 낮음

출처: Hughes(2012). 놀이와 아동발달. p. 189.

2) 장애유형에 따른 놀이와 환경

(1) 시각장애아동

슈니크로스(Schneekloth, 1989)에 따르면, 혼자놀이의 양이 시각장애의 정도에 따라 달라진다. 가장 심각한 수준의 시각장애를 지닌 아동들은 시간의 56%를 혼자놀이에 사용하고 있었고, 부분적인 시력제한을 지닌 아동들은 시간의 33%, 그리고 정상적인 시력을 지닌 아동들은 시간의 14% 동안을 혼자서 놀았다. 이렇듯 시력이 나쁘면 나쁠수록 혼자 노는 시간과 경향성이 뚜렷한데, 이때 교사가 중점을 두어야 할 점은 시각장애를 지닌 아동이 지니고 있는 잠재력을 최대한 발휘하며 놀 수 있도록 환경을 제공하는 것이라고 할 수 있다.

휴즈(Hughes, 2012)는 실물로 된 놀잇감을 제공하여 아동이 조작할 수 있도록 해야 한다는 것, 놀이 재료를 선택할 때 재료의 외관뿐 아니라 촉각의 질도 고려해야 한다는 점을 명심해야 한다고 강조한다. 감촉이 풍부한 환경을 조성하도록 노력해야 하는데, 다양한 질감의 재료들을 사용할 수 있으며, 방향지시가 녹음되어 있는 오디오 등을 비치할 수 있다. 이와 같은 환경은 촉감적인 자극을 제공하고, 이를 통해 시력이 낮은 아동에게 편안함과 안정감을 느끼게 해 줄 수 있다. 놀이가 아동에게 즐거움을 주고 호기심을 충족시키며, 놀이 환경이 정서적 안정감을 줄 때, 장애아동은 자신이 지니고 있는 장애에 얽매이지 않고, 본질적으로 잠재되어 있는 능력을 최대한 발현시킬 수 있을 것이다.

(2) 언어장애아동

언어와 싱징놀이는 유사한 과정을 거쳐 발달한다. 만 2세 이후에는 언어적 측면의 급속한 발달을 경험하게 되는데, 상징놀이 또한 증가하는 양상을 보인다. 그러나 언어장애를 가진 아동들은 상대적으로 자기주장을 적절하게 하지 못하고, 쉽게 좌절하며, 성인들에게 더 많이 의존하는 경향성을 보인다.

그러나 이러한 특성은 단순히 장애에서 비롯되는 것이라고 할 수 없다. 언어의 발달은 개인 내 인지적 발달에만 의존하는 것이 아니라 아동의 환경과도 밀접한 관련이 있음을 알 수 있다. 환경적으로 다양한 어휘를 듣고 표현할 수 있는지, 긴밀한 상호작용을 통해 언어적 교류가 이어지는지 등에 따라 달라질 수 있기 때문이다. 따라서 언어적 측면에 문제를 안고 있는 아동이 스스로 놀이를 즐길 수 있으려면 다양한 소리와 어휘를 듣고, 자신의 말소리를 녹음하여 들을 수 있는 오디오와 여러 형태의 그림책, 아동에게 적합한 쿠션 등으로 꾸며진 안락한 공간이 필요할 것이다. 장애아동이 스스로 오디오를 조작하면서 새로운 단어를 익히게 되고, 또 새로운 말을 들음으로써 언어발달을 도모할 수도 있지만 오디오 조작 자체가 주는 성취감과 흥미가 결코 가볍지 않을 것으로 예측된다.

(3) 청각장애아동

청각장애를 지닌 어린 아동들은 정상적인 청각능력을 지닌 아동들에 비해 협동적 가장놀이에 참여하는 정도가 낮고 사물의 상징적 이용 경향성이 낮은 것으로 조사되고 있다. 하지만 그렇다고 해도 청각장애를 지니고 있는 아동들이 특정한 놀이의 결함을 갖고 있다는 것이 입증되지는 못하고 있다는 것이 연구자들의 견해이다. 청각장애가 있는 아동과 그렇지 않은 아동의 놀이의 차이는 잠재적 능력의 차이라기보다는 실행능력의 차이일 가능성이 더 높아 보인다는 주장인 것이다.

따라서 잠재적 능력을 향상시키고, 스스로 놀이를 즐길 수 있도록 하기 위해서는 우선적으로 소리에 대한 민감성을 키워 줄 수 있는 환경과 놀잇감의 제공이 이루어져야 할 것이다. 종류가 다른 소리뿐 아니라 소리의 크기와 높낮이에 따라서 다른 여러 소리들을 접하게 하고 표현해 보게 함으로써 소리에 관심을 기울이게 하는 점이 중요하다고 할 수 있겠다.

(4) 지적 장애가 있는 아동

인지적 결함을 지닌 아동들은 사물의 표상적 특징보다는 물리적 특성에 더 관심을 보이고, 단순히 대상을 만져 보거나 잡아 보거나 떨어뜨려 보거나 던져 보는 등의 구체적이지 않은 조작에 더 많은 시간을 보내는 것으로 밝혀진 바 있다. 전반적으로 일반 아동들에 비해서 장난감을 통해 느끼는 즐거움의 정도가 더 적은 것으로 보였다는 보고도 있었다.

지적 장애가 있는 아동들을 위해서는 놀잇감의 선택이나 조작에 대한 자유와 시간적 여유를 주는 것이 필요하다고 생각한다. 왜냐하면 지적 장애가 있는 아동들도 상징놀이를 비롯하여 가장놀이나 기능놀이 등을 수행하는 것으로 나타났기 때문이다. 부모나 교사 등의 성인이 놀잇감을 선택하여 제공하고, 조작 방법까지 모범을 보인다면 장애아동은 자신의 시각으로, 자신만의 문제해결 능력으로 놀이에 접근하지 못할 것이다. 결과적으로 놀이에 대한 흥미나 호기심은 줄어들 수밖에 없으며, 적극적 참여가 아닌 방관자의 태도를 가지고 놀잇감을 바라볼 것이다. 따라서 정교한 놀이가 가능한 놀잇감을 선택할 수 있도록 여건을 조성하고, 장애유아가 다양한 방법으로 조작해 볼 수 있도록 여유와 안정감을 형성해 주는 것이 가장 바람직하다.

(5) 자폐증을 가진 아동

취학 전 아동의 놀이는 타인과 소통하고 성공적인 사회적 작용에 참여하는 능력과 밀접한 관계가 있다. 많은 경우 자폐아동들은 정상 혹은 정상 이상의 지능을 갖고 있으면서도 정신지체로 진단을 받기도 하는데, 공통된 특징은 기본적인 의사소통이 어렵다는 것이다. 휴즈(Hughes, 2012)는 자폐증을 가진 아동은 정상적인 사회 환경 속에서 이해하고 기능하는 능력이 심각하게 결여되어 있고, 또한 자신과 외부 세계를 구분하지 못한다는 것이 확실하다고 밝히고 있다.

정상아동에 비해 자폐아동들은 복잡한 장난감 놀이에 참여하여는 경향이 낮으며, 장난감을 적절히 사용하는 능력이 부족한 편으로 알려져 있다. 그럼에도 불구하고 자폐아동은 지시와 지시적인 사회 환경이 제공되면 놀이의 질이 극적으로 향상된다는 사실이 입증되기도 했다. 따라서 자폐아동들이 스스로 놀이를 즐기고, 잠재적 능력을 표출하기 위해서는 주의를 집중시킬 수 있는 환경 구성이 무엇보다 필요하다고 하겠다.

※ 장애아동 이해 활동 1

<table>
<tr><td rowspan="2">주제</td><td rowspan="2">시각장애아동 이해하기</td><td>활동형태</td><td>대소집단 활동</td></tr>
<tr><td>활동유형</td><td>신체/언어</td></tr>
<tr><td colspan="2">
활동목표
· 그림책의 내용을 이해할 수 있다.
· 눈을 감고 다양한 물품의 형태를 감지하고, 이를 말로 표현할 수 있다.

활동자료
다양한 물품(여러 가지 공, 책, 실뭉치, 색연필 등)

『눈을 감아 보렴!』.
빅토리아 페레스 에스크리바 글.
클라우디아 라누치 그림.
한울림스페셜.
</td><td colspan="2">
1. 활동 소개하기
그림책 『눈을 감아보렴!』을 읽어 준 후, 그림책 속 등장인물들의 특징에 대해 이야기 나눈다.

2. 활동 전개하기
여러 가지 물품들이 든 바구니를 준비하고, 눈을 감은 후 감각을 통해 물품의 종류 및 특징에 대해 설명한 후 그 물품이 무엇인지 맞힌다.

3. 활동 정리하기
눈을 감고 각 물품을 만졌을 때 같은지 또는 다른지 비교하여 발표하게 한다. 또한 왜 그렇게 생각하게 되었는지도 말하게 한다.

4. 활동 평가하기
활동목표에 따라 아동들이 활동을 수행했는지를 평가한다.

5. 활동 확장하기
눈을 감고 앞사람 허리 잡고 걷기, 줄 따라 걷기 등 활동을 함으로써 앞이 잘 안 보이는 것에 대한 체험을 하고, 시각장애를 지니고 있는 친구들의 불편함에 대해 이야기하게 한다.

6. 가정과 연계하기
눈을 가리고 식사하기, 옷 갈아입기, 씻기 등의 활동을 수행한 후 어려움이 무엇이었는지, 기분은 어땠는지에 대해 확인한다.
</td></tr>
</table>

※ 장애아동 이해 활동 2

주제	친구 선물 그리기	활동형태	소집단 활동
		활동유형	미술/언어

활동목표

- 다름의 의미를 설명할 수 있다.
- 각자가 선호하는 것을 비교하여, 그 차이를 설명할 수 있다.
- 선물을 그림으로 표현할 수 있다.

활동자료

크레파스, 도화지

『같이 놀자, 루이!』
레슬리 일리 글.
폴리 던바 그림.
한울림스페셜.

1. 활동 소개하기

그림책 『같이 놀자, 루이』를 읽어 준 후, 루이는 어떤 친구인지 내 자신과는 어떤 점이 다른지, 그리고 루이를 어떻게 대해야 하는지에 대해 이야기 나눈다.

2. 활동 전개하기

루이가 좋아할 선물이 무엇일지, 내가 루이에게 주고 싶은 선물은 무엇인 이야기한 후, 그림으로 표현한다.

3. 활동 정리하기

그림으로 그린 선물에 대해 설명하면서 각 친구들의 생각이 어떻게 다른지 확인한다.

4. 활동 평가하기

활동목표에 따라 아동들이 활동을 수행했는지를 평가한다.

5. 활동 확장하기

나, 짝꿍과 선생님이 좋아하는 것을 알아보고 서로 다른지 같은지 비교하여 이야기 나눈다.

6. 가정과 연계하기

엄마와 아빠 나, 그리고 형이나 동생이 좋아하는 과일이나 과자 등을 알아보고, 그 결과를 확인하게 한다.

※ 장애아동 이해 활동 3

주제	도형 만들기	활동형태	대소집단 활동
		활동유형	조작

활동목표

- 폴리아나의 어려움을 말할 수 있다.
- 폴리아나를 위해 내가 할 수 있는 일이 무엇인지를 설명할 수 있다.
- 카드를 제작할 수 있다.

활동자료

색종이, 사인펜 등의 필기도구, 가위

『나… 나는… 포… 폴리아나』
페르사 자하리아 그림.
한울림스페셜

1. 활동 소개하기

그림책 『나… 나는… 포… 폴리아나』를 읽어 준 후, 폴리아나의 입장과 나의 경험 등에 대해서 이야기 나눈다.

2. 활동 전개하기

색종이를 오려서 예쁜 카드를 만들고, 폴리아나에게 줄 생일초대장을 꾸민다.

3. 활동 정리하기

폴리아나가 생일초대를 받고 기분이 어땠을지, 앞으로 폴리아나와 같은 친구를 위해서 내가 할 일은 무엇인지 이야기하게 한다.

4. 활동 평가하기

활동목표에 따라 아동들이 활동을 수행했는지를 평가한다.

5. 활동 확장하기

편지나 생일축하카드 등을 폴리아나에게 보내는 활동을 한다.

6. 가정과 연계하기

나 자신과 엄마, 아빠의 걱정이나 어려움은 무엇인지 알아보고 위로의 편지를 쓰는 활동을 한다.

PART 2

장난과 괴롭힘 예방교육프로그램

CHAPTER 6

장난과 괴롭힘 예방을 위한 사회·정서발달교육

1. 사회·정서 발달

1) 사회성 발달

영아와 걸음마기 유아들은 가정 밖의 아이들, 특히 자신과 비슷한 또래들에게 관심을 보인다. 생후 첫 몇 개월 동안 영아는 다른 아기들을 쳐다보고 미소 짓고 쿠잉을 한다. 6~12개월에 영아는 다른 아기에게 더 많이 미소 짓고 만져보고 옹알거린다. 생후 1년이 되면 걸음마를 배우고 장난감에 집중하고, 다른 유아에게 관심을 갖고 바라보기, 만지기, 미소, 소리내기 등의 엄마와 상호작용한 것과 유사한 행동을 또래에게도 한다. 걸음마기 아기들은 가까이서 놀이를 하고, 3세까지는 함께 놀이를 하기가 어렵지만, 그 이후에는 함께 놀이하는 것을 좋아한다. 유아들은 자신의 행동과 유사한 친구들과 우정을 맺으며 사회성을 발달시킨다.

(1) 친 사회적 행동

친 사회적 행동은 두 돌이 지나기 전부터 볼 수 있다. 남을 도와주기, 물건이나 음식을 나누어 주기, 위로하기 등을 한다. 이러한 행동은 다른 사람의 감정을 이해할 수 있는 능력에서 비롯된다. 이타심이나 친 사회적 행동은 정보처리 능력과 정서, 자신의 통제능력에서 온다. 교사들은 강하게 유아에게 요구하거나, 협박을 하거나, 특권을 빼앗는 등의 권력이행적인 방법보다 영유아가 할 수 있는 한계를 명시해 주고, 행동의 결과에 대하여 이해를 시켜 주고, 설명하고, 토론하고, 유아가 옳다고 생각하는 것에 경청을 해 주는 설득하기 방법으로 지도한다.

무시하고, 고립시키고, 유아가 싫어하는 듯 보이기 등의 사랑을 거두는 방법도 지도에 활용한다. 여기서 설득의 방법은 유아 자신의 행동이 어떤 결과나 영향을 미치는지 생각하게 함으로써 타인에게 집중하도록 도와준다. 반면에 권력이행적인 방법은 자기 자신에게 집중하게 만듦으로써 친 사회적인 행동이 감소한다. 교사가 야단을 치고 벌을 주는 것보다 교사가 유아의 행동에 실망감을 표현할 때 유아는 책임 있는 행동을 하게 된다. 교사가 유아를 설득하는 방법도 화난 어투나 유아가 죄책감이 들게 하면 효과가 없다.

(2) 공격성

공격성에는 도구적인 공격성, 적대적인 공격성이 있다. 도구적인 공격성은 사회적인 놀이시간에 많이 일어난다. 이 공격성은 친구를 다치게 하려는 것이 아니라 목표달성을 위해 하는 공격성이다. 흥미 있게도 공격적인 유아가 사교적이기도 하다. 2~4세 정도의 유아는 자기통제의 능력이 발달되면서 자신의 의지를 표현하고 원하는 것을 기다리는 것을 배우고, 행동으로 보여 주던 공격성을 말로 대신하게 된다. 그러나 2세때 때리거나 빼앗거나 또래보다 공격적이었던 유아는 5세 때도 더 공격적인 경향이 있다고 한다(문정화 외, 2010 재인용).

① 신체적 공격성

상대 유아에게 해를 입히는 신체적 행동을 하는 형태로 언어를 사용하지 않고 비언어적 행동으로 표현, 언어를 수반하는 경우도 포함한다.

신체적 공격으로는 밀기, 때리기, 치기, 장난감 빼앗기, 친구의 공간에 침범하기, 밀거나 잡아당겨 장난감 독차지하기 등이 있다.

② 언어적 공격성

상대 유아를 두렵게 할 목적으로 위협을 가하거나 말로 따지는 형태로 힘이나 협박이 내재된 비우호적인 요구이다.

언어적 공격으로는 자기 멋대로 하기 위해 소리지르기, 협박하기, 놀리거나 조롱하기, 나쁜 말 하기(비속어), 화난 어투로 소리치기 등이 있다.

③ 관계적 공격성

관계적 공격의 종류는 타인의 사회적 관계에 해를 미치는 것, 다른 사람을 고립시키고, 나쁜 소문을 퍼뜨리는 것 등이 있다.

(3) 자율성이 결여된 행동

자율성은 자유로운 의지, 독립성, 자기통제, 의지의 조절, 자기결정 능력, 고유한 선택, 성찰 등을 포함한다. 그러나 유아는 스스로 결정하지 못하고, 판단이나 통제를 하지 못하며, 상황에 맞지 않는 행동을 하고, 다른 유아의 도움을 받지 않고, 자신이 원하는 것을 얻기 위해 혼자 하겠다고 고집을 피우는 서투른 자율성을 나타내고 있다. 차례 지키기와 같은 행동은 바라던 것을 참을 수 있어야 한다는 것과 사회적 환경에서 사람들은 차례 지키기를 기대하고 차례 지키기가 정상이라는 것을 이해해야 하며, 궁극적으로 자기차례가 올 때 적절하게 행동할 수 있어야 한다.

(4) 또래 상호작용에서 부정적인 행동

① 부정적인 언어사용

거절하기, 무시하기, 명령하기, 비난하기, 위협하기, 말로 놀리기 등 적대적이고 부정적 언어를 사용하여 또래와 상호작용하거나 놀이를 시도하고 반응하는 행동이다.

② 부정적인 비언어적인 행동

울기, 짜증내기, 화내기, 밀기, 부수기, 빼앗기, 때리기, 방해하기 등 적대적·부정적 감정표현과 행동으로 또래와 상호작용하거나 놀이를 시도하고 또래에게 반응하는 행동이다.

(5) 사회적 지식과 이해

① 사회적 지식

유아들이 친구관계를 형성할 수 있으려면 여러 종류의 사회적 지식이 필요하다. 사회적 지식은 규범적 지식과 자신이 속해 있는 집단의 주요한 사회적 관습 등을 포함한다. 친구관계를 발전시켜 나가야 하는 또래들이 사용하는 언어를 충분히 숙달하는 것을 포함한다. 유아들의 이야기, 전설, 영웅들, 영화, TV 프로그램의 주인공들에 대한 지식을 나눌 때 용이해진다. 기본적으로 관습에 관한 언어, 지식, 또래문화의 사회적 규범에 통달해 있어 다른 유아와의 활동에 자신 있게 참여할 수 있다.

② 사회적 이해

사회적 이해는 또래 간 상호작용에서 흔히 발생하는 사건들에 대한 다른 사람들의 반응을 정확하게 예측하고 또 선호를 예견하고 경험하는 감정을 이해하는 능력을 포함한다. 의사소통하기, 토론을 계속하기, 협상하기, 차례 지키기, 협력하기, 상호작용 시작하기, 좋아하는 행동에 대한 동기를 명료화하기, 타협을 수용하기, 감정이입하기 등에 대한 유아들의 능력의 성장은 모두 사회적 이해에 기초한 것으로서 효과적인 사회적 상호작용에 역할을 한다.

사회적으로 능력 있는 유아들은 공동기반을 구축함으로써 정보를 교환하고, 유사점과 차이점을 탐구함으로써 그들과 다른 사람들의 행동을 동일화시킨다(Gotman, 1983). 이러한 능력들은 놀이동안에 발생하는 정상적인 유아들에 비해 놀이친구들에게 자신들의 의도와 선호를 보다 명확하게 이야기할 수 있고, 그들의 감정을 숨김없이 표현한다.

(6) 사회적 기술

유아들의 사회적 상호작용의 대부분은 놀이집단에 끼어들기 위한 시도이며 이는 항상 사회적 접근 기술로서 귀착된다. 그리고 자신들의 놀이집단에 들어오려는 유아들을 저지하기 위한 노력으로 구성되어 있기도 하다. 유아들의 다툼은 놀이가 진행되고 있는 집단에 들어가려고 시도하거나 접근을 제한하는 것으로부터 발생한다. 유아들을 관찰해 보면 활동과 놀이상대를 자주 바꾸는 것을 볼 수 있다. 사회적 접근기술은 사회적 참여와 성공에 중요하다.

사회적 능숙함과 또래들에게 수용됨과 관련이 있는 유아의 행동들은 '다른 유아에게 긍정적으로 주의를 기울이기'가 있는데 예를 들면, 다른 유아가 만든 블록을 칭찬하는 것이 있다. 정보 구하기는 무엇을 만들었는지 묻고, 토의에 도움을 주는 유아들이다.

또래로부터 유도된 공격성은 또래 간의 사회적 승인을 결정짓는 요인이다. 차례 지키기 문제, 사회적 상호작용은 가족 내에서, 일터에서, 다른 사회적 상황에서 주고받는 대화와 토론에 참여하는 능력과 같은 차례 지키기 기술을 필요로 한다.

(7) 사회적 성향

성향이란 어떤 의식적 통제하에 일어나는 마음의 습관을 구성하는 것으로서 강제하지 않은 가운데 빈번히 나타나는 행동 형태이다. 성향적 행동이란 의도적이며 폭넓은 목표를 지향한다. 호기심, 유머스러움, 창의성, 충동성, 반성, 상냥함, 투쟁, 탐욕 등이 있다. 친 사회적 성향의 예로는 수용적, 친근함, 감정이입적, 자비로움, 협동적으로 되는 경향성을 포함한다.

모든 성향이 바람직한 것은 아니며, 따지기를 좋아하는, 적대적인, 으스대는, 또는 자기밖에 모르는 성향은 사회적 어려움과 관련이 있다. 많은 성향은 타고난 것으로 간주된다. 학습하려는 호기심을 보이는 것, 의미 있는 타인들에게 애착을 형성하려는 성향은 아마도 학습한 것이라기보다 출생 시부터 나타난 것이라고 볼 수 있다.

성향은 교수를 통한 학습이 아니다. 유아의 삶에 의미 있는 사람들로부터 제공받은 모델로부터 배우는 경향이 있다.

(8) 공통적인 사회적 어려움

유아들은 유아교육기관에서 협상을 하고, 갈등을 해결하고, 차례를 지키고, 거래하는 것 등을 성공적으로 하기는 아직 어렵다. 이는 다양한 상황에서 직접 경험을 해야만 배울 수 있다. 또래들과 역동적인 상호작용에서 자신감을 충분히 가지지 못한 유아들은 여전히 성인에게 의존적이어서 너무나 자주 성인의 도움을 요청함으로써 놀이친구와의 상호작용을 방해한다.

언어발달이 미숙하여 자신의 느낌이나 욕구를 표현하는 방법을 명확하게 습득하지 못할 경우 사회적으로 어려움을 갖게 된다. 유아가 놀이 진행 중에 성공적으로 끼어들지를 못해 놀이에서 배제되기도 한다.

유아가 다른 유아에게 접근할 수 있는 기술발달이 되어 있지 않고, 수줍어하고, 빼는 유아들도 무시당하고, 소외당하기도 한다. 이런 유아들은 또래와 상호작용하는 것을 원하지 않는 것처럼 행동하기 때문에 유아들이 진행 중인 활동에 참여하도록 유아들로부터 청함을 받지 못한다. 특이한 이름, 외모로 인해 거부당하거나 놀림을 받는 경우도 있다.

(9) 유아의 사회성 발달을 위한 교사의 역할

교사는 유아가 다른 유아들로부터 거부당하는 여러 상황의 숨어 있는 동기를 꿰뚫어 보면서, 유아의 외모, 이름, 장애 등의 이유로 유아를 피하고, 놀리기보다 긍정적인 유아의 특성과 성향을 인정할 수 있도록 도와주어야 할 책임을 가져야 한다. 비협동적이고 방해하는 유아의 행동은 유아들의 서투른 자율성에서 기인할 수도 있음을 이해해야 한다. 교실의 환경이 지나치게 구조적이거나 학습적이기 때문에 규율이나 교수적인 과제에 유아가 저항하고, 파괴적인 행동을 통해 유아가 따분함을 완화시키고 또래를 귀찮게 하기도 한다. 때론 유아의 경험과 관련이 없거나 유아가 환경을 보다 흥미롭게 만들기 위해 파괴적인 행동을 할 수도 있다. 이때에는 환경이 지나치게 권위적인지, 허용적인지를 파악하여야 한다.

종일반의 유아들은 장시간의 보육으로 피곤하고 긴장할 수도 있어 자유롭고, 개인적인 상황을 유도해 주는 것도 좋다.

유아의 수줍음은 유아에게 있어 경계하는 행동과 함께 적절한 반응일 수도 있다. 신중함을 보이는 정도는 어떤 상황과 그곳 사람들에 대한 생소함에 대한 인식을 나타내는 것이다. 그러므로 너무 급하게 서둘러서 접촉을 시도하거나 엄하게 밀어내는 것은 현명하지 못한 방법이다. 2, 3세 유아의 수줍음이나 위축, 사회적 고립은 발달적으로 자연스러운 성향이다. 그러나 5세 유아에게는 적절한 행동이 아니다. 어떤 유아들은 자신들의 요구, 기대를 어떻게 효과적으로 표현하는지를 모르기 때문에 목표를 달성하기 위해 유아들은 공격성에 의존한다. 자기주장을 펴는 데 보다 적합한 방법을 배운다면 공격성은 감소될 수 있다.

① 자율성을 위한 교사의 지도

가. 자율성을 위한 지도 내용

자기통제, 질서 지키기, 적극적인 태도, 규칙 지키기, 상황인식 능력, 타인조망 능력, 의사표현 능력, 관계인식 능력, 의사표현 능력, 문제해결 능력, 능동적으로 참여할 수 있는 태도 기르기, 신체운동 조절 능력 등을 지도한다.

나. 자율적 행동 지도

참고 기다리기, 친구를 도와주기, 친구와 함께 놀기, 어른께 존댓말 쓰기, 자기 차례를 기다리기, 자신의 감정을 조절하기, 자기의 감정을 표현하기, 자기 스스로 규칙을 지키기, 잘못한 것을 스스로 인정하기, 친구에게 나의 감정과 마음을 표현하기, 미안하다고 스스로 이야기하기, 친구에게 친절하게 이야기하기, 친구에게 같이 놀자고 이야기하기, 친구와 갈등이 생겼을 때 몸으로 싸우지 않기, 위험한 상황을 교사나 어른에게 알리기, 좋고, 싫음을 의사표현해 보기 등을 지도한다.

② 친 사회적 행동을 위한 지도

가. 친 사회성

상대 유아를 이롭게 하는 행위로 또래관계를 형성하고 유지하기 위해 나타나는 긍정적인 행동이며 보상을 기대하지 않는 자발적인 행동이다. 돕기, 나누기, 위로하기, 협력하기 등 다양한 행동을 포함하여 지도한다.

장난감을 양보하거나 함께 사용하기, 상대 유아를 칭찬하거나 격려하기, 장난감이 망가졌을 때 고치는 것 돕기, 갈등을 평화적으로 해결하기, 친구의 문제해결을 돕기, 미소나 포옹 등의 친근감 표현하기, 놀이상황에 함께 참여하기, 일상적인 대화를 하기, 계획이나 놀이를 제안하기, 명령이나 지시내리기 등이다.

나. 사회의 조직적 기술

또래관계에 영향을 주는 행동기술, 직접적인 명령, 지시와 간접적인 행동 기술을 포함하여 지도한다.

역할을 정해 주기, 놀이하는 방법을 시범 보이기, 교구의 사용방법을 알려 주기, 자신의 요구를 위해 부탁하거나 양해 구하기 등이다.

다. 모방

상대 유아가 말하는 소리를 따라 하기, 주의를 끄는 유아의 행동 따라 하기 등 상대 유아의 말이나 행동을 따라 하는 행동을 지도한다.

③ 또래 상호작용을 위한 지도사례

가. 긍정적 언어행동

제안하기, 부탁하기, 양해를 구하기, 협상하기, 설명하기, 대화하기 등 우호적인 언어를 이용하여 또래와 상호작용하거나 놀기를 시도하고 또래에게 반응하는 행동을 하도록 지도 한다.

나. 긍정적인 비언어적 행동

웃기, 미소, 나누기, 돕기, 차례 지키기, 협동하기, 양보하기, 위로하기 등 우호적인 감정표현과 행동을 이용하여 또래와 상호작용하거나 놀이를 시도하고 반응하는 행동을 하도록 지도한다.

2) 정서 발달

(1) 유아 정서 발달의 이해

오늘날 사회에서 성공을 위해서 정서지능의 중요성을 강조하고 있다. 정서지능에는 정서인식, 정서지식, 정서활용 등이 있어 지적인 성취에 영향을 미친다고 할 수 있다(Goleman, 1995). 정서지능 속의 자기 통제력은 교육을 통해 향상될 수 있다고 가정하였다. 이것이 가능한 이유에 대해 골만은 부모와 자녀가 상호작용을 통하여 정서를 식별하고, 명명하며, 존중하고 그 정서를 사회적 상황과 연결시키는 것을 부모가 도와줄 수 있기 때문이라고 한다.

영유아의 자기 통제력은 부모와 같은 주된 양육자의 양육방식과 밀접한 관계가 있다. 유아의 충동적 반응에 신중하고 일관성 있게 벌을 주고, 충동을 억제하는 행동을 강화하여 양육할 때 유아의 정서지능은 강화된다(송명자, 2003).

영유아의 정서발달은 통합적인 인성발달의 기본이 된다는 점에서 유아기의 가장 중요한 발달적 과제 중 하나이다. 영유아의 정서능력은 자기 자신 및 타인의 감정을 이해하고 또한 감정을 상황과 문화에 따라 적절히 표현하고 정서적 경험과 표현을 조절할 수 있는 능력이라고 정의할 수 있다. 정서능력이 결여되어 있다면 자기 감정의 원인과 그에 따른 행동을 이해할 수 없을 뿐 아니라 타인의 감정과 행동을 인지하고 예측하는 데 어려움이 있게 되어 결과적으로 대인관계에 있어서 문제를 초래하게 된다. 유아의 정서표현과 또래관계가 밀접하게 관계가 있다.

영유아가 부정적인 감정을 제대로 통제하지 못하면 또래들과 잘 어울리지 못하는 경향이 있으며, 또래로부터 따돌림을 당하는 영유아들의 정서표현은 또래들과 잘 지내는 영유아들의 정서표현보다 부정적이었고, 놀이에 끼어들 때도 자연스럽게 어울리지 못했다. 이러한 정서적 경험과 표현은 개인의 복잡한 행동을 유발시킬 뿐 아니라 타인의 행동에 영향을 미치며 사회적 상호작용과 대인관계형성에 중요한 역할을 하게 된다(윤은미 외, 2010 재인용).

① 정서의 의미

정서라는 용어는 라틴어로 '밖으로'라는 뜻의 'e'와 '움직여 나간다'는 뜻의 'movere'에서 유래되고 있는데 이러한 어원적 근원은 정서가 자극에 대한 반응을 이끄는 행위동기로서의 기능을 내포하고 있음을 시사한다. 정서가 단순히 외부자극에 대해 내적으로 느끼는 감정상태가 아니라 외부자극에 대한 종합적인 판단 혹은 자극에 대한 관리자로서 정서에 대한 능동적인 역할이 강조되고 있는 것이다. 정서는 영유아가 경험하는 상황, 사건, 대상 등 상황적 맥락에 따라 그 강도와 질에서 차이를 나타내고 이를 통해 영유아가 환경에 보다 적합한 방식으로 적응할 수 있도록 이끌어주는 역할을 한다.

② 정서의 종류

일반적으로 정서는 크게 기쁨, 즐거움, 애정, 만족 등과 같은 긍정적 정서와 공포, 불안, 분노, 두려움 등과 같은 부정적 정서로 구분할 수 있다. 긍정적인 정서는 영유아에게 편안하고 안정된 느낌을 형성하여 자신이 처한 상황에 대하여 수용적인 태도와 반응을 나타내게 하지만, 부정적인 정서는 좋지 않은 느낌, 무언가 잘못되었다는 느낌을 갖게 하여 불만이나 위험 등을 경험하게 된다.

영유아들은 생활 속에서 긍정적인 정서경험뿐 아니라 기분나쁜 일, 속상한 일, 놀라는 일 등으로 부정적인 정서를 자주 경험하게 되며, 이러한 상황 속에서 부정적인 정서는 영유아에게 일어나는 일상적인 정서의 경험이라고 할 수 있다. 부정적인 정서의 발생 원인은 목표달성 및 욕구의 충족과 관련이 있으며, 자신의 목표가 성공하고 욕구가 충족되는 경우 기쁨, 즐거움, 만족감 등의 긍정적인 정서를 느끼게 되지만 목표에 실패하고 욕구가 무시당할 때 슬픔, 분노 등을 느끼게 된다(정윤희, 2002).

부정적인 정서의 경험은 영유아들로 하여금 고통과 좌절을 느끼게 하지만 동시에 정서가 갖는 순기능적인 경험을 수반한다. 즉 슬픔을 통해 타인의 도움행동을 유발하고 유대를 강화시킬 수 있음을 알고 분노를 통해 자기를 방어하고 장기적으로 건설적인 노력을 할 수 있는 힘을 얻게 된다. 이러한 관점은 부정적 정서가 갖는 환경에 대한 적응적 가치라고 할 수 있으며 이는 부정적 정서를 목표 도달을 위해 장애가 되는 상황들을 극복하려는 반응으로 인식하는 관점과 부합된다. 즉 영유아는 원하는 목표가 좌절되거나 성취될 수 없는 상황에서 일어나는 부정적 정서경험을 통해 자신이 처한 상황을 극복하고 대처하며 환경에 적응해 나가는 방법을 배우며, 자신의 정서를 조절할 수 있는 기회를 갖게 된다. 부정적 정서의 역기능 측면을 적절히 조절하는 경험은 영유아의 생활을 보다 긍정적이고 건설적으로 변화시키는 적응적 기제로서의 발전 가능성이 내재되어 있으며 이러한 의미에서 긍정적인 정서뿐 아니라 부정적인 정서 또한 영유아의 발달측면에서 중요한 기여를 하게 된다.

가. 1차적인 정서

신생아는 태어나자마자 흥분상태에 있고, 2~3개월 후에는 쾌감과 불쾌감을 느낀다. 5~6개월에는 분노, 혐오, 공포의 감정으로 나누어진다. 3세 정도가 되면 성인에게서 볼 수 있는 모든 정서가 유아에게도 나타난다. 긍정적인 정서로는 사랑, 행복, 기쁨이며, 부정적인 정서로는 공포, 불안, 분노, 놀람 등이 있다.

나. 2차적인 정서

복잡하고 인지적인 능력을 필요로 하는 이차적인 정서는 긍정적인 정서로는 다정함, 심취, 희열, 만족, 자만심 등이 있으며, 부정적인 정서로는 곤혹, 분개, 경멸, 질투, 고통, 비탄, 죄의식, 외로움, 전율, 걱정 등이 있다.

영아기의 정서의 주요 기능은 생존과 의사전달을 위한 방편이 되며, 유아기의 정서는 영아기의 정서에서 더 나아가 정서를 유발하는 요인이나 표현하는 방법에 차이가 있다. 정서발달은 계속되며 자긍심이나 죄책감과 같은 정서는 성인의 피드백이 없어도 자연스럽게 표출되고, 정서를 표출하는 규칙에 대한 이해도 크게 증가한다.

(2) 부정적 정서가 나타나는 유아교육기관의 하루 일과

실내자유선택활동, 대집단·소집단활동, 전이시간, 점심시간, 화장실 안에서 부정적인 정서가 출현이 된다. 주로 분노, 슬픔, 두려움, 부끄러움 등이 나타난다(윤은미 외, 2010).

(3) 정서지능

정서지능에는 자기인식, 자기조절, 동기부여, 감정이입, 사회적 기술 등이 있어 지적인 성취에 영향을 미친다고 할 수 있다(Goleman, 1995).

① 자기인식

자신의 내면적 상태, 선호도, 자원, 및 직관을 알아차리는 것을 말한다.

② 자기조절

자신의 내면적 상태, 충동 및 자원을 관리하는 것을 말한다.

③ 동기부여

목표도달을 안내하거나 촉진하는 정서적 경향을 말한다.

④ 감정이입

다른 사람들의 기분, 욕구, 관심사에 대한 인식을 말한다.

⑤ 사회적 기술

유아들 사이에서 호감이 가는 반응을 능숙하게 유도하는 것을 말한다.

(4) 유아의 정서발달을 위한 교사의 노력

교사는 유아의 결핍의 욕구와 성장의 욕구를 파악해야 한다. 이는 인지적 욕구 앞에 전제되어야 할 욕구가 유아를 존중해야 하는 정서적인 욕구임을 반드시 이해해야 한다.

① 결핍의 욕구

교사는 유아의 생리적 욕구, 안전의 욕구, 소속과 사랑의 욕구, 존중의 욕구에 민감하게 대처해야 한다.

② 성장의 욕구

교사는 유아의 결핍의 욕구가 충족되어 있음을 민감하게 알고 있으면, 유아가 알고 이해하고자 하는 욕구, 심미적 욕구, 자아실현의 욕구를 충족시킬 수 있도록 해야 한다.

③ 갈등상황에서의 정서표현 지도사례

가. 긍정적 정서 지도사례

또래와 갈등이 생겼을 때 유아가 미소 짓기, 싱글거리기, 소리 내어 웃기 등의 긍정적인 정서를 표현하도록 지도한다.

나. 부정적 정서 지도사례

또래와 갈등이 발생했을 때, 유아가 찡그리기, 울기, 짜증, 분노 등 부정적 정서를 바르게 표현하기를 지도한다.

다. 중립적 정서 지도사례

또래와 갈등이 발생했을 때 유아가 긍정적 정서나 부정적 정서를 표현하지 않은 경우 또는 무표정한 경우를 지도한다.

④ 갈등해결 전략의 지도사례

가. 언어적 전략 지도사례

자기의견을 이야기하기, 제3자(교사나 어른)에게 알리기, 이유를 설명하기, 제안과 부탁하기 등으로 지도한다.

나. 비언어적 전략의 지도사례

갈등의 상황을 무시하거나 주의 돌리기, 호흡하기, 긍정적인 신체접촉, 경청하기 등으로 지도한다.

3) 미디어의 영향

(1) 게임

2011년 프랑스 한 중학교에서 3학년 재학생 2만 7천 명을 대상으로 학업능력

성취도 평가 DEEP를 실시하여 독해, 수학뿐 아니라 기억력, 추론능력 등을 측정하였다. 이때 취미생활에 대해서도 함께 조사·분석했다. 알랭리우리는 "게임은 학업능력 성취에 있어 영향을 미치지 않으며 특히 추론 능력발달에 아무 도움이 되지 않는다."라고 했다. 테트리스, 앤츠, 마블 매드니스 게임이나 특정 공간에서의 방향능력과 관계된 게임을 하면 공간파악 능력이 좋아질 수도 있다. 하지만 그 정도는 미미한 수준이다. 결정적으로 게임이 사람을 똑똑하게 만든다면 남자아이들이 여자아이들보다 똑똑해야 하는데 실제로는 그렇지 않다는 것만 생각해도 그렇다. 가장 확실한 한 가지는 게임을 하면 시간을 소비한다는 것이다. 수면시간은 줄고 두뇌발달에 도움이 되는 활동을 덜하게 된다는 이야기다.

2006년 런던의 미셀세이에 교수는 11~12세 아이들을 대상으로 기나긴 연구를 실시한 결과 아이들은 인지개념 발달에 있어 15년 전 아이들보다 2~3년 뒤쳐져 있었다. 왜 이런 결과가 나온 걸까? 주요 원인은 초등학교에서 체험형 게임을 하지 않는다는 것이며, 게임 및 텔레비전 문화의 발달에 원인이 있는 것으로 나타났다. 체험형 활동은 실제로 우리가 사는 세상이 어떻게 돌아가고 있는지 경험할 수 있게 해 주고 추상적인 개념에 대한 파악 능력을 길러 주는 것으로 알려져 있는데 게임이나 텔레비전은 아이들이 손을 이용해 경험을 쌓는 체험형 게임을 할 기회를 빼앗기 때문이라는 것이다.

그르노블대학의 로랑베귀 사회심리학 교수도 공격적 성향을 가진 아이들이 게임을 하는 동안에는 일상에서의 폭력성이 줄어들 수도 있다는 얘기를 들은적이 있다며 말한다. 폭력적인 게임이 카타르시스를 주는 효과가 있다는 것은 어디까지나 희망적인 기대일 뿐 결코 근거가 있는 이야기는 아니라고 한다.

폭력적 게임과 공격성의 연관관계에 대한 연구결과는 이미 넘치도록 많다. 하지만 이를 증명하는 방식에 있어서 방법론적으로 적절한 연구는 없다는 것이 문제라고 한다. 프랑스에서 3일 동안 실험한 사례가 있는데, 3일이라는 시간이 너무 짧지만 아이들을 대상으로 6개월씩 실험을 할 수도 없다. 이런 짧은 기간

동안 폭력적 게임에 노출된 환경에도 아이들의 폭력성에 실제로 영향을 미쳤다고 한다.

교사에게 자기 반 학생들의 행동을 기술하게 하고 게임을 다루는 방법에 대해 질문을 하는 형태의 연구결과 폭력적 게임과 공격성이 상호관계를 가지고 있다고 단언하기는 어렵지만 무엇이 원인이고, 무엇이 결과인지를 알 수가 없는 것도 적절한 연구방식에 있어 어려운 숙제로 남는다.

1995년에 심리학자인 롤랑 이르윈(Roland Irwin)과 알랭 그로스(Alan Gros)는 8세 아동을 두 집단으로 나누어 20분 동안 스포츠 게임, 다른 집단은 폭력적인 게임을 하도록 했다. 그런 후 어떤 행동을 하는지 게임을 한 방에서 25분 동안 관찰했다. 그 결과 폭력적인 게임을 한 아이들이 울거나 다른 아이를 때리는 비율이 두 배나 더 높게 나타났다.

폭력적 성향을 가진 게임은 타인에 대한 적개심을 증가시킨다. 폭력적인 게임을 한 사람들에게 실제상황에서 벌어진 폭력적인 이미지를 보여 주고 피부와 심장박동수를 관찰하였다. 20분간 게임을 한 사람들은 타인이 겪는 폭력에 대해 큰 반응을 하지 않는다는 듯 심장박동수와 피부에도 별다른 변화가 없었다.

게임을 한 아이들의 폭력성의 정도는 가장 높은 반면 타인에 대한 공감 능력은 가장 낮은 결과를 보였으며 교사와의 마찰도 가장 심하였다고 했다.

포르(Faure, 2010)는 "아이들이 무엇을 하는지 볼 수 있도록 함께 놀아야 한다. 지하철 등의 광고에 등장하는 게임은 대부분 아이들에게 좋지 않은 것들이라는 것을 기억해야 한다."고 강조한다(Faure, 2016).

(2) 스마트폰

스마트기기는 아이들의 학습에 영향을 미친다. 2세 아이에게 어른이 두 단어를 가르쳐 주는 실험을 했다. 한 팀은 계속 단어를 가르쳐 주는 것만 하고 한 팀은 단어를 가르치는 도중에 전화가 오면 받아야 했다. 당연히 단어를 가르치는 것에만 집중한 팀의 아이가 단어를 더 잘 배웠다.

① 스마트폰 중독

스마트폰기기에 중독된 아이들의 상태는 심각하다. 감정표현이 매우 강하게 나타나고, 화가 나면 때리는 행동과 함께 공격적으로 사자소리를 내면서 매우 크게 화를 낸다. 자신의 행동을 제어하지 못하고 흥분된 감정의 상태에서는 큰 소리로 노래를 부르고 뛰는 모습을 보인다. 또래관계에서 자신이 원하는 장난감을 만졌을 때나 자신을 조금이라도 건드렸다고 생각하면 바로 물거나 때리고 밀치는 방법을 사용한다. 어린이집에서는 또래 아이들과 어울리지 못하고 장난감 등의 놀이기구에도 관심을 주지 않는다.

친구를 때리고 웃기는 행동을 보여 주는 방법으로 보상하려고 하며, 화가 났을 때 역시 놀잇감을 만지거나 부서뜨리기, 소리 지르며 울기 등으로 표현이 된다. 자신이 의도한 대로 되지 않아 화가 나면 친구나 교사를 물거나 발을 구르며 화를 표현하고 소리를 지르며 반응한다. 자신을 방해하는 또래에게 짜증을 많이 내고 특히 게임을 많이 해서인지 게임 속의 공격적인 행동(태권도를 빙자한)을 일과가 진행될수록 나타나는 빈도수가 많아진다.

가정에서도 자신이 가지고 있는 게임기만 하고, 밥을 먹지 않으려고 하고, 자신의 침대에서도 게임기를 놓지 않으려고 하며 이를 제지하면 역시 분노발작을 일으키며 울고 불며 자신의 어머니를 물거나 할퀴는 양상을 보인다. 게임기와 스마트폰을 하지 못하는 시간에는 집요하게 조르고 소리치고 때리는 모습을 보인다. 스마트폰을 뺏으면 벽에 머리를 부딪히거나 때리며 자해를 한다.

② 미디어를 대신할 수 있는 놀이

전자 미디어에 허용적이던 부모가 갑자기 이를 금지했을 때 아이가 짜증을 내는 것은 당연하다. 따라서 텔레비전을 틀어 주거나 스마트폰을 주지 말자고 결심하는 것과 동시에 '그렇다면 그 시간에 무엇을 하게 할까?'를 고민하는 것이 중요하다. 자녀와 함께 외출할 때는 스마트폰을 대신할 수 있는 놀잇감을 미리 챙겨 간다. 또 전자 미디어 대신 놀이의 즐거움을 알 수 있도록 숨바꼭질, 공놀이, 자전거 타기 등을 하며 신나게 놀아 준다. 특히 운동 놀이는 대·소근육을 고르게 활용하고 사회성도 기를 수 있어 더없이 좋은 방법이다.

2. 밥상머리교육과 하브루타(HAVRUTA) 교육

1) 밥상머리교육

가족이 모여 함께 식사하기 위하여 한자리에 모여 음식을 같이 준비하고 나누며 가족식사를 함께한다. 가족이 함께 식사하면서 사회에서 요구하는 예절, 절제 등을 가르칠 수 있다는 교육이다.

① 가족식사는 대화의 장이다.
② 가족식사는 가족들과 하루일과를 나누고 서로의 감정을 공감하는 소통의 시간이다.
③ 가족 식사 때 가족 간의 대화는 부모와 자녀 사이의 거리를 좁혀 준다.
④ 가족 사랑과 인성을 키우는 시간으로 남을 배려하고 가족의 사랑을 확인하게 된다.
⑤ 대화와 놀이 등 매일 30분 이상 가족과 함께 시간을 갖는다.
⑥ 가족과 함께 지역사회에 봉사활동을 한다.

(1) 밥상머리교육의 필요성

밥상머리교육은 기본적인 인성교육을 가정에서부터 되살리자는 취지로 시작했다. 우리사회가 근원적으로 추구해야 할 가치가 무엇인지 깊이 성찰해야 하는 시기가 도래했다. 가정에서 부모와 함께하는 따뜻한 시간은 우리 아이들이 건강하게 성장하는 밑거름이 된다.

밥상머리교육은 인성중심의 교육을 통해 배려하고 함께하는 공동체적 인간으로 성장할 수 있도록 교육의 패러다임을 전환하자는 데 그 의의를 두고 있다. 기본적인 예절을 지키고, 함께 더불어 살아가는 능력을 키워 주는 것이 교육의 기본이 되어야 하기 때문이다.

(2) 전통에서 배우는 밥상머리교육

① 사대부 집안의 밥상머리교육

예로부터 사대부집안에서 지켜오던 식사법 중에 '食寺五觀(식시오관)'이라는 말이 있다. 첫째, 식시오관은 이 음식에 들어간 정성을 헤아린다. 둘째, 이 음식을 먹을 자격이 있는지 성찰한다. 셋째, 입의 즐거움과 배부름을 탐하지 않는다. 넷째, 음식이 약이 되도록 골고루 먹는다. 다섯째, 인성을 갖춘 후에야 음식을 먹는다.

이를 토대로 아이들에게 옛 어른들이 식사할 때마다 생각하는 다섯 가지 마음을 가르쳐 주고 먹을거리를 귀하게 여기도록 지도했다.

② 유대인의 가족식사

노벨상 수상자의 30%를 배출한 유대인들에게 가족이 함께하는 식사는 감사의 기도로 시작된다. 자녀는 자연스럽게 밥상에서 전통을 접하고 감사하는 마음을 갖게 된다. 유대인은 밥상에서 어떤 잘못이 있어도 절대 아이를 혼내는 일이 없다. 꾸짖을 일이 있으면 식사 이후로 미루는데 유대인 부모들은 밥상머리에서 가족과 나누는 대화를 소중하게 생각하기 때문이다.

③ 밥상머리교육의 효과

(a) 아이들이 똑똑해진다.

(b) 아이들이 안정감을 느낀다.

(c) 아이들이 예의바른 행동을 한다.
(d) 아이들이 건강해진다.
(e) 가족이 모두 행복해진다.

④ 밥상머리교육의 실천(서울대학교정책연구센터, 2016)
(a) 일주일에 두 번 이상 '가족식사의 날'을 가진다.
(b) 정해진 장소에서 정해진 시간에 함께 모여 식사한다.
(c) 가족이 함께 식사를 준비하고 함께 먹고 함께 정리한다.
(d) TV는 끄고 전화는 나중에 한다.
(e) 대화를 할 수 있도록 천천히 먹는다.
(f) 하루일과를 서로 나눈다.
(g) '어떻게 하면 좋을까?'라는 식의 열린 질문을 던진다.
(h) 부정적인 말을 피하고 공감과 칭찬을 많이 한다.
(i) 아이의 말을 중간에 끊지 말고 끝까지 경청한다.
(j) 행복하고 즐거운 가족식사가 되도록 노력한다.

2) 하브루타 교육

하브루타는 말하기를 통한 사고력확장 토론 프로그램이다. 유대인들의 교육법을 시스템화시켜서 우리나라의 문화와 국민성 등에 따라 부족함으로 드러나고 있는 창의성 개발, 자율적인 질문, 활발한 토론 등을 고취시키고자 함이 하브루타의 교육이다(양경윤, 2016).

(1) 하브루타 교육의 목적

① 즐거움, 집중력, 경청, 문제해결력을 기른다.
② 집중하여 심도 있게 내용을 이해하는 논리력을 기른다.
③ 창의적 사고력을 증진시킨다.
④ 원활한 의사소통력, 협상력으로 발표력을 기른다.
⑤ 글로벌 리더십을 가진 인재를 육성할 수 있다.

(2) 하브루타 교육 방법

두 사람이 함께 앉아서 본문을 읽고 토론하고 분석한다. 학생들이 둘씩 짝을 지어 토론하고 논쟁하면서 친구가 친구를 가르치는 모습을 하브루타라고 한다. 즉 하브루타는 보통 2명이 짝을 지어 프렌드십, 파트너십으로 공부하는 것을 말한다. 하브루타의 기본 원리는 친구와 함께 공부를 하면서, 사물에 대해 자신의 견해를 분명히 하고 새로운 내용을 알아가는 것으로 친구에게서 배우는가 하면 친구를 가르치기도 하는 방법이다. 하브루타에서는 학생이 상대방에게 교사가 되어 서로의 생각을 끌어낸다. 하브루타 관계를 맺으면 교사가 되어 다른 사람을 가르칠 때 짝을 지은 상대방을 가르쳐야 한다는 의무감을 갖게 되어, 주제에 대해 제대로 이해하려는 강한 동기가 생기게 되고 이렇게 하면 공부한 내용이 빨리 잊혀지지 않고 학생이 교사의 입장을 잘 알 수 있게 되는 것이다(하브루타 교육협회, 2017).

① 도입(동기): 게임, 놀이를 통한 뇌 깨우기
② 내용(사실): 텍스트 읽고 사실적 내용 이해하기
③ 심화(상상): 상상을 자극하는 질문을 통해 마음껏 상상
④ 적용(실천): 실생활에서 실천, 적용
⑤ 메타(종합): 종합, 정리, 선생님이 되어 정리의 순서를 통해 주제를 만들고 질문을 던져 사고를 확장시킨다. 진행하는 선생님의 역할은 최소작용

으로 짝지은 친구와 토론을 통해 문제를 발견해 내고 그에 대한 대답을 제각각의 사고로 접근하여 토론의 장을 연 후 생각을 정리하여 다시 한번 말하기를 하면서 메타인지를 자극시킨다(하브루타 교육협회, 2017).

(3) 하브루타 러닝

최정빈(2017)은 "하브루타 러닝은 유대인들이 둘씩 토론하는 방법으로, 탈무드 내용을 심오하게 이해해 나가면서 하브루타 방식을 토론 학습법에 활용한다. 도전하게 하고 창의적인 사고력을 길러주고, 교재를 이해하고 해석하는 방법을 터득하게 하고, 색다른 시각으로 바라보고 이해해서 깊이 있는 해석에 도달하게 된다."고 하였다. 또한 "학생이 깊게 생각하고 그 생각을 정리할 수 있는 여유공간을 만들어 주어 안정적일 때 질문이 나오며, 자신감과 효율적인 협상 능력을 기르게 한다."고도 하였다.

① 하브루타 러닝 프로세스

(a) 토론학습의 성찰: 서로 합의되는 창의적 해결을 작성하고 합의내용을 발표하고 공유한다.
- 배운 것은 무엇인가요? (배)
- 느낀 것은 무엇인가요? (느)
- 실천할 것은 무엇인가요? (실)
- 이것을 통해 학습의 성찰이 된다.

(b) 하브루타 실시: 찬반논쟁으로 시작하여 마지막단계에서는 상호 간 창의적 문제해결을 통한 합의점을 도출하고 발표를 공유한다.

(c) 주제 이해: 토론 발제문으로 교육, 인문, 경영, 역사, 경제, 사회, 과학, 예술, 문화, 가정, 생활전반에 걸친 주제가 모두 해당된다.

② 내 활동주제에 맞는 하브루타 만들기

차례	내용	활동 Tip
1	두뇌 열기	아이스 브레이킹
2	하브루타 열기	주제 연관
3	하브루타 하기	발제 후 토론 이후 결과 선정 및 발표
4	하브루타 성찰(배, 느, 실)	주제와 연관된 실생활 실천사항
5	하브루타 피드백	핵심 메시지 전달

③ 주인 없는 다이아몬드(탈무드) 독서 하브루타 결과

주제		랍비가 상인에게서 산 당나귀의 목에서 나온 다이아몬드는 랍비의 것이다.
하브	찬성	랍비가 상인에게 당나귀를 사려했다. 그러나 돈이 부족했지만 늙고 병든 당나귀를 얻었다. 그런데 목욕을 시키다가 당나귀목에서 다이아몬드가 나왔다. 그러나 랍비가 당나귀를 사고 난 뒤에 보석이 나왔으므로 랍비의 것이다.
루타	반대	랍비는 돈이 없어 상인이 반값으로 늙은 당나귀를 주었다. 그리고 그 당나귀는 상인이 키운 당나귀로서 모든 것이 나오면 모두 상인의 것이다.
창의적 해결		보석가게에 다이아몬드를 팔아 돈을 받아서 돈을 나누어 가진다.
소감		저도 정직한 사람이 되어야겠다는 생각이 들었습니다.

3. 그릿(GRIT)을 기르는 교육

1) 그릿(GRIT)

(1) 그릿의 정의

열정이 있는 끈기로 그릿(Growth Resilience Intrinsic Motivation Tenacity: GRIT)은 안젤라 다크워스(Angela Duckworth)교재에서 소개하였다. 실패에 좌절하지 않고 자신이 성취하고자 하는 목표를 향해 꾸준히 정진할 수 있는 능력을 뜻한다. 이는 성공을 이룬 사람들의 특성이라고 할 수 있다.

① 회복력이 강하고 근면하다.

② 자신이 원하는 바가 무엇인지 매우 깊이 이해하고 있다.

(2) 그릿을 기르는 방법

안젤라 다크워스는 그릿을 기르는 방법을 관심, 연습, 목적, 희망 네 가지로 강조한다. '관심 가지기'로 열정은 진정으로 즐기는 데서 시작이 되며, '연습하기'는 어제보다 잘하려고 매일 단련을 하는 종류의 끈기를 말한다. '무슨 일이 있어도 지금보다 나아지는 거야.'라고 생각하는 것이다. 목적을 가지기로는 자신의 일이 중요하다는 확신이 열정을 무르익게 한다. 내 일은 나에게도 타인에게도 중요하다. 마지막으로 '희망 갖기'인데 희망은 위기에 대처하게 해 주는 끈기를 말한다. 바로 다시 일어나는 자세이다. 희망은 관심, 연습, 목적 갖기에서 모두 필요하다.

1926년 콕스(Catharine Cox)의 연구에서 "지능이 최상위권은 아니지만 상위권에 속하면서 끈기가 유달리 강한 이들이 지능이 최상위권이면서 끈기가 다소 부족한 이들보다 크게 성공할 것이다."라고 밝혔다.

① 멀리 목표를 두고 일하고 이후의 삶을 적극적으로 준비하며 확고한 목표를 향해 노력하는 정도를 열정으로 바꿀 수 있다.

② 단순한 변덕으로 과제를 포기하지 않는 성향도 열정으로 바꿀 수 있다.

③ 의지력과 인내심의 정도, 한번 결정한 사항을 조용히 밀고 나가는 결단력과 장애물 앞에서 과업을 포기하지 않는 성향, 집요함, 완강함을 끈기로 바꾸어 쓸 수 있다.

(3) 내 안에서 그릿을 키우는 법

① 관심사를 분명히 하라

개인적인 관심과 일치하는 일을 할 때 직업에 훨씬 만족감을 느낀다. 또한 흥미로울 때 성과를 올린다.

첫째, 아동기는 너무 어리기 때문에 커서 무엇이 되고 싶은지 알지 못한다. 장기간 수천 명을 추적조사한 종단 연구들에 의하면 대부분의 사람들이 중학교에 갈 무렵부터 특정 직업으로 관심이 쏠리면서 다른 직업에 대한 흥미가 없어진다.

둘째, 관심사는 자기성찰을 통해 발견되지 않는다. 오히려 외부세계와의 상호작용이 계기가 되어 흥미가 생긴다. 관심사의 발견과정은 혼란과 우연성이 존재하는 비능률적인 과정일 수 있다.

셋째, 관심사를 발견한 뒤 오랜 시간 주도적으로 관심을 발전시켜야 한다. 처음에 관심이 생긴 후에도 계속 그 일을 경험함으로써 거듭거듭 흥미를 유발하는 일이 대단히 중요하다.

넷째, 관심은 부모, 교사, 코치, 또래 등 여러 지지자들의 격려가 있을 때 점점 깊어진다. 타인이 중요한 이유는 우선 어떤 일이 점점 좋아지는 데 필수요소인 자극과 정보를 계속 제공해 주기 때문이다. 긍정적인 피드백이 우리에게 주는 행복감과 자신감, 안정감은 더욱 명백한 이유가 될 것이다.

현실적으로 초반의 관심은 사그라지기 쉽고 모호하기 때문에 몇 년동안 힘껏 기르며 다듬을 필요가 있다.

② 열정적 끈기를 만들어 주는 교사와 부모의 역할

아직 열정의 대상을 정하지 못한 아이들에게는 하루에 몇 시간씩 부지런히 기술을 연마할 준비가 되기 전에 흥미를 자극하면서 빈둥거릴 시간이 반드시 필요하다. 관심을 발전시키는 데는 시간과 에너지뿐만 아니라 어느 정도의 절제와 희생이 필요하다. 처음에는 누구나 진지하지 않은 초보자였다.

발달 초기에는 어느 정도 자율성도 중요하다. 고압적인 교사와 부모는 아이의 내적 동기를 파괴한다는 것이 입증되었다. 좋아하는 일을 스스로 선택하게 해 주는 부모를 둔 아이들이 관심사를 발견하고 열정으로 발전시켜 나갈 가능성이 높다. 초기에는 격려와 자유 속에서 자신이 무엇을 즐기는지 파악할 수 있어야 한다. 작은 승리와 박수갈채도 필요하다. 약간의 비판과 교정을 위한 피드백도 수용할 수 있어야 한다. 연습도 필요하다. 그러나 너무 일찍 많은 연습이 제공되면 곤란하다. 초보자를 재촉하면 이제 막 올라온 흥미의 싹이 잘릴 수 있다. 한번 잘린 싹을 되살리기는 대단히 어렵다.

③ 교사의 역할

가. 역경을 낙관적으로 해석하는 교사

낙관적인 교사는 수업에 비협조적인 학생을 도울 방법을 계속 찾지만 비관적인 교사는 더 이상 어쩔 방법이 없다고 여긴다. 낙관적인 교사가 투지가 강하고 행복을 느낀다.

나. 낙관적 사고방식을 키우는 교사

칭찬만 하는 교사는 학생들에게 낙관적 사고방식을 키울 수 없다. 칭찬만 받은 학생은 어려운 문제가 나오면 쉽게 포기한다. 그러나 '더 열심히 해야 한다'며 격려하는 교사는 학생들이 어려움에 부딪혔을 때 더 노력하게 하였다. 성장지향적인 사람은 적절한 기회가 주어지고 제대로 지원을 받는다면 그리고 열심히 노력하면서 자신이 할 수 있다고 믿는다면 더 똑똑해질 가능성이 있다.

성장형 사고방식과 그릿을 약화하는 방법	성장형 사고방식과 그릿을 강화하는 표현
너는 타고났어. 마음에 든나.	열심히 배우는구나. 마음에 든다.
적어도 노력은 했잖니?	결과가 안 좋았네. 어떤 식으로 했는지 어떻게 하면 나을지 이야기해 보자.
참 잘했어 굉장한 재능이구나.	참 잘했어. 더 개선할 부분은 뭐가 있을까?
어려운 거야. 설령 못하더라도 상심할 것 없어.	어려운 거야. 아직 못 한다고 해서 상심할 것 없어.
이건 네 강점이 아닌가 보다. 네가 기여할 다른 일이 있을 테니까 걱정하지 마. (스포츠에서는 '장점을 극대화하고 약점을 훈련하라'는 말이 있다. 나도 이 격언에 담긴 지혜에 동의하지만 기술은 연습을 통해 향상된다는 사실을 인식하는 것도 중요하다고 생각한다)	나는 목표기준을 좀 높게 잡아. 같이 그 기준에 도달할 수 있도록 내가 이끌어 줄게.

다. 말과 행동의 불일치를 경계하라

말로 희망을 키워 줄 수도 있다. 하지만 성장형 사고방식의 모범을 보이는 행동, 즉 사람은 학습을 학습할 수 있다고 진심으로 믿는 모습을 행동으로 보여 주는 것이 중요하다.

제임스 볼드윈은 “아이들은 어른들의 말을 새겨 듣는 법은 없지만 어른들의 행동을 모방하는 데는 선수다.”라고 했다. 드웩과 공동연구자들도 부모들이 아이의 실수가 나쁜 문제라도 되는 것처럼 반응할 때 아이가 고정형에 가까운 사고방식을 갖게 된다는 사실을 발견했다. 이들 부모가 스스로 자신이 성장형 사고방식을 가지고 있다고 말했을 때도 결과는 마찬가지였다. 아이들은 우리를 지켜 보고 우리의 행동을 모방한다.

라. 시련에 강한 아이로 키우고 싶다면

니체는 “죽을 만큼의 시련은 나를 더 강하게 만든다”라고 말했다. 대뇌변연계는 전전두엽 피질과 같은 고등정신영역의 규제를 받는다. 아주 나쁜 것이 아니라고 평가하면 ‘진정해, 너무 스트레스 받지 마, 뭔가 대책이 있을 거야’라고 전갈을 보낸다. 내면이 나약한 우등생은 성공하는 법만 알고 실패했을 때 쩔쩔매는 모습을 보인다.

마. 스스로에게 희망을 제시하는 법:

능력에 대한 고정형 사고방식은 역경의 순간 비관적 해석을 낳고, 아예 도전 상황을 회피하거나 포기하는 행동으로 이어진다. 그와 반대로 성장형 사고방식은 역경에 대한 낙관적 해석을 낳고 이는 다시 끈기있게 새로운 도전을 추구하는 행동으로 이어져 결국 더 강한 사람으로 만들어 준다.

④ 내면이 강한 아이로 키우기

가. 그릿을 길러 주는 양육방식

그릿의 기반을 만들어 주는 사람은 부모만이 아니다. 핵가족 밖에는 더 큰 성인사회가 있다. 성인 세대에게는 다음 세대를 길러낼 책임이 있다는 의미에서 우리 모두는 자기 자녀 외의 젊은이에게도 '부모'이다. 우리는 다른 사람의 자녀에게 지지를 보내면서도 요구하는 멘토역할을 해 줌으로써 그들에게 커다란 영향을 미칠 수 있다.

심리에 정통한 교사는 학생들의 삶에 커다란 영향을 미칠 수 있다. 학생들의 행복, 참여, 미래에 대한 기대와 더불어 능력까지 키워 주는 이가 바로 현명한 교사다.

'네게 거는 기대가 크고 네가 그 기대에 부응할 수 있다고 생각하기 때문에 제시하는 비평이야'라는 현명한 포스트잇과, '이 비평들은 보고서에 대한 피드백이야'라는 플라세보 통제조건 포스트잇을 받은 학생들 중 현명한 포스트잇을 받은 학생들이 두 배나 많은 수가 보고서를 수정했다.

포스트잇 메모가 매일 몸짓과 말과 행동으로 보여 주는 애정이나 존중, 높은 기대를 대신할 수는 없지만 이 실험들은 간단한 메시지만으로도 강한 동기부여가 될 수 있다는 사실을 분명하게 보여 준다.

콜먼은 말한다.

> "누군가의 인생을 변화시키는 사람이 꼭 부모여야 할 필요는 없습니다. 그들에게 관심을 기울이고 어떻게 지내는지 살펴준다면 큰 영향을 줄 수 있습니다. 그들의 삶에 무슨 일이 일어나는지 살피고 그것을 견디어 낼 수 있도록 도와주십시오. 제가 직접 경험해 봐서 아는데 그것이 커다란 차이를 가져올 수 있습니다."

나. 그릿을 기르는 운동장

첫째, 부모가 아닌 성인이 맡아서 지도한다. 지지해 주면서도 요구가 많은 사람이면 이상적이다.

둘째, 특별활동은 관심, 연습, 목적, 희망을 기르도록 설계되어 있다. 수영장, 발레연습실, 연주회장, 태권도장, 축구 경기장 등은 그릿을 기르는 운동장이다. 이 세상 모든 아이들에게 스스로 선택한 활동들을 적어도 한 가지씩 시키고 최소 한 가지 활동을 1년 이상 지속하라고 요구한다.

※ 하브루타 활동: 장난과 괴롭힘

주제	장난과 괴롭힘	활동형태	자유선택활동
		활동유형	언어

<table>
<tr>
<td>

활동목표

· 하브루타를 통한 토론을 이해한다.
· 하브루타를 통해 나의 생각과 친구의 다른 생각을 이해한다.
· 하브루타 토론으로 말하기와 듣기를 이해한다.
· 하브루타는 듣기에 배려를 해야 함을 안다.
· 장난을 이해한다.
· 괴롭힘을 이해한다.

활동자료

장난 그림, 아이스크림 그림, 스마트폰, 곰돌이 인형 2개

</td>
<td>

1. 활동 소개하기

1) 장난은 좋은 걸까요? 나쁜 걸까요?
2) 괴롭힌 적이 있나요?
3) 괴롭힘을 당한 적이 있나요?
4) 두 명씩 짝을 지어 보세요.

2. 활동 전개하기

1) 장난은 싫어요. (곰돌이가 다른 친구 머리를 친다.)
2) 왜 싫은지 이야기하여 보세요.
- 손으로 머리를 건드려서 귀찮아요. 간지럽혀서 괴로워요. 발로 툭 툭 쳐서 화나요.
3) 장난은 좋아요
- 친구와 같이 장난을 할 수 있어서 재미있어요.
- 장난하며 놀 수 있어서 좋아요.
- 친구가 장난하는 것을 좋아해요.
4) 이제 장난이 좋았던 친구와 장난이 싫었던 친구는 서로 바꾸어서 이야기해 보세요.
- '괴롭힘'을 선택한 친구들도 같은 방법으로 토론한다.
- 둘씩 짝이 된다.
- 친구가 말할 때는 듣는다.
- 내가 말할 때는 친구가 듣는다.

3. 활동 정리하기

1) 친구들끼리 서로 좋아하는 장난은 신나고 좋아요.
2) 친구가 싫어하거나 괴로워하는 장난은 하면 안 돼요. 이 장난은 괴롭힘이 돼요.
3) 나의 생각과 친구의 생각을 서로 배려하며 집중하여 듣는다. 그리고 능동적으로 말한다.

4. 활동 평가하기

1) 장난은 친구와 함께하지만 좋고 싫을 수 있음을 이해하는지 알아본다.
2) 친구가 싫어하는 장난은 하지 말아야 함을 안다.

</td>
</tr>
</table>

<table>
<tr><td></td><td>
5. 활동 확장하기

장난은 괴롭힘으로 될 수 있으므로 친구에게 장난하는 말과 장난하는 행동을 하지 않는다는 결론을 이끌어내는 하브루타 토론을 이끌어 간다.

6. 가정과 연계하기

부모가 자녀에게 장난을 하더라도 자녀가 싫어하면 멈춰야 함을 인식시키도록 한다. 부모가 자녀가 너무 예뻐서 깨물거나 꼬집었을 때 부모는 장난이지만 자녀는 괴롭힘을 당한 것이라 생각하여 울거나 화내고, 짜증을 낼 수 있으므로 부모와 자녀가 장난에 대한 토론을 함께하여 보는 것도 좋다.

Tip

하브루타로 아이스크림을 많이 먹어야 하는지, 스마트폰을 왜 오래하면 안 되는지 토론해 보는 것도 좋다.
자기 전에 찬성, 반대로 서로 이야기를 나눈 후 결론을 지어 부모와 자녀가 함께 찬성할 수 있는 의견을 종합해 보는 훈련과 반대와 찬성의 의견을 바꾸어서 다른 사람의 의견을 듣고 이해하며 공감하는 훈련이 필요하다.
</td></tr>
</table>

※ 밥상머리 교육 활동: 밥상머리교육

<table>
<tr><th>주제</th><td>밥상머리교육 역할놀이</td><th>활동유형</th><td>언어, 역할놀이</td></tr>
<tr><td colspan="2">

활동목표

· 식사시간에 밥상머리교육을 이해한다.
· 식시오관을 이해한다.

활동자료

소꿉놀이

</td><td colspan="2">

1. 활동 소개하기

1) 옛날부터 사대부집안에서 지켜오던 식사법 중에 '食寺五觀(식시오관)'이 있어요.
① 이 음식을 만들기 위해 들어간 정성을 생각해요.
② 이 음식을 먹을 자격이 있는지 생각해요.
③ 입의 즐거움과 배부름을 탐하지 않아요.
④ 음식이 약이 되도록 골고루 먹어요.
⑤ 인성을 갖춘 후에야 음식을 먹어요.

2. 활동 전개하기

1) 음식을 만들 때 여러분은 어떤 도움을 주나요?
2) 음식을 먹기 위해 마음으로 준비가 되었나요?
3) 내가 좋아하는 음식만 먹은 적이 있나요?
4) 바르게 앉고, 손을 씻고, 모두가 함께 주신 음식에 감사하는 마음을 가지고 있나요?
5) 감사 인사를 하고 먹나요?
6) 집에서 밥상을 차리는 역할놀이와 식탁에서 밥을 먹기까지의 밥상머리교육을 위한 역할놀이를 할 거예요.

3. 활동 정리하기

1) 소꿉놀이를 통해 밥상머리교육이 이루어지도록 한다.

4. 활동 평가하기

1) 식시오관이 제대로 이루어졌는지 평가한다.

5. 활동 확장하기

1) 식사차림과 인사, 예절을 함께하도록 한다.

6. 가정과 연계하기

1) 아침과 저녁식사시간에 밥상머리교육이 이루어지도록 소꿉영역에서 한 식시오관을 가정에서 연습하여 보도록 한다.

Tip

식시오관 외에도 식사시간에 스마트폰을 보지 않는 것에 대한 하브루타 토론으로 식사를 위한 규칙이나 예절을 부모 중심이 아니라 가족이 함께 정한다.

</td></tr>
</table>

※ 그릿을 키우는 활동: 줄넘기놀이

주제	줄넘기놀이	활동유형	신체

<table>
<tr>
<td>

활동목표

· 줄넘기놀이를 통해 그릿을 이해한다.
· 줄넘기놀이로 그릿을 경험한다.
· 목표를 달성하기 위해 그릿을 적용한다.

활동자료

줄넘기, 음악

</td>
<td>

1. 활동 소개하기

1) 음악을 들으며 줄넘기를 할 거예요.
2) 줄넘기로 여러분이 할 수 있는 줄넘기를 해 보세요.
3) 음악을 듣고 여러분이 줄넘기로 할 수 있는 놀이를 다양하게 해 보세요.
4) 오늘은 두 발 모아 뛰기 20번을 할 거예요.

2. 활동 전개하기

1) 줄넘기를 뒤에서 앞으로 넘기고 두 발로 넘어 보세요.
2) 열심히 배우니까 마음에 들어요.
3) 자꾸 발에 걸리는구나. 어떻게 하면 넘을 수 있는지 다시 해 보세요. 두 발을 모아 넘어 보세요.
4) 참, 잘했어요. 더 잘하려면 어떤 방법으로 하면 좋을까요?
5) 어려워요. 아직 줄넘기를 못 한다고 실망하지 마세요.
6) 한 번을 넘으면 두 번 할 수 있어요. 선생님이 도와줄 테니까 다시 해 보세요.

3. 활동 정리하기

1) 줄넘기를 다양한 방법으로 하게 하지만 앞으로 두 발 모아 뛰기 10번이므로 목표를 잡은 대로 할 수 있도록 격려하고 연습을 시킨다.

4. 활동 평가하기

1) 1번을 할 수 있는 아이는 2번 이상을 할 수 있는지 알아본다.
2) 20번 이상을 할 수 있는 아이들을 격려한다.

5. 활동 확장하기

1) 음악을 들으며 걸어가면서 줄넘기를 할 수 있도록 격려한다.

6. 가정과 연계하기

1) 가정에서 아이 혼자 하는 것보다 가족과 함께한다.

Tip

'어려운 일에 도전하기'
앞으로 한 아이는 뒤로 하기에 도전하고, 뒤로 한 아이는 빠르게 뛰는법으로 도전하여 성취감을 맛보게 한다.

</td>
</tr>
</table>

CHAPTER 7

화와 분노를 다스리기 위한 교육

요즘 뉴스와 신문을 통해 왕따, 폭력, 살인 사건에 대한 기사 거리를 접하는 것은 어렵지 않다. '화가 나서', '분노가 치밀어서'라는 이유로 타인을 살인하고 구타했다고 하지만 자세히 이야기를 들어보면 아주 사소한 것으로 왜 그런 선택을 해야만 했는지 갸우뚱하게 된다.

憤怒(분노)는 噴(뿜어낼 분) - 口 + 忄 = 憤(분)과 끌려가는 여자 노예(奴, 종노) + 心 = 怒(노)가 합쳐진 글자이다. 자신의 생각과 관계없는 원하지 않는 곳으로 끌려가는 여자 노예가 갖고 있는 심정으로 자신의 안전을 위협당하거나 해를 입을 수 있겠다는 두려움에 대한 개인의 지각에 대한 반응이자 일반적이고 정상적인 감정이다.

즉, 분노는 심리적인 내적 욕구인 있는 그대로의 수용, 애정과 사랑이 충족되지 않을 때 뿜어내는 어떤 마음을 의미하며, 이러한 분노는 사랑받지 못하고 있다는 느낌과 자신이 평가 절하되어 가치 있게 대우받지 못하고 있다거나, 거부나 거절을 당할 위협을 느낄 때 발생하는 것으로 분노는 불안정 애착으로 인한 결핍과 부재, 상처와 아픔, 수치심과 불안 등의 부정적인 감정에 대한 방어기제이자 생존 전략으로 일종의 중독이며, 자기 학대이기도 하다.

본 장에서는 요즘 아동들이 화와 분노에 취약할 수밖에 없는 요인들을 생태학적 환경체계를 근거하여 기술하고자 한다.

1. 아동과 환경

1) 아동 자신의 기본 환경

(1) 유전

화와 분노를 잘 느끼는 DNA(유전자)가 있다고는 하나 뚜렷하게 밝혀지지 않았을 뿐만 아니라 명확하게 연결되어 있다는 증거는 없지만 화와 분노의 패턴을 물려받을 수 있다.

(2) 발달 수준

부모를 비롯한 성인들의 도움 없이는 아무것도 하지 못하던 시기를 지나 숟가락을 들고 스스로 밥을 먹기 시작하고, 기저귀를 벗고 대소변을 가리는 시기가 되면서 유아들은 '내가 할 거야', '싫어', '아니야' 등등의 말로 부모에게 자신의 의견을 표현할 뿐만 아니라 사사건건 부모의 의견에 반대하며 자신의 능력을 확인하고 싶어 한다. 즉, 아동의 신체와 활동을 어른들이 통제하면서 화와 분노가 발생하게 된다.

(3) 형제

형제는 가장 좋은 친구이자 경쟁자로서 인생의 전환점을 주는 매개체이다. 몇 번째로 출생했는지, 형제가 몇 명인지 등은 아동에게 영향을 준다. 딸부잣집 아들인지, 아들부잣집 딸인지, 그 아동이 속한 가정에서 부여받은 의미 대우에 따라 아동이 갖는 감정의 수준은 다르다 할 것이다.

(4) 기질

기질은 성격의 타고난 특성과 측면들이다. 타고난 성질이라는 점과 오래 간다는 측면에서 기질은 특질(traits)과 유사하다. 특질과의 차이는 기질이 특질에 비해 정서와 더 연관돼 있다는 것이다. 즉 기질은 차분함, 불안, 긴장 등 구체적인 정서적 특징들과 관련 있고 개인의 일반적인 기분이나 기분 패턴을 나타내는 말로 흔히 쓰인다. 유아동이 갖는 순한 기질, 느린 기질, 까다로운 기질과 같은 기질 특성들은 각각 독립적으로 또는 다른 기질들과 연결되어 아이가 학교나 친구들과 어떤 관계를 맺는지, 또는 가정에서 얼마나 잘 적응하는지에 영향을 미친다.

(5) 영양상태

아이들이 잘 먹고 건강해진다면 아무런 문제가 없다. 그러나 현재 아동이 처해 있는 상황은 잘 먹는 만큼 남은 영양을 소비할 시간이 없다는 것이 문제이다. 이것이 해결되지 않을 경우 스트레스를 느끼며 이를 해소시키기 위해 친구 놀리기, 왕따, 사이버 불링부터 최악의 경우 자해, 자살이라는 나쁜 놀이를 하게 된다.

2) 아동이 머무는 집단: 가정, 교육기관

(1) 가정

아동에게 가장 직접적으로 영향을 주는 집단으로 가정과 교육기관을 꼽을 수 있다. 가정과 교육기관은 아동에게 아동 자신이 의미 있는 사람인지, 유용한 가치가 있는 사람인지 등 자신의 가치 수준을 알게 하며 아동이 어떻게 행동해야 인정을 받고 자신의 욕구를 충족할 수 있을 뿐만 아니라 소속될 수 있는지 방법을 알려 준다. 따라서 두 집단에서의 상호작용 경험은 아동이 자신에게 발생하는 화와 분노를 긍정적으로 또는 부정적으로 표현하는 데 영향을 준다.

① 가족형태의 변화

시대적·사회적 변화에 따라 대다수의 가정이 핵가족화되었으며 기러기가족, 다문화가족, 재혼가족, 한부모가족, 병리가족, 조손가족 등 다양한 형태의 가족이 발생하였다. 과거 확대가족사회에서는 부모가 역할을 하지 못할 경우 아동에게 가정 내 있는 의미 있는 어른이 이를 대신하였지만 지금은 그 역할을 기대하기 힘든 상황이다. 특히 적절한 역할을 하는 한부모가족보다 아버지와 어머니가 모두 있다 하더라도 그 부모의 역할을 제대로 하지 않는 병리가족이 아동의 분노와 화를 유발하는 더 위험한 환경일 수가 있다.

② 부모자녀 간의 기질과 태교

부모와의 긍정적인 애착관계 형성에 큰 영향을 주는 요인으로 부모자녀 간의 기질과 태교를 들 수 있다. 만약 인생이 시작되는 태내와 최초의 사회적 집단인 가정에서 아동이 긍정적인 경험을 하지 못했다면 타인과의 관계에서도 좋은 관계를 맺을 수 없기 때문에 '나만 미워해', '왜, 나만 가지고 그래' 등등 자신과 타인의 정서감정을 정확하게 해석하지 못해 오해하고 생긴 열등감과 소외감으로 인해 화와 분노를 느끼기 쉽다.

③ 부모의 분리와 무관심: 사회적 환경의 변화

아동들은 부모의 맞벌이, 교육에 따른 기러기가족 등 사회적 환경의 변화에 따라 의도하지 않은 분리를 겪고 있으며 부모와의 분리는 부적응 행동의 근원이 되기도 한다. 과거에는 아동의 성장과정을 지켜보는 의미 있는 성인이 있었기 때문에 아동에게 문제가 생겨도 해결할 수 있는 방법을 빨리 찾을 수 있었다. 그러나 요즘에는 그러한 환경이 아동, 부모 모두에게 주어지지 않았기 때문에 아동의 문제, 부모자녀관계가 악화된 후 발견하는 경우가 많다.

④ 양육태도

부모가 어떤 양육태도와 행동을 보이느냐에 따라 자녀와의 관계를 풍부하게 할 수도 있고 악화시킬 수도 있다. 부모들이 자녀가 현재 살고 있는 시대에 맞는 양육을 하고 앞으로 살아갈 시대에 잘 적응할 수 있도록 준비해 주는 양육을 한다면 문제가 발생하지 않는다. 그러나 대부분의 부모들은 자신의 부모로부터 받은 양육방식으로 자신의 자녀들을 양육한다. 인생의 경험이 적고 경제적 독립이 되어 있지 않은 아동들은 부모의 말을 들을 수밖에 없어 그로 인한 자녀와의 갈등은 불 보듯 뻔하고 이 과정에서 신체, 언어, 정서 및 성적 학대와 같은 문제를 발생시킬 수도 있다.

(2) 교육기관

① 교육과정의 변화

교육과정은 학교와 같은 교육기관에서 교육목표를 달성하기 위한 다양한 교육 활동의 기준을 체계적으로 선정·조직한 계획된 문서이며, 나아가 이를 실행하는 과정과 성취한 결과를 포함하는 일련의 총체적 과정으로 '개인과 공동체의 지속 가능한 발전'을 위해 공식적 제도(법, 행정, 기관, 시설과 설비, 예산 등)와 비공식적 문화(관례, 전통, 역사 등) 속에서 구현될 수 있도록 그 시대와 정부가 요구하는 목표를 포함하고 있다. 예를 들어 1979년의 2차 교육과정과 1981년 3차 교육과정은 각각 국가발전을 위한 주체의식 확립 및 사명감인식, 민주복지정의 사회의 건설에 적극적으로 이바지하는 자주적·창의적 국민육성을 교육목표를 삼고 있는 반면, 1998년 발표한 6차 교육과정에서는 세계화, 정보화, 시대를 주도할 자율적·창의적인 한국인 육성을 교육 목표로 하고 있다. 즉 민족, 국가, 공동체의 발전을 위한 목표로 교육을 받은 부모세대와 나·개인의 창의성과 자율성을 강조하는 교육을 받은 자녀 간의 갈등은 이미 기본적으로 내재되어 있다고 볼 수 있는 것이다.

② 교육환경의 변화

가. 학습수준

예전에는 초등학교에 입학해서 한글을 배우기 시작했다. 지금은 아기가 태어나는 순간부터 한글, 숫자스티커와 포스터가 집안 곳곳에 붙여진다. 아이의 뇌 발달에 맞는 학습준비도 수준과 관계없이 어른에 의한 교육폭력이 시작되는 것이다. 어떤 아이에게는 이러한 학업 노출이 즐거울 수도 있지만 학습 준비가 되어 있지 않은 대다수 많은 아이들은 부모의 기대를 충족시켜야만 하는 심리적 부담감을 갖게 되며 이는 부당한 교육적 학대이다.

나. 교구

아동이 장난감을 가지고 노는 활동은 단순히 노는 것에 그치지 않고 아동 자신의 인지, 정서, 사회적 능력을 향상시키는 기회이자 스트레스를 해소하기 위한 행위이다. 교육기관 및 교육관련 기관에서는 아동에게 장난감을 공유하게 하고 그 장난감을 가지고 놀려면 기다리라고 말하며 양보하게 한다. 그러나 아동들은 가정에서 수많은 장난감을 가지고 놀았고 심지어는 학교에서보다 더 좋은 장난감을 가지고 있다. 그런 상황에서 자신이 놀고 싶은 욕구를 참고 친구에게 양보하고 공유하고 기다리는 것은 많은 스트레스를 유발하고 부정적 감정을 갖게 하는 원인이 된다.

3) 아동이 속한 세계-주거, 사회, 대중매체

(1) 주거문화의 변화

단독 주택에서 아파트, 빌라로의 거주 등 주택형태 변화는 아동의 일상과 정서를 바꿔 놨다. 과거 아이들은 자신의 집에서 시간관계 없이 마음껏 소리 지르고 뛰어다닐 수 있었지만 아파트나 빌라 등 공동주택으로 거주지의 유형이 변한

다음부터는 아동의 신체적 자유가 모두 박탈되어버렸다. 자신의 능력을 향상시키기 위해 표현해야 하는 발달 단계에 있는 아동들이 억압을 당하는 상황에서 부모와 자녀 간의 갈등이 심화될 수밖에 없다.

(2) 사회의 변화

2000년대 전까지는 아동의 잠재력을 믿고 때가 되면 다 알고, 때가 되면 다 할 수 있다며 아동의 성장을 기다려 주는 관용적인 분위기였다. 그러나 현대 사회는 아동의 성장을 기다려 주지 않는다. 태어나기도 전부터 태내교육을 시작하여 옹알이도 하지 않은 영아에게 영어를 비롯한 여러 외국어를 들려주는 학습을 시작한다. 이해하는 것과는 무관하게 무조건적인 습득이 가능했던 스펀지 시기에는 천재소리를 들으며 귀염을 독차지하던 유아들은 유아교육기관이나 유아교육관련기관의 인지학습내용을 이해하지 못하는 자신의 열등한 모습을 보며 심리적 갈등을 겪게 되고 자신의 행동을 결정하게 된다. 자신의 인지적 무능력을 감추기 위한 일련의 부적절한 행동인 친구 꼬집기, 교실 돌아다니기, 소리 지르기 등의 행동을 하게 되는 것이다.

(3) 대중매체의 변화

TV 채널을 돌리면 해외 여행하는 사람들, 고급 식당의 음식을 먹는 사람들, 큰 평형의 아파트에서 사는 사람들, 값비싼 옷과 자동차를 사용하는 사람들이 나온다. 대다수의 사람들은 이러한 화면을 보면서 상대적 박탈감을 느끼고 감정적 갈등을 겪는다. 특히 아동들은 장난감, 특정 브랜드의 옷, 신발 등을 소유할 수 없는 경우 분노를 느끼게 되고 이러한 감정을 적절하지 않은 방법으로 또래 친구들에게 퍼부어 스트레스를 해결한다. 그중에 하나가 사이버 불링(cyber bullying)이다.

사이버 불링은 가상공간(cyber) + 집단 따돌림(bullying)의 합성어로 온라인에서 이뤄지는 피해로 부모나 학교에서 쉽게 알 수 없는 것이 특징이며, 카카오톡 단체 대화방에 특정 학생을 초대하며, 단체로 욕설을 하고 탈출하면 가해자들은 지속해서 방으로 초대해 온갖 욕설 퍼붓는 카톡 감옥, 피해학생을 초대한 뒤 방에 있던 사람들은 일순간에 퇴장해 버리는 온라인 왕따와 특정학생에게 게임 속 아이템을 대신 구매하라 강요하고 구매할 때까지 지속하는 아이템 셔틀이 있다.

2. 분노

분노는 기쁨, 분노, 슬픔, 무서움의 감정 중 하나로 우리에게 필요한 정서이다. 우리 사회는 분노를 '표출해서는 안 되는 감정', '나쁜 감정' 이라고 간주하지만 분노가 주는 장점도 있다.

1) 분노의 기능적 역할

분노는 우리가 중요하게 생각하는 사람, 물건, 생각 등을 파괴할 수도 있지만 보호하고 있기도 하다. 우리가 분노할 때는 스트레스 호르몬 중 하나인 노르아드레날린이 분비되는데, 부신으로부터 혈액으로 방출되며 교감신경의 신경전달물질로 작용한다. 노르아드레날린이 분비되면 주의와 충동성이 제어되고 있는 인간의 뇌 부분에 영향을 미치는데, 그 결과 주의와 충동성이 제어가 안 되며 아드레날린과 함께 복합적으로 반응하여 교감신경계를 움직이면서 지방으로부터 에너지를 방출하게 한다. 이 에너지는 좋은 방향으로 쓰면 개인의 성공과 성장에 도움을 줄 수 있다. 반면 지나친 에너지 표출은 자신뿐만 아니라 타인과의 관계에 부정적인 영향을 미치기도 한다.

2) 분노의 개념

분노는 다혈질적인 성격으로 인해 우발적으로 발생하는 충동적인 분노 폭발형 또는 충동형과 자신의 의사를 분노로 표현하는 것이 효과적이라고 인지하고 분노를 표현하는 것이 습관화되어 유사한 상황이 되면 반복적으로 표출하는 분노 폭발형이 있다.

(1) 본능적 분노

폭력이나 상처에 대한 동물적이고 본능적인 반응이다. 이런 분노나 분개는 아이와 어른은 물론, 동물들에게서도 나타난다. 이는 자신에게 육체적 고통이 주어졌을 때 즉각 나타나는 반응으로, 도덕적 성찰이 개입되지 않는다. 본능적 분노는 자신을 보호하려는 본능에서 유발되며 여기에는 어떤 성찰이나 윤리적 숙고도 개입되지 않는다.

(2) 성찰적 분노

어떤 잘못된 행위에 성찰적·도덕적으로 분노하는 것이다. 본능적 분노에 머물지 않고 분노의 원인을 사유하면서 그 분노가 과연 정당한지, 왜 그러한 분개의 감정을 품게 되는지 성찰하고 난 후에 생기는 분노다. 따라서 성찰적 분노는 본능적이고 즉각적인 분노와는 달리, 어떤 사건이나 누군가의 행위에 대한 부당함, 불의함, 불공평함 등의 윤리적 판단을 반영한다. 누군가가 '고의적 행동'으로 한 개인이나 집단이 부당한 피해를 입었을 경우에 한해 성찰적 분노가 생긴다. 인간으로서의 자긍심이 파괴되고 안녕이 위협을 받으면 인간은 성찰적 분노를 하게 된다. 그런데 고의적 행위로 피해를 입었다고 해서 모두 동일한 성찰적 분노로 연결되지는 않는다. 피해자가 인식하는 데 따라 성찰이 없는 경우도 있다. 또 피해가 일어난 구체적 정황에 따라 피해 상황에 대한 성찰적 분노 유무나 반응이 매우 다를 수 있다.

(3) 파괴적 분노

파괴적 분노는 본능적 분노나 성찰적 분노가 지나치게 커짐으로써 증오-원한-복수로 전이되는 것이다. 이렇게 변모되는 분노는 반(反)종교적이며, 반(反)도덕적이다. 이런 파괴적 분노야말로 용서와 양립할 수 없다. 성찰적 분노와 파괴적 분노를 혼동하는 경우가 많은데 두 분노의 근본적 차이를 아는 것이 중요하다. 성찰적 분노는 '부당한 행동'이라는 행동 자체에 초점을 맞춘다. 반면에 파괴적 분노는 부당한 행동보다는 '행위자'를 향한다. 즉 부당한 행동을 한 사람에 대한 적개심과 증오로 전이된다. '나는 당신을 증오한다.'라는 표현은 가능하지만, '나는 당신을 분노한다.'라는 표현은 어법에 맞지 않는다. 이런 맥락에서 볼 때 '나는 당신의 행동에 분노한다.'라는 표현이 적절하다.

3) 분노의 성격

분노는 자기안정감이 위협을 느낄 때 발생하며, 내 목표나 목적이 방해받았을 때, 화나게 하는 확실하고 분명한 대상이 있을 때 분노한다. 분노의 성격은 아래와 같다.

(1) 분노는 누군가와 상호작용한 결과이다

우리가 화를 내는 경우 혼자 있으면서 화를 내는 경우는 드물다. 누군가가 자신의 뜻대로 하지 않거나, 일이 잘못되는 경우 등 누군가와의 상호작용에서 불만족이 쌓이는 경우가 대부분이다. 예를 들어 여름에 더운 것은 자연현상이기 때문에 화를 낼 상황은 아니다, 그러나 그 더운데 에어컨을 사용하지 못하는 상황이라면, 그것도 그 에어컨을 자녀가 고장을 내서 내가 그 찜통 같은 더위를 스스로 이겨내야 하는 상황이라면 누군가로 인해 피해를 입는 상황이기 때문에 분노가 발생하는 것이다.

(2) 분노는 작은 불평불만이 불씨가 된다

분노가 상호작용의 결과라면 그 분노가 표출되는 상황이 있다. 그 분노가 표출되기 전까지는 스스로 감당이 되기 때문에 참거나 그냥 지나치지만 한두 번 지나치고, 감당가능하기 때문에 봐주는 것은 바로 불평불만을 쌓아두는 것과 같다. 그것이 바로 불씨가 된다. 사람이 화를 낼 때 한 가지 이유로 화를 내지 않는다. 처음에는 차분하게 대응을 하며 바로 싸우자는 식으로 분노하는 사람은 적다.

(3) 분노는 사용할수록 커진다

분노는 몸의 반응으로 생화학적 반응이다. 분노는 자기장이 되어 상대방에게도 영향을 준다. 상대가 화를 낼 때 자신의 심장이 뛰고, 짜증도 나는 것은 자연스러운 신체반응이다, 이런 결과에 동조하며 같이 화를 내거나 짜증을 내게 되는 것으로 분노를 해 본 사람은 특정 상황이 아닐 때도 분노를 먼저 한다. 분노는 마음의 자유와 언어의 자유, 더 나아가 신체의 자유를 빼앗아가서 우리를 지배하여 이성적인 판단을 하지 못하게 한다.

4) 분노 표현방식과 분노의 종류

사람들은 자신의 열등감을 건드렸을 때, 자기의 뜻대로 이뤄지지 않았을 때 본인이 주도권을 쥐기 위해 분노를 표출하게 된다. 첫 번째 형식은 분노 표출로 화가 나면 바로 겉으로 드러내는 것이며 신체적 폭력 행위, 욕설, 비난, 언어 폭력, 모욕 주기 등이 동반된다. 이와 반대로 화가 나 있지만 겉으로 드러내지 않는 것으로 자신의 분노를 자기 내부로 돌리거나 억압 또는 분노 감정 자체를 부정하는 형태의 분노억압이라는 방법도 사용하게 된다. 이러한 분노 억압은 즐거움, 행복과 같은 정적감정을 억압하게 되는데 이러한 정서표출 억제 노력은 인지적 부담으로 작용한다. 마지막으로 화가 난 상태를 자각하고 감독하면서 화를 진정시키기 위해서 다양한 책략을 구사하는 분노조절이 있다. 이 방법은 냉정을 유지하고 상대방을 이해하려고 노력할 뿐만 아니라 적응적 분노표현 행동을 한다.

이러한 분노는 열 가지로 분류할 수 있으며 분명한 것은 한 가지 종류의 분노만 발생하는 것이 아니라 각 개인에게 처해 있는 상황과 기질 등에 따라 중복되기도 하며 나타난다는 것이다.

(1) 돌발성 분노, 총체적 분노(sudden rage)

돌발성 분노는 순식간에 화가 치밀기 때문에 자신의 감정이나 생각, 행동을 스스로 전혀 통제하기가 불가능할 정도로 성격이 돌변하며, 자신도 모르게 갑자기 무의식 중에 발생한다.

돌발성 분노는 몸에서 경고 신호를 낸다. 예를 들어, 말싸움을 하던 중 같이 싸우던 사람이 자신에게 불리하게 되면 '때려 봐 때려 봐, 병신~' 하며 조롱할 때 순간적으로 발생하는 것이다. 그 증상이 잘 나타낸 인물로는 헐크, 지킬박사와 하이드를 들 수 있다.

(2) 잠재적 분노(seething rage)

어느 순간 폭발을 하는 것으로 다년간의 학대로 인한 분노가 발생하여 살인까지 이른다. 특히 상대에게 도덕적인 차원에서 분개하는 경우가 가장 위험하다.

2004년도 도쿄에서 발생한 부모 살인사건은 잠재적 분노가 얼마나 위험한지 설명하는 예로서 그 당시 자녀는 부모를 도와 집안일 돕느라 공부에 집중할 수 없었기 때문에 성적이 하락했는데도 자녀의 아버지는 '공부도 못하는 바보 같은 녀석'이라며 자녀를 조롱했고, 이에 격분하여 부모를 살인한 후 가스를 폭발시키는 분노를 표출한 것이다.

(3) 생존성 분노(survival rage)

사랑하는 사람에 대한 양면적인 감정으로 나타나는 것으로 살아남기 위한 몸부림으로서 자신의 육체적 안위나 생존이 크게 위협받거나 위협받고 있다고 상상을 했을 때 밀려오는 강력한 분노이다. 이 분노에 의해 발생하는 방어적 공격은 위협에 대한 반응으로 두려움과 비슷한 감정이다. 예를 들어, 보고 싶어 전화를 걸었다가 목소리를 듣는 순간 갑자기 과거 자신이 그 사랑하는 사람으로부터 받았던 서러움에 울컥 분노가 치밀어 '꼴도 보기 싫다'고 소리 지르며 끊어버리는 것과 같다.

(4) 체념성 분노(Imptent Rage)

자신에게 중요한 상황을 자기 마음대로 상황이 조절 또는 통제할 수 없고, 누구를 탓할 수도 없을 때, 자신이 중요한 상황에 아무런 영향을 미칠 수 없다는 사실을 참기 힘들 때 나타나는 방향을 잃은 분노이다. 이 분노는 무력감에 의해 촉발되는 엄청난 분노이다. 천천히 쌓이며, 자신의 의지와는 상관없이 통제력을 잃었을 경우 화가 커지기 시작한다. 이런 분노를 하는 사람은 주로 독립성, 자기 결정력, 사생활, 그리고 자제력을 주의하는 성향의 사람들이며 괴로움이 많이 쌓였을 때 먼 산을 향해 삿대질하는 것과 같은 감정으로 터진다.

(5) 수치심에서 비롯된 분노(shame-based rage)

자신이 창피를 당했거나 비난을 당했거나 모욕을 당했다고 느꼈을 때, 상대방이 의도적으로 무시한 것도 아닌데 민감하게 반응한다. 이때 사람들은 초조함, 불안감을 느끼고 욕설을 퍼붓기도 하고 폭력을 사용하기도 한다. 이는 누군가가 나의 허점을 찌르는 듯 하는 느낌이 들 때, 나의 큰 약점을 건드릴 때 자신도 모르게 벌컥 화를 내는 것이다.

이 분노는 당장 그 자리에서 표출되지 않아도 혼자 곱씹다가 점점 치밀어 오르는 특징이 있다. 예로 2014년 부모 살인사건으로 부모를 살해하고도 자기의 앞날 걱정하고 인터넷에서 칼을 주문하기도 하며 '평소 죽이고 싶었다', '환청이 들렸다'고 진술한 경우이다.

(6) 버림받음에서 비롯된 분노(abandonment rage)

외로움, 초조함, 불안감 등을 잘 견디지 못할 때도 분노가 발생한다. 2014년 여자 친구의 부모를 살해한 사건이 그 예이다. 자신의 딸에게 데이트폭력을 행사하는 딸의 남자친구에게 딸의 부모가 항의하자 대학 총동아리 회장이었던 딸의 남자친구는 동아리 회장직을 사퇴하고 휴학한 뒤 여자 친구의 부모를 살인하였다.

또 하나의 예로 1994년도 박한상 사건을 들 수 있는데 100억대 재산 받기 위해 자신의 부모를 살해한 후 집을 방화했는데, 박한상은 1995년 사형 당했고 그 재산은 모두 동생이 상속받았다.

(7) 대리성 분노

대리성 분노는 타인의 감정을 공감하는 것에서 발생하는 감정이다. 자신이 보기에 가장 약한 사람이 불합리한 상황에 맞닥뜨리거나, 화를 내야 하는데 화를 내지 못하고 당하고 있을 때, 본인이 갑갑한 마음에 대신 울컥하게 되는 분노로 다른 사람이 느껴야 할 분노를 대신 느끼는 경우 발생한다.

(8) 책임회피성 분노

현실에서 발생한 상황이 마음에 들지 않아 남 탓을 하는 것으로 '왜 나만 가지고 그래', '당신은 집구석에서 뭐했어?'라는 말로 분노를 표현한다.

(9) 긍정적인 화

어떤 사람이 나를 공격하거나 불합리한 행동을 보이면 그것에 맞게 나오는 화로서 이런 종류의 화는 나를 보호하며, 나의 의사를 관철하는 기능을 한다. 또한 나를 강하게 만드는 이러한 화는 직접적이고 온당하며 원하는 바가 이루어지면 금방 사라진다.

(10) 병리적 분노

유년기에 주어진 고통의 경험과 유년기에 형성된 심리구조 등을 통해 오랜 기간에 걸쳐 형성된 감정으로 자신을 무기력하게 만들고 고통스럽게 만드는 과잉 죄책감이나 자기 처벌의 형태로 나타난다. 어떤 사람에게 잘못했을 때 그것을 인정하지 않으려 하면서 그 잘못을 지적한 사람에게 나쁜 마음을 갖는 분노로 자신의 잘못과 그 결과를 인정하는 대신에 벌컥 화를 내면서 자신의 잘못을 부정하거나 상대에게 책임을 미루는 특징이 있다.

3. 간헐적 폭발장애

억울함, 부당함, 모멸감, 무력감, 좌절감 등은 자신도 모르게 폭발할 수 있는 도화선이 되는 단어들로 자신의 삶과 관련이 있다. 감당하기 힘든 억울한 일, 생각만 해도 창피한 일, 어떻게 하고 싶어도 할 수 없는 일 등을 겪으면서 내면에 형성된 트라우마성 장애로 정식 명칭은 간헐적 폭발장애(Intermittent Explosive Disorder: IED)로 부른다.

간헐적폭발장애는 외상 후 격분 장애라고도 하는데 분노가 발생하면 이성적으로 자기 감정조절이 불가능한 상태가 된다. 상대가 누구든 상관없이 순간적인 분노의 폭발로 사고력이나 판단력이 마비되고 만다. 그 결과 타인을 해치는 등 법적·경제적 문제로 진전되고 있다.

1) 간헐적폭발장애 원인

경험한 부정적인 사건과 직접적인 맥락에서 발생한 현재의 부정적인 상황이 겹쳤을 때 반복적으로 그때 사건의 기억에 몰입하게 될 때 발생한다.

분노조절장애 원인은 크게 신경학적·생물학적 원인, 후천적·환경적 원인, 가족사·유전적 요인 등으로 나뉜다.

(1) 신경학적·생물학적 분노조절장애 원인

뇌손상, 알코올 독성에 의한 뇌 장애, 변연계의 이상이 주원인이다. 또한 높은 안드로겐 수치와 같은 호르몬 요인이 공격적 행동의 요소가 되기도 하며 공격적 행동을 할 수 있는 유전적, 취약성을 타고난 경우 스트레스에 대한 통제력이 선천적으로 약해 분노를 조절할 수 없는 경우에도 발생한다.

(2) 후천적·환경적 분노조절장애 원인

성장기 학대, 부부문제, 이별, 생명의 위협 등으로 심한 정신적 외상을 겪은 사람에게 생길 수 있다. 살면서 억울하고 불안하고 화를 참을 수 없었던 모든 것들이 기억은 희미해지지만 내면의 상처는 어딘가에 쌓여 있어 분노를 촉발하게 된다. 지나치게 과잉보호를 받고 자란 사람들도 성장기에 좌절을 경험하고 이를 견디는 힘을 길러내지 못해 자기조절 능력에 문제가 생길 수 있다.

(3) 가족사 유전적 요인으로 인한 분노조절장애 원인

가족 양상이 전반적으로 폭력적이고 분노를 잘 표출하면 이 또한 유력한 분노조절장애 원인이 될 수 있다.

2) 분노조절장애(IMD) 특징

오랫동안 심리적 감정(분노, 걱정, 실망, 창피, 미움, 원망 등 부정적인 요소)이 누적되어 나타나는 현상으로 다음과 같은 특징을 보인다.

① 사전 징후 없이 순간적으로 분노를 폭발시킨다.

② 지위고하, 남녀노소, 상대 흉기 상태를 불문한다.

③ 주변에 보이는 모든 것이 흉기가 된다.

④ 자신의 부상이나 통증에 무감각하다.

⑤ 살인, 폭행과 같은 강력범죄의 피의자가 된다.

⑥ 정신이 돌아온 후에도 죄책감을 느끼지 않는다.

⑦ 다혈질과 달리 사소한 스트레스로 목적 없이 발생한다.

3) 분노조절장애의 진단 기준(APA, 2016)

① 공격적인 충동을 통제하지 못해서 보이는 반복적인 행동폭발로, 다음의 항목 중 하나를 특징적으로 보인다.

- 언어적 공격성(예: 분노발작, 장황한 비난, 논쟁이나 언어적 다툼) 또는 재산, 동물, 타인에게 가하는 신체적 공격성이 3개월 동안 평균적으로 일주일에 2회 이상 발생함. 신체적 공격성은 재산 피해나 재산 파괴를 초래하지 않으며, 동물이나 다른 사람에게 상해를 입히지 않음
- 재산 피해나 파괴 그리고/또는 동물이나 다른 사람에게 상해를 입힐 수 있는 신체적 폭행을 포함하는 폭발적 행동을 12개월 이내에 3회 보인다.

② 반복적인 행동폭발 동안 표현된 공격성의 정도는 정신사회적스트레스 요인에 의해 촉발되거나 유발되는 정도를 심하게 넘어선 것이다.

③ 반복적인 공격적 행동폭발은 미리 계획된 것이 아니며(예: 충동적이거나 분노로 유발된 행동), 유형적인 대상에만 한정된 것이 아니다(예: 돈, 권

력, 친밀감).

④ 반복적인 공격적 행동폭발은 개인에게 현저한 심리적 고통을 유발하거나, 직업적 또는 대인관계 기능에 손상을 주거나, 경제적 또는 법적 문제와 관련된다.

⑤ 생활연령(chronological age)은 적어도 6세 이상이다(또는 6세에 상응하는 발달 단계 수준).

⑥ 반복적인 공격적 행동폭발이 다른 정신질환으로 더 잘 설명되지 않으며(예: 주요 우울장애, 양극성 장애, 파괴적 기분조절 부전장애, 정신병적 장애, 반사회성 성격장애, 경계성 성격장애), 다른 의학적 상태(예: 두부외상, 알츠하이머병)나 물질(예: 남용약물, 치료약물)의 생리적 효과로 인한 것이 아니다. 6~18세 아동의 경우에 적응장애의 일부로 보이는 공격적 행동을 이 진단으로 고려해서는 안 된다.

4) 분노 조절 방법

분노가 발생하면 이 문제가 정말 나에게 중요한가? (중요성), 내가 이 상황에서 느끼는 분노는 적절한가? (정당성), 내가 분노를 표현하면 현재 상황이 긍정적으로 바뀔 수 있는가? (변경), 마지막으로 다른 사람과 나의 욕구를 균형 있게 고려할 때 내가 분노할 만한 가치가 있는가? (가치)를 고려해봐야 한다. 그런 다음 아래와 같은 방법을 사용하여 분노를 조절한다.

(1) 자신의 감정을 평상심으로 마주한다

의식적 집중을 해야 한다. 이는 분노가 일어나는 상황에서 전조증상이 있는데 자신의 배, 가슴, 목, 관자놀이가 반응을 하는 순간 분노의 호르몬인 노르아드레날린을 의식적으로 생각해 본다. 내 몸이 어디에서 불편함을 느끼는가? 내 몸이 불편해지고 있다는 것을 감지한다면 그 부분이 편안하고 상쾌할 수 있도록 신속하게 그 감정을 멈추면 된다.

(2) 자신의 욕망의 고통을 인정하라

사람이 분노를 하는 것은 그에 해당하는 자신의 욕망 즉 원하는 바가 뜻대로 되지 않을 때이다. "내가 이런 일로 화를 낼 수 없지", "까짓것 별거 아닌데 뭘" 등 대수롭지 않게 넘기는 마음을 가져야 한다. 즉 스스로가 스스로의 분노를 이해하고 지나쳐 가는 자세를 갖는다.

(3) 나쁜 에너지는 내 손해이다

화를 내서 좋은 경우는 거의 없다. 분노는 결국 나쁜 에너지의 표출이므로 표출의 대상이 아니라 피해야 한다.

(4) 분노의 스토리를 바꾸자

화를 내는 자신의 모습을 상상해 보고 자신의 감정을 조절하며 스스로의 의지로 분노를 바꿔야 한다.

(5) 숫자 세기

분노가 발생하면 1부터 10까지 숫자를 차근차근 세어 보며 숫자를 셀 때는 천천히 심호흡을 한다.

(6) 자리 피하기

분노를 느끼는 상황에서 가능한 한 재빨리 벗어나는 것도 일시적인 분노조절장애 증상 치료법에 좋은 방법이다. 분노를 유발하는 호르몬은 15초 내에 최정상에 이른 후 천천히 분해되기 때문에 분노 상황을 벗어나 안전한 장소에서 심호흡을 하면서 '괜찮아, 별 것 아니야' 등과 같이 혼잣말을 하며 나의 마음을 다

독여 준다면 마음의 안정을 찾는 데 도움이 된다.

(7) 나의 관심을 다른 곳으로 돌리기

분노가 발생하는 갈등 상황에 몰입하기보다 가족이나 친구를 만나거나 전화 통화를 하며 주의를 환기시킨다.

(8) 운동하기

분노 발생 시 운동으로 분노 에너지를 소모하면 감정 조절하는 데 도움이 된다.

(9) 도움요청하기

분노가 발생하면 분노를 참기 힘들거나, 분노를 제대로 표현하지 못해 어려움을 경험한다면 전문가의 도움을 받는다.

① 약물 치료

분노조절장애 증상 중 뇌 호르몬 불균형인 정신과적 질환에 의해 분노조절에 문제가 있는 경우는 약물치료가 도움이 된다.

② 심리치료

내면의 상처가 극심한 스트레스 상황에서 나타나는 분노조절장애 증상은 우선적으로 적절한 심리상담과 전문적인 심리치료를 해야 한다.

(10) 합리적·이성적으로 화내기

내가 싫어하는 것 혹은 행동에 대해 상대방에 정확하게 전달하는 방법이다. 이때 최대한 감정을 배제하고 내가 화가 난 이유를 상대방이 이해할 수 있도록 말해야 하며 분노를 대처할 수 있는 방안을 제시할 뿐만 아니라 갈등을 반복하지 않기 위해 다음에 상대방이 대처할 수 있는 방안을 말하는 방법이다.

4. 화와 분노를 다스리기 위한 전략 놀이 활동

※ 활동 1: 나는 나의 감정을 알아요.

주제	화(분노)를 안다.	활동	나는 나의 감정을 알아요.
		활동유형	언어, 미술

활동목표 · 화와 분노의 개념을 안다. · 화와 분노가 발생하는 것을 안다. · 정당하게 화(분노)를 표현하는 방법을 안다. **활동자료** 워크시트지, 사인펜 또는 색연필	**1. 활동 소개하기** 1) 오늘 활동의 이름은 '나는 나의 감정을 알아요.'에요. 2) 내 마음이 어떻게 나타나는지 색칠을 할 거에요. **2. 활동 전개하기** 1) 친구들은 언제 (어떤 말을 들었을 때, 어떤 상황일 때) 화가 나나요? 2) 화나면, 나의 몸 어디에서 '나 화났어!' 하고 신호를 보내오나요? 3) 이 종이에 팔을 벌리고 있는 그림이 있네요.  4) 내가 화나면 어디부터 변하는지 색깔로 표시해 주세요. **3. 활동 정리하기** 1) 나를 화나게 하는 말은 어떤 말인가요? 그 말을 들었을 때 몸 어디에서 신호가 오나요? 2) 화나는 말을 들으면 나의 몸은 어떻게 변하나요? **4. 활동 평가하기** 1) 나는 어떤 말을 들었을 때 화나는지 알고 상대방에게 '나는 이런 말을 들으면 화가 나. 그러니까 이럴 때 이렇게 말을 해 줘'라고 설명할 수 있다. **5. 활동 확장하기** 1) 감정을 그린 그림을 오려 역할 놀이를 한다. **6. 가정과 연계하기** 1) 부모님, 형제, 친구들과 어떤 상황에서 화나는지 이야기 나눠 본다. 2) 화날 때 변화하는 몸의 색깔을 그린 후 이야기 나눠 본다.

※ 활동 2: 너의 감정을 보여 줘

주제	나는 나의 감정을 알아요.	활동	너의 마음을 보여 줘.
		활동유형	언어, 미술

활동목표

- 나의 감정을 안다.
- 자신의 감정을 솔직하게 표현하는 방법을 안다.

활동자료

워크시트지

『화가 나는 건 당연해!』(2003).
미셸린느 먼디 글.
R. W. 앨리 그림.
노은정 역.
비룡소.

『소피가 화나면, 정말정말 화나면』(2013).
몰리 뱅 글·그림.
박수현 옮김.
책읽는곰.

1. 활동 소개하기

1) 오늘 활동의 이름은 '너의 마음을 보여 줘'에요.
2) 나의 속마음을 어떻게 표현하는지 보여 주는 거예요.

2. 활동 전개하기

1) 친구들은 화가 날 때(또는 속상할 때, 기분 좋을 때…)는 언제 인가요?
2) 화가 날 때(또는 속상할 때, 기분 좋을 때…) 친구들은 어떤 표정을 짓나요?
어떤 표정을 하는지 얼굴 안에 그려 보아요.

너의 마음을 보여 줘

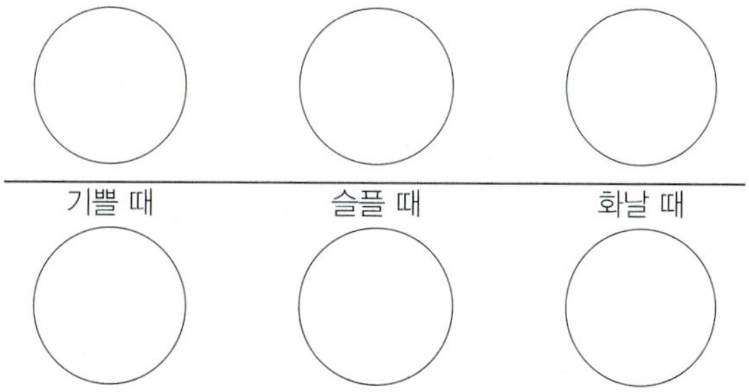

3. 활동 정리하기

1) 왜 마음과 다른 표정을 하나요?
2) 마음과 다른 표정을 하면 어떤 일이 발생하나요?

4. 활동 평가하기

1) 나는 어떤 상황일 때 그런 표정을 짓는지 설명하고 그런 표정을 지을 때는 "~ 나를 대해 줘"라고 설명할 수 있다.

5. 활동 확장하기

1) 동화책 『나, 화났어』를 읽고 나라면 어떻게 표현할지 말해 본다.
2) 정당하게 자신의 감정을 표현하는 방법을 말해 본다.

6. 가정과 연계하기

1) 부모님, 형제들과 각 상황별 얼굴 표정을 그려 보도록 한다.
2) 그린 얼굴 표정을 오린 후 벽면에 붙여 자신의 현재 감정을 알게 한다.

※ 활동 3: 나에게는 많은 감정이 있어요.

주제	나는 나의 감정을 알아요.	활동	나에게는 많은 감정이 있어요.
		활동유형	언어, 미술

활동목표

- 여러 가지 감정에 대해 안다.
- 적절하게 자신의 감정을 표현하는 방법을 안다.

인성 요소

- 존중, 예절, 소통, 정직

활동자료

워크시트지, 도화지, 끈, 사인펜, 테이프, 가위 등

1. 활동 소개하기

1) 오늘 활동의 이름은 '나에게는 많은 감정이 있어요.'에요.
2) 내가 어떤 상황에서 어떤 감정이 드는지, 어떤 얼굴표정을 짓는지 알아볼 거예요.

2. 활동 전개하기

1) 여기에 여러 가지 표정을 지은 친구들이 있어요.

어떤 표정을 짓고 있나요?

2) 친구들이 왜 그런 표정을 짓는지 이야기해 보아요.

3. 활동 정리하기

1) 나는 어떤 상황에서 기쁜(또는 황당한, 화난, 슬픈, 당황한) 표정을 짓나요? 그 표정을 지으면 기분이 좋은가요? 화가 빨리 풀렸나요?
2) 그 표정을 지어 좋았던 점과 나빴던 점을 이야기해 봐요.

4. 활동 평가하기

1) 솔직한 감정 표현으로 친구들의 도움을 받을 수 있다는 것을 안다.
2) 솔직한 감정 표현으로 친구들과 친해질 수 있다는 것을 안다.

5. 활동 확장하기

1) 자신이 원하는 감정의 마스크를 만들어 본다.
2) 감정마스크를 만들어 역할 놀이를 한다.

6. 가정과 연계하기

1) 가족들과 함께 하루 있었던 일을 이야기해 본다.
2) 어떤 얼굴 표정이 많았는지 왜 그랬는지 이야기해 본다.
3) 가족이 원하는 얼굴 표정 포스터를 만들어 본다.

※ 활동 4: 마음의 주사위

주제	나는 나의 감정을 알아요.	활동	마음의 주사위
		활동유형	언어, 신체

<table>
<tr>
<td>

활동목표

- 감정의 종류를 안다.
- 여러 개의 감정이 발생하는 것은 당연하다는 것을 안다.
- 정당하게 화(분노)를 표현하는 방법을 안다.

활동자료

주사위 2개(여러 가지 표정의 그림을 각 표면에 붙인 것), 유성 펜

</td>
<td>

1. 활동 소개하기

1) 오늘 활동의 이름은 '마음의 주사위'에요.
2) 나에게는 어떤 마음이 있는지 알아보아요.

2. 활동 전개하기

1) 우리 친구들은 여러 가지 감정이 있다는 것을 알지요?
2) 우리 친구들 앞에 커다란 주사위가 두 개 있어요. 주사위 표면에 어떤 표정그림이 있는지 볼까요?
3) 두 개의 주사위를 던져 보이는 면의 표정을 보고 이야기할 거예요.

3. 활동 정리하기

1) 어떨 때 기쁜가요? 어떨 때 슬픈가요?
2) 속상하다가도 기분 좋을 때도 있나요?

4. 활동 평가하기

1) 여러 가지 감정이 있다는 것을 안다.
2) 한 가지 감정만 있는 것이 아니라 수시로 감정이 변화한다는 것을 안다.
3) 감정을 올바르게 표현할 수 있다는 것을 안다.
4) 감정을 조절할 수 있다는 것을 안다.

5. 활동 확장하기

1) 주사위를 던져 감정 빙고게임을 해 본다.
2) 같은 감정으로 빙고 판을 먼저 채우는 친구들이 승리하는 것으로 한다.

6. 가정과 연계하기

1) 부모님, 형제들과 감정 주사위를 만들어 이야기 나눠 본다.

</td>
</tr>
</table>

※ 활동 5: 마음의 창문

주제	나는 나의 감정을 알아요.	활동	마음의 창문
		활동유형	언어

활동목표

- 마음의 종류를 안다.
- 마음을 표현하는 얼굴 표정을 찾아낸다.
- 표정을 보고 상대방의 감정을 안다.

창의 요소

인지적 요소-사고의 수렴

인성 요소

- 공감
- 존중, 소통, 공감, 배려

활동자료

워크시트지, 풀, 칠판

1. 활동 소개하기

1) 오늘 활동의 이름은 '마음의 창문'이에요.
2) 내 마음을 창문에 붙여 보아요.

2. 활동 전개하기

1) 친구들은 (어떤 말을 들었을 때, 어떤 상황일 때…) 언제 화가 나나요?
2) 여기 창문과 얼굴표정 종이카드가 있어요.

3) 창문에다 내가 기쁠 때와 속상할 때 얼굴 표정을 찾아 붙여 보아요.

3. 활동 정리하기

1) 언제 나는 기쁜(행복, 짜릿, 흥분…)가요?
언제 나는 속상(짜증, 심술, 슬픈…)한가요?
2) 그런 감정이 들 때는 어떻게 행동하나요?

4. 활동 평가하기

1) 나는 나의 긍정적 감정을 즐길 수 있다.
2) 나는 나의 부정적 감정을 이겨낼 수 있는 방법을 안다.

5. 활동 확장하기

1) 긍정적 감정을 오래 넣어 둘 수 있는 상자를 만든다.
2) 부정적 감정을 없애는 의식(주문, 노래, 손동작 등)을 만든다.

6. 가정과 연계하기

1) 부모님, 형제들과 창문 감정놀이를 하며 각자 감정을 해소하는 방법을 알아본다.

※ 참고자료. 분노장애 테스트

번호	항목	체크
1	자신이 하는 일이 잘 풀리지 않으면 쉽게 포기하고 좌절감을 느낀다.	
2	성격이 급해서 금방 흥분하는 편이다.	
3	타인의 잘못을 그냥 넘기지 못하고 꼭 마찰을 일으킨다.	
4	내가 한 일이 잘한 일이라면 반드시 인정받아야 하고, 인정받지 못하면 화가 난다.	
5	다른 사람들이 나를 무시하는 것 같고 억울하다는 생각을 자주 한다.	
6	화가 나면 주변의 물건을 집어 던진다.	
7	중요한 일을 앞두고, 화가 나 그 일을 망친 적이 있다.	
8	내 잘못도 다른 사람의 탓으로 돌리며 화를 낸다.	
9	분이 쉽게 풀리지 않아 우는 경우도 종종 있다.	
10	게임을 할 때 본인의 의도대로 되지 않으면 쉽게 화가 난다.	
11	화가 나면 상대방에게 거친 말과 함께 폭력을 행사하기도 한다.	
12	분노의 감정을 어떻게 해야 할지 몰라 쩔쩔맨다.	

평가

개수	평가
1~3개	분노조절능력이 가능한 단계
4~8개	분노조절능력이 조금 부족한 단계
9개 이상	분노조절을 하지 못하는 단계

CHAPTER 8

환경교육을 위한 생명교육

환경이란 '생물에게 직접·간접으로 영향을 주는 자연적 조건이나 사회적 상황'과 '생활하는 주위의 상태'를 일컫는다. 즉, 사람과 동식물을 둘러싼 주변의 모든 것을 이르는 말로, 우리 인간들을 비롯한 생명체는 환경의 영향하에서 생존을 하고, 그 대를 이어가고 있는 것이다. 그런데 최근에 들어 우리를 둘러싼 환경에 비상이 걸렸다. 청명한 하늘을 보는 일이 쉽지 않아졌고, 미세먼지와 초미세먼지로 인해 마스크가 불티나게 팔리고 있으며, 가정 내 공기청정기는 필수품이 되어버렸다. 어린 아동들은 밖에서 뛰어노는 일이 일상적이지 않게 되었고, 그 부모들은 이민을 이야기하기에 이르렀다.

인간의 경제적 이윤과 풍요롭고 편리한 삶을 위한 산업화와 근대화는 자연생태계파괴와 더불어 이상기후, 환경오염 등 다양한 환경적 부작용을 가져왔다. 이러한 환경부작용들은 인간 삶의 질을 저하시키고 생존을 위협하기에 이르렀고, 세계 여러 나라와 다양한 분야의 많은 사람이 이를 해결하고자 노력하고 있다(류혜숙·신금호, 2010).

그러나 인간에 의한 환경파괴는(박수종, 1996) 빠른 시간 내에 진행되지만, 환경문제는 짧은 기간 안에 해결될 수 있는 문제가 아니며 한 개인의 노력에 의해서 해결될 수 있는 문제도 아니다(김숙자 · 우신욱, 2014).

환경문제에 대한 국제적인 관심뿐 아니라 국내의 관심에 힘입어 환경교육의 필요성이 더욱 강하게 대두되고 있다. 인간 개개인 모두가 오염원이자 환경문제의 주체가 되기 때문에 개개인의 환경에 대한 의식 구조가 변화되지 않는다면 근본적인 측면에서의 해결이 어려우므로(최돈형, 2005) 환경교육의 필요성이 제기되고 있다고 할 수 있다.

「환경교육진흥법(2018)」 제2조 정의에 따르면, '환경교육'이란 국가와 지역사회의 지속 가능발전을 목표로 국민이 환경을 보전하고 개선하는 데 필요한 지식 · 기능 · 태도 · 가치관 등을 배양하고 이를 실천하도록 하는 교육을 말한다. 즉 환경교육은 교육을 통해 환경에 관하여 아는 것(knowing), 느끼는 것(feeling), 행동하는 것(acting)을 균형 있게 지도하자는 것이다(류혜숙 · 신금호, 2010).

환경교육은 1990년대 이후 초 · 중등학교 교육과정을 중심으로 제도적 바탕이 마련되었고, 사회 환경 교육 분야에도 본격적인 연구와 적용이 일어났다(최석진 외, 1999). 유아교육의 경우, 1992년 고시된 제5차 유치원 교육과정에 이르러서야 환경교육 내용이 각 생활 영역에서 다루어지기 시작하였다. 환경교육은 어릴 때부터 지속적이고 일관성 있게 이루어질 때 환경에 대한 지식, 기능, 가치관 및 태도를 습관화할 수 있으므로 유아들을 대상으로 하는 환경교육의 필요성이 여러 연구들에 의해 지속적으로 강조되어 오고 있다.

유아기는 환경교육의 결정적 시기로 이 시기에 형성된 유아들의 환경에 대한 감각이나 태도는 자연환경에 대한 추후의 학습에 결정적인 영향을 미친다. 또한 유아기에 형성된 가치관, 생활태도, 행동은 그 이후의 삶에 있어서 환경에 관련된 결정을 하는 데에도 직접적인 영향을 미친다(유안진, 1999). 다시 말해, 유아기에 환경에 대한 올바른 인식을 형성하고 환경에 대한 지식과 태도를 형성하여 친환경적 행동을 형성, 실천함으로써 좀 더 친환경적 방식으로 삶을 살아가게 된다는 것이다. 특히, 친환경적 행동은 유아기 이후 습관화가 되어버린 후에는 변화시키기가 더욱 어려워지기 때문에 유아기에 환경에 대한 태도, 지식

그리고 행동 형성이 이뤄져야 할 필요성이 강조되고 있다. 이처럼 유아기에 유아의 환경에 대한 지식과 태도를 향상시켜 친환경적 행동을 형성하는 것은 유아에게 환경문제와 환경보전에 대한 지식과 정보를 제공하고, 그에 관련된 기술을 알려 주는 것보다 환경문제에 관심을 갖고 환경을 보전하고자 친환경적 행동을 실천하는 데 더 효과적인 방법으로 인식되고 있다(류혜숙·신금호, 2010).

유아 환경교육의 연구 동향을 분석한 조형숙·김설한(2011)의 연구에 따르면, 유아들에게 실제적으로 행해지고 있는 환경교육의 실제를 파악하기 위해서는 국가수준의 교육과정인 누리과정의 내용을 분석할 필요가 있다. 이를 통해 현재 유아들에게 행해지고 있는 환경교육의 범주와 내용을 파악할 수 있고, 더 나아가 유아들의 친환경적 인식과 태도를 형성하기 위한 교육의 방향을 제시할 수 있기 때문이다. 따라서 유아들을 대상으로 한 환경교육의 실제를 펼치기에 앞서, 2011년 제정 고시된 만 5세 누리과정에 기초하여 김숙자·우신육(2014)이 정리한 환경 관련 교육의 영역별 교육내용을 파악하고자 한다. 그 내용을 정리하면 다음과 같다.

〈표 8-1〉 환경 관련 교육의 영역별 교육내용

<table>
<tr><th colspan="2">영역</th><th>교육내용</th></tr>
<tr><td colspan="2">자연환경</td><td>· 자연환경과 친숙해지기
· 자연물을 이용하여 활동하기
· 자연환경과 생명체의 관계 알기
· 자연과 구성요소들의 역할 및 특성 알기
· 자연환경이 우리에게 어떤 영향을 주는지 이야기 나누기</td></tr>
<tr><td colspan="2">인공환경</td><td>· 우리가 생활하는 주거환경에 관심 가지기
· 유치원, 집, 동네 등 주변 환경에 관심 가지기
· 다양한 교통기관에 대해 알기
· 생활에 필요한 물건에 대해 알기
· 물건의 변천 과정에 관심 가지기
· 자연환경과 인공환경의 차이점 알아보기
· 인공환경이 자연과 함께할 수 있는 방법 알아보기</td></tr>
<tr><td rowspan="3">인간 활동과 환경</td><td>경제</td><td>· 내가 사용하는 물건이 어디에서 오는지 관심 가지기
· 생활에 필요한 물건이 어떻게 만들어지는지 알기
· 물건이 우리에게 오는 유통 과정 알아보기
· 자연에서 오는 원료에 대해 알아보기</td></tr>
<tr><td>인구</td><td>· 사람이 많이 살고 있는 곳과 그렇지 않은 곳에 대해 이야기 나누기
· 사람들이 많고 적음에 따른 좋은 점과 나쁜 점 알아보기
· 도시와 농어촌지역의 인구 분포에 관심 가지기
· 많은 사람이 살고 있는 지역의 이유 알아보기</td></tr>
<tr><td>소비</td><td>· 물건을 사고 사용하는 것의 의미 알기
· 과장광고의 문제점에 대해 관심 가지기
· 물건을 살 때 미리 계획을 세우는 방법 알기
· 꼭 필요한 물건만 구입하는 습관 기르기
· 친환경제품 구입하는 태도 기르기</td></tr>
<tr><td colspan="2">자원</td><td>· 자원의 의미와 종류에 대해 알아보기
· 우리 생활에 필요한 자원 알아보기
· 자원 낭비에 따른 피해에 관심 가지기
· 자원을 아껴 쓸 수 있는 방법 알아보기
· 에너지가 없다면 어떻게 될지 이야기 나누기
· 집이나 유치원에서 에너지 절약하기
· 대체에너지에 대해 관심 가지기</td></tr>
</table>

<table>
<tr><th colspan="2">영역</th><th>교육내용</th></tr>
<tr><td rowspan="6">환경
오염</td><td>공기</td><td>· 공기의 이로움 알기
· 공기오염의 원인 알아보기
· 공기오염이 우리에게 미치는 영향 알기
· 깨끗한 공기를 만드는 방법 찾아보기</td></tr>
<tr><td>물</td><td>· 깨끗한 물과 더러운 물 구분하기
· 마실 수 있는 물 찾아보기
· 물이 오염되는 과정 이해하기
· 더러워진 물이 사람과 동식물에 미치는 영향 알기
· 물을 아껴 쓸 수 있는 방법 찾아보기
· 물의 오염을 예방할 수 있는 방법 찾아보기</td></tr>
<tr><td>흙</td><td>· 건강한 흙이 주는 이로움 알기
· 동식물이 살 수 있는 건강한 흙에 대해 알아보기
· 흙이 오염되는 이유 찾아보기
· 오염된 흙으로 인해 발생하는 영향 알아보기
· 흙을 깨끗하게 보전하는 방법 찾아보기</td></tr>
<tr><td>폐기물</td><td>· 쓰레기가 생기는 이유에 대해 말해 보기
· 유치원과 집의 쓰레기 종류 알아보기
· 쓰레기가 우리 생활과 자연환경에 미치는 영향 알기
· 분리수거에 대해 알아보기
· 재활용할 수 있는 쓰레기와 재활용표시 알아보기
· 쓰레기를 줄일 수 있는 방법 찾아보기</td></tr>
<tr><td>소음</td><td>· 듣기 좋은 소리와 듣기 싫은 소리 구별하기
· 시끄러운 소리가 나는 곳 찾아보기
· 소음이 왜 생기는지 알아보기
· 소음이 사람에게 주는 피해 알아보기
· 소음을 줄일 수 있는 방법 찾기
· 상황에 맞게 목소리 크기 조절하여 말하기</td></tr>
<tr><td>자연
재해</td><td>· 번개, 천둥, 폭염, 황사, 홍수, 가뭄, 지진, 지구 온난화 등의 자연재해에 대해 알아보기
· 자연재해가 발생하는 원인과 위험성 알아보기
· 자연재해를 예방할 수 있는 방법 알아보기
· 자연재해로부터 스스로를 보호하는 훈련하기</td></tr>
<tr><td colspan="2">환경보전</td><td>· 자신의 물건에 이름 쓰고 정리·정돈하기
· 유치원과 집에서 사용하는 물건 아껴 쓰기
· 자신만의 물건 아껴 쓰는 방법 이야기 나누기
· 물과 전기 등 자원을 아껴 쓰기
· 물건 물려주고 물려받기
· 물건 재활용하기
· 다양한 환경보전방법 실천하기</td></tr>
</table>

영역	교육내용
환경위생	· 위생의 중요성 알아보기 · 청결하지 못한 주변 환경이 주는 피해 알아보기 · 환경오염으로 인해 발생하는 질병에 관심 가지기 · 나의 몸과 주변 깨끗이 하기 · 몸에 좋은 음식과 나쁜 음식 구별하기 · 자연식품과 가공식품을 구별하기 · 음식이 우리 건강에 미치는 영향에 대해 알아보기 · 음식물 남기지 않기 · 친환경적인 음식의 이로움에 대해 알아보기
환경윤리	· 환경에 대한 올바른 태도와 의미에 관심 가지기 · 환경에 대한 올바른 태도 형성하기 · 환경에 대한 소중한 마음 기르기 · 환경을 지키는 사람들에게 감사한 마음을 가지기
지속 가능발전	· 환경에 지속적인 관심 가지기 · 환경과 인간이 더불어 지속적으로 살아갈 수 있는 방법 찾기 · 도움이 필요한 사람들을 위한 환경에 대해 관심 가지기 · 음식, 물, 전기 등이 부족할 경우, 부족한 것을 나누어 사용하고 돕는 마음 가지기 · 놀이를 할 때나 청소를 할 때 같이 하는 것의 좋은 점 알기 · 쓰레기 줄이기, 분리수거 등을 혼자 실천했을 경우와 함께 실천했을 경우의 차이점에 대해 알아보기 · 환경에 대해 가정과 연계하여 지속적으로 습관화하는 태도 기르기
환경에 대한 감수성과 배려	· 아름다운 자연환경 찾아보기 · 집이나 유치원, 동네 등 주변에서 자연환경을 감상한 느낌 말하기 · 아름다운 환경이 왜 사람들을 좋게 해 주는지 이야기 나누기 · 환경을 함께 사용함에 있어 다른 사람 배려하기 · 동식물이 우리에게 주는 이로움 알고 고마운 마음 가지기 · 주변의 동물과 식물이 좋아하는 것에 관심 가지기 · 동식물을 돌보는 바른 방법을 알고 돌보기 · 집이나 유치원에서 기를 수 있는 동식물 기르기 · 멸종 위기에 처한 동물을 알고 보호하기

1. 함께 가꾸는 환경

환경교육은 학습자들의 직접적인 환경, 조건과 경험에서 시작되어야 한다. 인간은 자기 주변의 환경에 대해서는 관심을 가지고 있고, 그 변화에 본능적으로 민감하고 적극적으로 반응하지만, 자기와 심리적으로 거리가 먼 환경, 즉 직접적으로 관계가 없다고 느끼는 환경에 대해서는 무관심하여 반응을 하지 않거나 소극적인 반응을 나타낸다. 즉, 환경교육을 위한 지역화가 필요하며(강영식, 2009), 최근의 환경교육의 방향에 맞게 유아의 환경태도, 지식과 행동을 통합한 실제 자연환경 속에서의 체험적인 환경교육 프로그램의 개발이 필요하다(류혜숙·김명화, 2012).

유아들이 환경태도, 지식과 행동을 습득한다는 것은 환경의 중요성을 인식하고, 일상생활 속에서 환경보존을 위한 실천을 한다는 것을 의미한다고 볼 수 있다. 이를 위해서는 생태철학교육을 통한 가치관의 형성이 이루어져야 할 것이다. 넓은 의미에서의 생태철학은 인간을 둘러싼 환경, 즉 환경오염과 생태계파괴, 개발과 보전 등과 같은 인간의 관심사 내에서 일어날 수 있는 문제들에 대한 철학적 담론인 환경철학(environmental philosophy)과 동일시되기도 한다. 하지만 좁은 의미에서의 생태철학은 생태계 위기문제를 인간중심적 관점에서 벗어나 세계관과 가치관의 전환을 통해 해결하려 한다(철학사전, 2009).

생태철학 교육을 통한 가치관의 형성은 자연스럽게 우리 인간들이 힘을 모아 자연환경을 보호하고, 더 나은 환경을 조성하기 위해서는 '함께' 가꾸어야 한다는 것을 이해하게 될 것으로 기대된다. 따라서 본 장에서는 유아들에게 환경의 중요성과 인간과 자연 간의 공존의 필요성을 인식할 수 있는 그림책을 선정하고, 이를 통해 함께 가꾸는 환경에 대해 생각할 수 있도록 격려하고자 한다.

1)『잭과 못된 나무』를 통한 함께 가꾸는 환경의 중요성 격려하기

『잭과 못된 나무』

- 브라이언 와일드 스미스, 리베카 와일드 스미스 글·그림
  김선애 역. 시공주니어.

『잭과 콩나무』를 패러디한『잭과 못된 나무』는 색채의 마술사라고 일컬어지는 브라이언 와일드 스미스가 자신의 딸과 함께 작업한 그림책이다. 인위적인 환경조작에 대한 경고를 전하는 이 그림책 속 주인공은 여전히 '잭'이다. 단, 소년이 아니라 유전자 조작실험을 하는 박사이다. 박사가 조작유전자 변조 실험으로 만든 나무는 오존층을 뚫어버렸고, 우주괴물들이 나무를 타고 기어 내려와 지구로 다가오고 있었다. 이에 어떻게든 손을 써야겠다고 생각한 동물들은 비상회의를 소집했고, 조작된 나무의 뿌리를 갉아서 완전히 없애버리기로 힘을 모은다. 날마다 동물들이 힘을 모아 이빨로 나무를 물어뜯고, 발톱으로 갉아댐으로써 나무는 마침내 죽어버렸고, 나무를 타고 내려오던 우주 괴물들도 나무와 같이 떨어져 나갔다. 오랜 시간이 지나 시골 마을은 예전의 모습을 되찾았고, 잭 박사는 다시 채소를 기르기 시작했다. 그리고 다시는 실험을 하지 않고서 자연 스스로 알아서 하게 내버려 두었다.

환경문제를 일깨우는 수작으로 평가되는『잭과 못된 나무』를 선정한 이유는 동물들이 함께 힘을 모아 환경문제를 해결하고, 잭 박사는 자연의 상태를 보존하기 위해 채소를 기르는 일에 열중하는 데 있다. 즉, 동물들과 사람이 각자가 할 수 있는 일을 함으로써 자연이 스스로 힘을 갖추고 예전처럼 좋은 환경을 구성할 수 있게 보존한다는 내용에 초점을 두었다. 이 그림책을 통해 유아들은 자연은 지배하거나 사용하는 대상이 아니라 모든 생명체가 함께 힘을 모아 보존하고 가꿔야 한다는 사실을 알 수 있다. 따라서 교사는 유아들이 지구의 모든 생명체가 함께 가꾸는 자연의 모습에 집중하게 하고, 유아 각자가 할 수 있는 일이 무엇인지 생각해서 이야기를 나눌 수 있도록 안내해야 할 것이다.

2) 『노아 박사의 우주선』을 통한 함께 가꾸는 환경의 중요성 격려하기

『노아의 방주』를 패러디한 『노아 박사의 우주선(2012)』은 색채의 마술사가 만든 작품답게 색채가 매우 화려하다. 그림에 유아들이 집중할 수 있게 시선을 모으고 이야기를 전개시킬 수 있는데, 이 그림책 또한 환경의 문제를 다루고 있다. 크고 아름다운 숲은 시간이 흐르면서 변하기 시작했다. 오늘의 우리 환경처럼 공기는 뿌옇게 흐려져 햇빛이 더 이상 나뭇잎을 비추지 못할 지경에 이른 것이다. 불안해진 동물들은 모두 모여서 저마다 힘든 상황을 이야기했다. 그때, 부엉이가 나타나서 우주선의 존재를 알려 주었고, 모두들 노아 박사를 찾아가 함께 우주선이 완성되도록 힘을 모았다. 사람들이 숲에 불을 질러 위급해진 상황에, 우주선이 하늘로 날아올랐고 지구에서 멀어져 갔다. 어느 별에 도착해서 나뭇가지를 조사해 보았는데, 알고 보니 시간을 거슬러 공해로 더러워지기 전의 지구에 도착했던 것이다. 동물들은 노아 박사에게 인사를 하고 즐거운 마음으로 새로운 집을 찾아 떠났다.

한번쯤 누구나 읽어보았거나 들어봤을 노아의 방주 이야기를 패러디한 작품이기 때문에 친근감을 느낄 수 있고, 현재 우리의 공기오염의 문제가 생생하게 그려져 있기 때문에 공감하기 쉬운 내용이다. 또한 오염되기 이전의 지구는 어떤 모습이었는지를 알 수 있고, 자연스럽게 동물들과 공존할 수 있는 지구의 환경 상태에 관심을 기울일 수 있기 때문에 이 그림책을 선정하였다. 이 그림책을 활용하여 동물들이 좋아하는 환경이 곧 사람에게도 좋은 환경이며, 동물들과 사람이 평화롭고 행복하게 살아가기 위해서는 환경오염의 문제는 함께 극복해야 할 문제라는 것을 유아들이 알 수 있도록 교사들은 안내해야 할 것이다.

2. 생명교육과 환경

생태학적 관점이 대두되고 생태의식이 대중에게까지 광범위하게 확산되면서 환경문제를 다룬 문학작품이 등장하고 있다. 이를 생태문학이라 지칭하는데, 생태학적 인식을 바탕으로 인간과 생태계의 문제를 성찰하고 비판하며 새로운 생태사회를 지향하는 문학을 말한다(김용민, 2003). 생태문학 중 어린 유아를 대상으로 하는 생태동화는 자연예찬, 자연의 미덕과 아름다움 묘사, 환경과 생태계의 파괴를 묘사하고 그 파괴의 원인 성찰, 물질문명과 산업사회에 대한 비판, 생명의 존엄성과 더불어 살아가는 공생의 삶에 대한 내용 등을 다루고 있다(지은주 · 유승희 · 조희숙, 2007).

동화는 환경교육에 긍정적이고 효과적인 매체이다. 환경동화의 활용에 대한 당위성을 뒷받침할 학문적 근거들은 많다. 환경교육에 있어 동화는 유아에게 환경을 경험할 수 있게 하고 환경과의 관계를 제공하면서 자연스럽게 흥미를 갖고 접할 수 있는 매체이다. 또 동화를 감상하고 이해하는 것에서 나아가 유아로 하여금 직접 동화 속 주인공의 입장은 물론, 주변 인물들과 주변 환경에 대해서도 생각해 보게 한다(김숙자 외, 2010). 또한 유아들은 이야기를 통하여 단편적이고 분리된 지식이 아니라 통합적인 지식을 획득하며 실생활에 바탕을 둔 자연적인 사실들을 이해하게 된다. 환경동화 역시 유아가 일상에서 겪을 수 있는 경험이나 문제들을 겪는 주인공과 그 주변 상황들과 그것을 해결해 가는 과정들을 통해 우리 모두가 보전해야 할 환경과 지속 가능한 미래에 대해 유아들이 생각해 볼 수 있으며 자신의 삶과 환경을 통합시킬 수 있는 기회를 제공한다. 아름다운 삽화가 곁들여진 유아의 발달에 적절한 질 높은 문학작품을 유아 환경교육의 장에 활용하는 것은 유아들에게 새로운 경험을 제공하고 자연 세계와의 실제 경험의 질을 확장시킬 수 있으므로 매우 유용한 유아 환경교육 접근법이라고 할 수 있다(김정원, 2003).

따라서 본 장에서는 환경동화, 즉 환경을 다루고 있는 그림책을 중심으로 생명교육의 내용과 환경교육의 방향을 진단하고자 한다. 그림책은 김숙자·박세영(2011)의 연구와 류혜숙·신금호(2010)의 연구에서 제시된 것을 중심으로 선정하였다. 구체적인 목록과 내용을 소개하면 다음과 같다.

1) 류혜숙·신금호(2010) 연구에서 선정된 환경 그림책

유아의 환경교육에 관한 지식, 태도, 행동을 바람직한 방향으로 변화시키기 위해 선정한 동화는 어린이도서연구회, 한국어린이문학교육학회, 한우리독서문화운동본부의 추천·권장도서 목록을 참고로 지은주·유승희·조희숙(2007)이 제시한 58종의 동화목록을 참고하였다. 선정된 동화책은 지은주 등(2007)의 연구에서 제시한 분석기준 중 '현대문명 비판', '자연예찬', '자연·생태계 파괴 비판', '생명의 존엄성과 더불어 살아가기' 등 4개 영역에 해당하는 30권 동화를 선정한 후, 분석준거별로 4권씩 총 16권의 동화를 최종 선정하였다(류혜숙·신금호, 2010).

〈표 8-2〉 환경 그림책 목록

번호	분석준거	환경그림책	저자(글/그림)	출판사
1	현대문명 비판	나의 사직동	김서정/한성옥	보림출판사
2		작은집 이야기	버지니아 리 버튼	시공주니어
3		왜?	니콜라이 포포프	현암사
4		우주비행사와 토끼	안순혜	마루벌
5	자연예찬	동강의 아이들	김재홍	길벗어린이
6		사계절	존 버닝햄	시공주니어
7		새벽	유리 슐레비츠	시공주니어
8		숲속에서	김재홍	길벗어린이
9	자연·생태계 비판	비눗방울 기계	장 피에르 기예	다섯수레
10		숲을 그냥 내버려 둬!	다비드 모리송	크레용하우스
11		야, 우리기차에서 내려!	존 버닝햄	비룡소
12		쥐돌이의 파란나라	정연미	문학동네 어린이
13	생명의 존엄성과 더불어 살아가기	신발 밑의 꼬마개미	필립후스, 한나후스	문공사
14		고래들의 노래	다이안 셸든/ 개리 블라이드	비룡소
15		확소 아저씨	권정생/ 정승각	길벗어린이
16		토끼와 늑대와 호랑이와 담이와	채인선/ 한병호	시공주니어

『작은 집 이야기』(1993)

- 버지니아 리 버튼 글·그림. 홍연미 옮김. 시공주니어.

언덕 위에 있는 작은 집은 사계절을 평화롭게 지내던 중 자신의 주변이 점점 도시화되는 것을 보게 된다. 집들이 많아지고 커지면서 고요함도 평화로움도 깨지고, 먼지와 매연, 심한 소음 속에서 계절조차 구분하지 못하게 된다. 도시의 불빛 때문에 달도, 별도 볼 수 없게 된 작은 집은 너무 슬프고 외롭고 더러워져 갔다. 그러던 어느 날 작은 집이 할머니의 집인 것을 알게 된 부부는 작은 집을 도시에서 언덕 위로 옮겨 온다. 작은 집에는 다시 사람이 살게 되었고, 작은 집은 사람들의 보살핌을 받게 된다. 현대문명을 비판하는 내용을 담고 있는 이 그림책은 삭막해져 가는 도시의 모습과 생활을 생생하게 표현하고 있다. 서로에게 관심도 없이 바쁘게만 움직이는 사람들과 계절의 구분도 없이 오늘과 내일이 똑같은 도시의 모습은 자연의 일부인 우리 사람들에게는 결코 행복을 가져다줄 수 없다는 사실을 알게 해 준다.

『동강의 아이들』(2000)

- 김재홍 글·그림. 길벗어린이.

장날 순이와 오빠 동이는 장터에 가신 어머니를 마중하러 강가에 나와 시간을 보낸다. 사진을 찍은 듯 자연을 담은 강물의 모습을 표현한 이 그림책은 동강의 아름다움을 통해 자연을 예찬하고 있다. 그뿐만 아니라 풀과 바위 그리고 물이 어우러져 큰 새와 공룡 등의 형상을 표현하고 있어서 숨은 그림 찾는 재미도 더할 수 있다. 이야기 속 할아버지가 물속에서 빈 병을 건져 올리며 혀를 차는 모습은 자연파괴에 대한 경고를 담고 있기도 하다.

『야, 우리 기차에서 내려!』(1995)

- 존 버닝햄 글·그림. 박상희 옮김. 비룡소.

기차놀이를 하다 잠자리에 든 주인공은 강아지와 함께 꿈 속 기차여행을 떠난다. 코끼리가 올라타자 내리라고 외쳤지만 코끼리가 사람들이 상아를 잘라서 살아남지 못할 거라고 애원하자 함께 여행을 즐기기로 한다. 이어 물개, 두루미, 호랑이, 북극곰이 함께 즐거운 시간을 보내게 된다. 사람들의 무분별한 포획과 환경파괴로 인해 동물들이 멸종 위기에 처한 사실을 표현한 이 그림책은 존 버닝햄이 브라질의 환경운동가 치코멘데스를 기려서 만들었다.

2) 김숙자·박세영(2011) 연구에서 선정된 환경 그림책

환경도서는 광범위하게 분류될 수 있어 그 종류가 많으나, 환경부에서 지향하는 환경관 및 환경교육의 내용을 잘 반영하고 있으므로 '2010년 우수환경도서'를 채택하였다. 환경교육내용이 많이 추출되었던『반짝이는 물을 보았니?』, 『너에겐 고물? 나에겐 보물!』, 『쓰레기가 쌓이고 쌓이면』, 『고사리 손 환경 책』과 같은 환경동화는 지구의 환경에 대한 문제점과 심각성을 이야기하고, 동화의 전개의 마무리는 개인적 차원의 실천방법을 이야기하는 형태를 가지고 있다(김숙자·박세영, 2011).

〈표 8-3〉 환경 그림책 목록

번호	그림책	개요	출판사	저자(글/그림)
1	고사리 손 환경책	아이들이 생활 속에서 손쉽게 실천할 수 있는 환경보호 생활습관 10가지를 알려 줌. 멜라니 월시의 따뜻한 그림으로 놀이하듯 실천 방법을 배우고, 환경에 관련된 정보도 함께 알 수 있음.	웅진주니어	멜라니 월시
2	나야 나, 공기	이산화탄소 발생과정과 이로 인해 이상기후, 지구 온난화 등 환경문제가 생가는 과정을 실감 있게 그리며, '공기'의 소중함과 함께 지구 환경을 생각하고 이산화탄소를 줄여가는 일은 우리의 작은 실천에서 시작되는 것임을 알림.	창비	이현숙/ 송선범
3	너에겐 고물? 나에겐 보물!	고물 할아버지, 쓰레기차, 지구에서 사라진 공룡 등이 등장하여 보물이 되는 재활용의 의미를 전함. 그동안의 생활을 자연스레 되돌아보며 지구 환경을 보호하는 방법을 스스로 실천하도록 함.	창비	허은미/ 윤지
4	무시무시한 버거대왕	버거대왕은 야채를 싫어하는 하마와 두리를 꾀어 몸에 안 좋은 햄버거를 잔뜩 먹임. 버거대왕은 아이들이 뚱뚱해지면 잡아먹을 속셈을 가지고 있음. 그러나 아이들은 버거대왕에게서 도망쳐 사랑이 듬뿍 담긴 엄마의 식탁으로 돌아온다. 우리 몸과 지구를 아프게 하는 햄버거에 대해 생각해 볼 수 있음.	사파리	이미애/ 이주윤
5	반달아, 사랑해	멸종 위기의 반달곰을 살리기 위한 국내 최초의 반달가슴곰 복원 프로젝트. 지리산 반달가슴곰에 대한 생태적 지식과 함께 아기 반달곰을 향한 엄마 반달곰의 눈물겨운 사랑이 뜨거운 감동을 느낄 수 있음.	크레용하우스	유영석, 한소리/ 김윤경
6	반짝이는 물 보았니?	재치 있는 글과 개성 있는 그림으로 사막화와 난개발, 과소비 등으로 인해 물이 부족해진 '지구의 모습'과 그 원인인 '사람의 모습'을 통해 '물'의 소중함을 절실하게 느끼게 하며, 잔잔한 감동과 깨우침을 줌.	창비	조은수

번호	그림책	개요	출판사	저자(글/그림)
7	쓰레기가 쌓이고 쌓이면	15년 동안 쓰레기 문제와 관련된 환경 관련 일을 해 온 국내 전문가가 들려주는 쓰레기 처리 과정과 재활용 이야기. 아이들은 '내가 버린 쓰레기는 어떻게 될까?'라는 궁금증을 풀어가며 쓰레기 문제에 대한 심각성을 깨닫고 재활용과 현명한 소비 습관을 기르게 됨.	웅진주니어	박기영/ 이경국
8	애벌레에서 나비까지	애벌레가 탈피 과정을 거쳐 나비가 되기까지 자칫 딱딱하고 어려운 과학 용어로 표현될 법한 과정을 마치 정원에 푹 파묻혀 있는 듯한 사실적이고 섬세한 그림과 함께 시적 언어로 표현함.	보물창고	조앤 라이더/ 린 체리
9	원래 색깔로 돌려 줘	가을 산책길에서 만난 자연의 아름다움과 소중함을 생각하게 함. 타거의 실수로 더러워진 시냇물을 모두 함께 힘을 모아 다시 복원함. 가을 산책길과 아름다운 숲속 이야기로 자연을 사랑하고 환경을 생각하는 마음을 자연히 기르게 됨.	예림당	K. 에밀리 후타/ 카슨반 오스텐
10	잘 먹겠습니다	'생명을 유지해 주는 음식의 기능과 음식을 골고루 먹는 것이 우리 몸에 어떻게 좋은지 알려 주고, 패스트푸드나 가공식품은 왜 좋지 않은지 등을 알려 주고 보여 주면서 ;잘 먹는다는 것의 의미를 이야기함.	창비	허은실/ 박정섭
11	초록자전거	동이는 초록 자전거 '씽씽이'를 타고 매연과 소음으로 가득 찬 도시를 빠져나감. 동이는 자연을 벗 삼아 놀며 어린이다운 꿈을 꿈. 자전거가 우리 건강은 물론 지구 환경도 지킬 수 있다는 사실을 알려 줌.	사파리	이상교/오정택

출처: 김숙자 · 박세영(2011).

3. 자연 친화적 놀이 활동

일반적으로 자연친화 교육이란 자연과의 조화를 이루고 생명을 소중히 여기며 공동체 속에서 행복하게 어울려 살 수 있도록 하기 위해 자연과 교감하는 교육을 말한다. 즉, 유아들이 자연을 공존의 대상으로 받아들이도록 가능한 한 자연과의 접촉 기회를 많이 제공하는 교육이며, 유아들이 본래 가지고 있는 힘과 능력을 스스로 발휘하고 깨우칠 수 있도록 기다리며 도와주는 교육이다. '자연친화 교육'은 크게 생태학적인 관점과 교육적인 관점으로 나누어 정의할 수 있다(박승순, 2012).

첫째, '생태학적인 관점에서의 자연친화 교육'이란 산업화, 도시화된 생활공간에서 '자연'과 '놀이'와 '아이다움'을 잃어버리고 살아가는 유아들에게 자연과 놀이와 아이다움을 되찾아 주는 데 역점을 두고, 인간과 자연생태계가 공존하는 생태중심 또는 생명 중심의 교육을 말한다(오복희, 2000). 즉, 자연과의 조화를 이루고 생명을 소중히 여기며 공동체 속에서 행복하게 어울려 살 수 있도록 하기 위해 자연과 교감하는 교육이다. 이와 같이 '생태학적 관점에서의 자연친화 교육'은 있는 그대로의 자연을 교사의 의도나 계획이 들어가지 않은 상태에서 유아들이 접할 수 있도록 하는 것만으로도 의미가 있다고 본다.

둘째, '교육적인 관점에서의 자연친화 교육'이란 유아들이 자연을 공존의 대상으로 받아들이도록 가능한 한 자연과의 접촉기회를 많이 제공하는 교육이며, 유아들이 본래 가지고 있는 힘과 능력을 스스로 발휘하고 깨우칠 수 있도록 기다리며 도와주는 교육이다(임재택, 2008; 정혜란, 2001). 즉, 유아가 자연을 하나의 생명으로 인식하고 직접 경험함으로써 자연과 상호적인 교류를 통해 전인적인 발달을 이루도록 하는 교육을 말한다. 김현주 등(2007)도 자연친화 교육을 자연과의 교류와 체험을 일상화하는 교육적 접근을 통해 자연의 가치를 인식하고 서로 간의 관계를 이해함으로써 공존적 삶의 태도와 실천 능력을 기르는 인성교육을 기본으로 하는 통합교육이라고 말했다(김현주 외, 2007).

이와 같이 인간과 자연의 상호의존적 관계를 인식하고 자연 친화적 삶의 방식을 추구하기 위한 자연친화 교육의 기본 방향을 박성혜(2008)는 자연 친화적인 태도를 형성하는 것 등의 환경 친화적 태도를 형성하여 자연에 의존함과 동시에 자연을 돌보고 배려하고 베푸는 '전인적인 인간'으로 성장하게 하는 데 관점을 두었다. 즉, 자연생태계를 바르게 이해하는 것, 인간과 자연의 상호의존적인 관계에 대한 인식을 증진시키는 것, 주변 자연환경과 생태학적 생활방식을 갖게 하는 것, 자연 친화적인 태도를 형성하는 것 등이다(박승순, 2012).

조형숙(2005)은 다양한 자연친화 교육을 통해 우리 사회가 직면하고 있는 생태계의 위기, 전쟁, 지나친 경쟁심과 이기심, 개인주의, 개인의 도구화 등이 가져온 비인간적 폐해를 극복하고 인간 상호 간에 인간과 자연과의 보살핌과 배려를 근간으로 하는 관계망을 형성함으로써 공동체적 삶의 근간을 형성할 수 있다고 하였다. 자연 친화적 유아교육은 유아의 제 발달영역에서 긍정적이며 효과적이라는 점이 입증되고 있다. 자연 친화적 교육환경은 유아에게 긴장과 억압으로부터 해방감을 느끼게 하며 또래 간 상호작용 기회를 증진시켜 친 사회적 행동을 학습하는 데 도움을 준다(이수민, 2005).

양옥승(2001)은 유아에게 적합한 자연친화 교육의 내용을 '자연에 대해 관심 가지기', '자연에 대해 체험하기', '자연 친화적 태도 가지기'의 세 영역으로 구성했다. 자연에 관심을 가지고 탐구하는 것은 자연의 세계를 이해하는 데 도움이 되며, 자연에 대해 체험하는 것은 자연과의 직접적인 경험을 통해 생태계의 위기를 인식하고, 이를 극복하기 위한 기술 습득 및 실천적 능력을 도모하는 것이다. 이를 토대로 자연 친화적 태도 가지기는 유아들에게 자연의 삶을 일부로 받아들이고 자연과 더불어 생활하는 태도를 형성하는 기반을 제공한다고 했다.

이은숙(2006)은 자연과의 직접적인 경험을 통한 자연친화 교육의 방안으로 세 가지를 제시하였다.

① 유아들이 유치원 밖으로 직접 찾아가 자연을 체험하는 것으로, 주변 숲이나 공원 등으로 가능한 한 매일 산책을 가는 것을 포함한다.
② 유치원에서 자연을 만난다. 유치원 내에 텃밭이나 동물 사육장, 꽃밭 등을 만들고 유아들이 직접 유치원에서 식물을 재배하거나 동물을 사육해 보는 경험을 해 볼 수 있도록 도와주는 방법을 의미한다.
③ 교실 안으로 자연을 가져온다. 완전한 자연을 가져오는 데는 한계가 있지만 자연물을 전시하거나 화분 등을 이용하여 자연을 상세히 관찰하고 만날 수 있도록 도와주는 것이다.

김은지(2009) 또한 실제로 보고, 만지고, 느끼는 감각기능 향상 프로그램, 환경보존 의식과 자연을 소중히 하는 생활태도와 습관을 형성할 수 있는 프로그램, 우리 것의 소중함을 알게 하는 프로그램 등 자연 속에서 전통적인 의미를 강조한 프로그램도 있다고 하였다. 임재택(2008)은 계절의 변화에 따른 생활의 주기성을 알고 조상들의 삶의 지혜를 깨닫게 되는 세시 풍속 프로그램, 자연물과의 다양한 체험활동을 할 수 있는 산책 프로그램, 직접 가꾸고 수확하고 요리하여 먹어 보는 경험을 통해 유아 자신이 가지고 있는 지식, 개념, 경험 등을 자유롭게 펼칠 수 있는 바깥놀이 프로그램 등으로 구분하기도 했다.

우리나라의 숲 체험활동 프로그램을 통해 실제적인 유아들의 놀이 활동을 계획하는 데 참조할 수 있을 것이다.

1) 숲 체험활동

본 장에서는 유아의 자연 친화적 태도에 긍정적인 영향을 미치고, 유아의 과학적 탐구능력에 효과가 있다고 보고한 유승우 · 채영란(2014)의 숲 체험활동 프로그램을 중심으로 살펴보고자 한다.

〈표 8-4〉 숲 체험활동 프로그램

주차	생활 주제	활동	환경교육 내용	활동내용
1주	건강과 안전	쓰레기를 깨끗이 치워요	환경오염: 쓰레기	숲속 탐색, 숲에 쓰레기를 버리면 어떻게 될지? 쓰레기 분리수거와 쓰레기를 줄이고 일회용품을 사용하지 않는 방법 이야기
2주		음식물 쓰레기	환경오염: 음식물 쓰레기	숲에서 자유롭게 놀이하기, 숲의 동식물은 무엇을 먹고 살까? 우리가 먹는 음식·음식물 쓰레기 줄이기에 대한 토론
3주		깨끗한 흙이 안전해요	토양오염	숲의 나무를 관찰하고 흙의 중요성과 오염원인, 나무의 소중함 알기
4주		숲은 안전한 방음벽	환경공해: 소음	숲에서 나는 소리 들어보기, 아름다운 소리와 소음에 대해 알아보기
5주	환경과 생활	물이 없다면 살 수 있을까?	자연자원: 물	숲에서 자유롭게 놀이하기, 숲에서 물의 역할, 물의 오염, 물의 순환, 물은 필요한 만큼 사용하기
6주		숲은 공기를 정화해요	자연자원: 공기	숲속 환경 탐색하기, 산책하며 맑은 공기 마시기, 공기의 소중함, 공기 오염에 대한 이야기
7주		나무가 종이가 돼요	자원절약	나무가 종이가 되는 것처럼 숲에는 여러 가지 자원이 있다는 내용의 이야기, 자원절약 방법에 대한 토론
8주		숲은 동식물의 보금자리예요	자연보호	숲이 우리에게 주는 이로움이 무엇인지? 숲이 없다면 어떻게 될까? 숲을 아끼고 보존할 수 있는 방법 이야기

출처: 유승우·채영란(2014). 숲 체험활동을 통한 환경교육이 유아의 친사회적 태도 및 과학적 탐구능력에 미치는 효과. 한국교육문제연구, 32(4), 201-222.

※ 환경교육을 위한 생명교육 활동 1: 자연친화적인 나의 집 만들기

<table>
<tr><td rowspan="2">주제</td><td rowspan="2">자연 친화적인 나의 집 만들기</td><td>활동형태</td><td>소집단 활동</td></tr>
<tr><td>활동유형</td><td>조작/미술</td></tr>
<tr><td colspan="2">

활동목표

· 작은 집이 행복한 환경에 대해 설명할 수 있다.
· 자연 친화적인 집을 만들 수 있다.
· 친구의 집과 같은 점과 다른 점을 비교하여 설명할 수 있다.

활동자료

집 만들기 재료(마분지, 골판지, 크레용, 풀, 가위 등)

『작은 집 이야기』(1993).
버지니아 리 버튼 글·그림.
홍연미 옮김.
시공주니어.

</td><td colspan="2">

1. 활동 소개하기

그림책 『작은 집 이야기』를 읽어 준 후, 작은 집이 처했던 환경에 대해서 이야기 나눈다.

2. 활동 전개하기

재료들을 이용하여 자연 친화적인 나의 집을 만들게 한다.

3. 활동 정리하기

아동이 만든 집이 어떻게 자연 친화적인 것인지 설명하게 한다. 그리고 친구의 집과 비교하여 비슷한 점과 다른 점을 비교하여 말하게 한다.

4. 활동 평가하기

활동목표에 따라 아동들이 활동을 수행했는지를 평가한다.

5. 활동 확장하기

집 주변을 자연 친화적으로 꾸미게 한다.

6. 가정과 연계하기

가정에서 공기의 질 개선과 소음을 방지하기 위한 방법에 대해 알아보고, 아동이 꾸민 집을 보완하여 전시한다.

</td></tr>
</table>

※ 환경교육을 위한 생명교육 활동 2: 멸종위기 동물 만들기

주제	멸종위기 동물들 만들기	활동형태	소집단 활동
		활동유형	조작/미술

활동목표

- 각 도형의 명칭을 말할 수 있다.
- 각 도형의 형태와 특징을 변별할 수 있다.
- 색종이로 각 도형을 만들 수 있다.

활동자료

색종이와 가위, 풀

『야, 우리 기차에서 내려!』
(1995).
존 버닝햄 글·그림.
박상희 옮김.
비룡소.

1. 활동 소개하기

그림책 『야, 우리 기차에서 내려!』를 읽어 준 후, 각 동물들이 기차에 타려는 이유에 대해서 이야기 나눈다.

2. 활동 전개하기

색종이를 접어서 각 멸종위기의 동물들을 만든다.

3. 활동 정리하기

멸종위기 동물들의 특징에 대해서 알아보고, 왜 위험에 처했는지에 대해 이야기 나눈다.

4. 활동 평가하기

활동목표에 따라 아동들이 활동을 수행했는지를 평가한다.

5. 활동 확장하기

멸종위기 동물들을 보존하기 위한 방법에 대해 알아보고, 발표하게 한다.

6. 가정과 연계하기

동물원을 찾아 멸종위기의 동물들이 있는지 확인하게 한다.

CHAPTER 9

장난과 괴롭힘 예방을 위한 비폭력대화

언어는 그 사회의 문화를 반영하는 도구로 신조어는 그 당시 세태를 반영한다. 최근 자주 언급되고 언어로 있는 하나로 '갑분싸'가 있다. 이는 '갑자기 분위기가 싸해진다'는 의미로 누군가 상황에서 맞지 않는 이야기로 주변 분위기를 가라앉게 만든 경우에 쓰는 용어이다.

두 사람 이상이 모여 대화를 할 때는 언어라는 도구와 표정이나 자세와 같은 비언어적인 도구를 모두 사용하는데 사회 안에서 통용되는 대화의 도구나 규칙을 이해하거나 따르는 데 어려움이 있으면 적절한 대화가 어려워 다른 사람들과 관계를 형성하거나, 학업이나 일을 수행하는 데 여러 어려움이 발생하게 된다.

만일 어떤 사람이 말하고 듣고 쓰고 읽는 것에는 문제가 없더라도 사회적으로 언어적 혹은 비언어적 도구를 적절하게 활용하는 데 어려움이 있다면, 그 사람은 대화 도중 의도치 않게 주변 분위기를 싸하게 만들 수 있고 타인에게 심리적·정신적 고통을 줄 수 있다.

1. 대화(의사소통)

대화(의사소통, communication)는 사람과 사람, 사람과 기계, 기계와 기계 사이에 이루어지는 정보의 이전 과정으로, 좁은 의미로는 사람과 사람 사이의 정보, 의사, 감정이 교환되는 것으로 대화는 두 사람 이상이 언어, 비언어 등의 수단을 통하여 의견, 감정, 정보를 전달하고 피드백을 받으면서 상호 작용하는 과정이다.

현대 사회는 인터넷이나 사회 네트워크 서비스(SNS)와 같은 대규모 사회적 소통을 돕는 정보 혁신으로 인해 상호이해 수준과 유대 정도가 다양한 여러 집단과 동시에 관계를 맺을 수 있게 된 만큼 다양해진 여러 집단의 규칙에서 보이는 공통성을 찾아내고 빠른 변화가 주는 역동성에 적응해야 하며, 오해와 갈등을 최소화하면서 의사소통을 해야 하는 상황에 직면하게 된 것이다.

1) 폭력욕구를 유발하는 비효율적인 대화

타인과의 상호작용에서 위협, 처벌 등과 같은 강압적 대화법의 사용은 폭력을 유발하는 촉매작용을 한다.

(1) 체면 손상

상대의 정체성을 공격할 때 상대방은 체면을 회복하기 위해 공격적인 보복을 하게 된다. 예를 들어, 친구로부터 '너 이런 것 못하지?', '너 이거 없지?' 등등으로 거슬리는 자극을 받았을 때 상대방을 혼내주고 벌을 주고 싶어 하는 심리가 강하게 작용한다. 즉 상대의 공격이 사실과 다르거나 부당하다고 여겨질 때 폭력을 행사하는 등 보복 가능성은 더 커진다.

타인으로부터 공격을 받을 때 사적 장소보다는 다른 사람 앞에서 공개적으로 모욕을 받을 때 폭력으로 대응하기 쉬우며, 여성보다는 남성이 더 공개적 공격에 대해 민감하게 반응한다.

그러나 체면 손상을 당한 사람이 감정적인 자제력을 갖고 관심의 초점을 다른 쪽으로 돌릴 수 있을 만큼 자기 통제력이 있을 경우, 체면을 손상시키는 언어적 공격이 폭력을 유발하는 촉매 효과는 상대적으로 감소시킨다.

강압적 의사소통이 사용될 때 애정·유머·요청과 설득을 사용하여 강압적 의사소통을 완화시키기 위한 방법을 사용한다면 폭력과 같은 공격적 보복의 가능성은 줄어들게 된다. 파워 등(Power et al., 1994)은 자녀를 통제하기 위해 부모와 위협하는 정도는 아버지와 어머니 간에 차이가 없지만, 통제를 완화하려는 표현-통제요청의 범위를 줄이기, 요청을 정당화시키기, 자녀에 대한 애정표현, 동질감의 공유 등은 어머니가 아버지보다 더 많이 사용한다고 보고한다.

(2) 통제하고 싶은 욕구

인간은 누구나 환경을 통제하고 싶은 기본 욕구를 가지고 있다(Stets, 1993). 친밀한 관계일수록 통제욕구는 더 강하며, 특히 지배적인 부모와 자녀관계에서의 자녀에게 무조건적인 복종을 얻기 위한 통제욕구가 상대적으로 크다. 상대를 통제하려는 전략으로 처음부터 폭력과 같은 물리적 공격을 사용하는 것은 아니다. 주장 피력, 설득, 타협제시 등 처음의 비강압적 영향력이 상대의 저항에 부딪치면 점차 통제욕구의 전달은 강압적이고 공격적인 형태로 변한다. 자신의 통제력을 강화하기 위하여 공포분위기 조성, 위협. 고함지르기, 망신주기 등 교묘한 심리전법을 사용하여 공포의 공격을 하게 된다. 부모가 서로를 위협하고 모욕을 주고 공포분위기를 조성하면서 실행하는 통제욕구에 의한 폭력을 사용하여 가족구성원들의 자존감과 자아상을 파괴하며 아동은 분노와 증오감을 갖게 하고 이러한 상대의 불복종과 같은 저항을 받아 온 아동은 유사한 환경에 처했을 때 공격성이 발현될 수 있음을 예측할 수 있다.

(3) 폭력의 잠재성

인간의 폭력에 대한 잠재성이란 다른 사람에게 가해질 수 있다고 생각되는 신체적 해의 양을 뜻하며, 개인의 폭력 잠재성은 상황에 따라 다르다. 아버지가 어머니를 통제하기 위해 또는 저항을 막기 위해 폭력을 행사하고 그러한 폭력에 대해 어머니가 굴복하는 모습을 봤다면 아동의 잠재적 폭력행동은 더 강화되고, 미래의 갈등상황에서 사용할 가능성이 높다. 그러나 폭력에 대한 잠재성이 있다고 해서 모두 폭력으로 연결되는 것은 아니다.

먼저, 상대가 자신의 폭력 잠재성을 단순히 인식하는 것만으로 불평을 유보하거나 복종을 강요할 수 있다는 것이다.

둘째, 폭력에 대한 잠재성을 실제 행동으로 행사하려는 의지가 상대방의 강압적 폭력 잠재성에 의해 제한될 수 있다. 상대방의 강한 물리적 대응, 관계의 결별, 경찰을 부를 가능성, 폭력을 사용함으로써 가족이나 친구에게 낙인 찍힐 것 같은 가능성은 폭력 잠재성의 실제 행동으로의 전환을 감소시킨다(Lackey & Williams, 1995).

셋째, 사회적 규범에 의해 폭력 잠재성은 제한된다. 만일 자신보다 약자를 때리는 것이 수치이며 자신보다 강한 사람을 허락하는 것이 영웅적인 행동으로 평가받는 사회규범하에서는 남성은 여성에게 폭력 사용을 자제할 가능성이 많다. 또 여성의 역할이나 지위에 대해 보다 지배적이고 전통적 태도를 가질수록 아내를 구타하는 빈도는 높게 나타난다.

(4) 분노

분노 그 자체가 반드시 나쁜 것만은 아니다. 상대와의 언어적 논쟁에서 불일치하거나, 저항하는 반응은 분노를 불러일으키며 이것이 통제할 수 없거나 오래 지속될 경우는 기능장애와 폭력을 유발하는 촉매제가 된다.

버만 등(Burman et al., 1993)은 그의 연구에서 부부는 대부분의 경우 의사소통과정에서 어느 정도의 분노나 경멸을 경험하지만 폭력부분의 경우 분노를 통제할 능력이 있다고 보고한다. 메이슨과 블랑켄십(Mason & Blankenship, 1987)은 충동을 잘 통제하지 못하고 스트레스에 민감한 사람들은 상대방에게 부정적 감정의 표현 방법으로 폭력을 사용할 가능성이 높다고 보고한다. 따라서 분노가 폭력의 촉매작용을 하긴 하나 그것을 조절, 통제할 능력이 있는 경우 촉매제 역할을 감소시킬 수 있다.

2) 바람직한 대화법을 방해하는 장애요인

(1) 바람직한 대화에 대한 계획의 부족

사전에 의사소통에 대한 생각이나 계획을 세워 말을 해야 한다. 그럼에도 사람들은 흔히 의사소통은 그저 우연히 이루어지는 것으로 생각하기 쉽다.

상대방에 대한 이해를 촉진시키며, 변화에 대한 저항을 감소하기 위해서는 전하고자 하는 말에 대한 정당성을 부여하고, 최적의 시기와 통로를 선택하여야 한다.

(2) 전하고자 하는 말의 속뜻에 대한 서로 다른 추정

전하는 말의 속뜻을 정확히 전하는 것은 어려운 것이다. 밖으로 표현된 말에 대한 실제의 속뜻을 추정하는 일은 말을 하는 사람과 이를 듣는 사람 사이에 서로 다를 경우 의사소통의 혼선이 초래된다.

'엄마가 나중에 사줄게', '네가 크면 알게 된다.' 등의 말은 정확하게 상황을 인식할 수 없어 어떻게 반응해야 할지 막연하다.

(3) 전달상의 손실과 기억력의 한계

메시지는 한 사람으로부터 다른 사람에게로 계속 전달되는 과정에서 점차적으로 정확성이 감소되며 정보에 대한 인간의 기억력도 한계가 있기 때문에 정확한 메시지의 전달을 위해서 기억을 위한 여러 매체를 사용해야 한다.

(4) 잘못 표현된 메시지

의사소통의 전달자가 가지고 있는 마음속의 생각이 아무리 명료하다고 하더라도, 그 표현이 반드시 명료하다고는 볼 수 없다. 즉, 부적절한 용어의 사용, 생략, 통일성의 부족, 생각의 부적합한 구성, 어색한 문장구조, 불필요한 전문용어의 사용 등은 불필요한 오해를 유발하게 될 경우가 있다. 명료성과 정확성을 지닌 사상의 표현에 보다 큰 노력을 해야 한다.

(5) 소극적인 청취와 시기상조적인 평가

말을 잘하는 사람은 많다. 그러나 청취를 잘하는 사람은 그리 많지 않다. 논제와는 상관없이 자신들의 이익만을 위하려고 하거나, 다른 사람에게 좋은 인상을 주려는 생각으로 토론에 임하는 사람도 있다. 청취는 많은 주의와 자기훈련을 필요로 한다. 그것은 다른 사람이 말해야 하는 것에 대한 시기상조적인 평가를 해서는 안 된다는 것을 의미한다.

(6) 불신과 위협 및 불안

불신과 위협 및 불안은 의사소통의 근본을 저해하는 요소들이다. 이러한 분위기에서는 메시지가 회의적으로 받아들여지게 될 것이다. 불신은 전달자의 비일관적 행태에서 비롯된다. 개방적이고 정직한 의사소통을 촉진시키기 위해서는 신뢰의 분위기 조성이 절대적으로 필요하다.

(7) 변화를 위한 조정기간의 부족

의사소통의 목적은 바람직한 방향으로 변화를 가져오는 데 있다. 그러나 변화란 사람에 따라 서로 다른 방법과 과정을 통해서 이루어지는 것이며, 또한 그

것은 메시지에 대한 의미를 충분히 소화시킨 후에 이루어지는 것이므로 어느 정도의 시간이 필요하다. 사람들이 메시지의 의미를 충분히 자기 것으로 소화시키기 전에 변화를 강요해서는 안 된다.

2. 바람직한 대화와 비효율적인 대화

1) 대화법의 유형

(1) 회유형

자신의 내적 감정이나 생각을 무시하고 타인에게 맞추려는 성향을 지닌 유형이다. 다른 사람의 의견에 무조건 동조하고 사과와 변명을 하는 등 지나치게 착한 행동을 보이는 특징을 가지기 때문에 회유형의 사람들은 소화기관 장애, 편두통 등의 질병을 많이 가지고 있으며 심리적으로는 감정 억제, 짜증, 걱정, 공황 등을 겪을 수 있다. 예를 들어, 모임에 늦었을 경우 고개를 숙이며 "정말 미안해요ㅠㅠ 나 때문에 우리 모임이 엉망이 되어 버렸지요."라고 말하며 손을 비비며 눈치를 본다.

반면 회유형이 가지고 있는 좋은 자원은 돌봄과 양육과 민감성이다. 누군가를 돌보고 타인의 감정에 민감하게 대처해 좋은 관계를 맺을 수 있는 가능성을 가지고 있다.

(2) 비난형

비난형은 자신을 보호하기 위하여 다른 사람을 무시하거나 결점을 지적하고 남을 통제하려 하며 명령조로 표현한다. 일이 잘못될 때는 남의 탓으로 돌리고 타인의 요청을 거부하고 공격적인 성향을 보이며 내적으로 나약한 자신의 모습을 인정하지 않으려 남을 거칠게 비난한다. 이들은 스스로에게 힘이 있는 것처럼 믿고 행동하지만 사실은 매우 의존적인 면이 있고 자기 잘못이 드러나면 무너질 것 같은 두려움이 많은 사람이며 고혈압과 같은 혈액순환 장애를 보일 수 있다.

심리적 증상으로는 분노, 짜증, 반항, 적대적 태도, 편집증, 폭력 그리고 반사회적 특성 등을 나타낼 수 있다. 예를 들어, 회의에 늦었을 경우, "대한민국 도로는 정말 문제야 그리고 사람들도 도무지 질서가 없어, 정말 한심해~ 그러니 나 같이 정확한 사람이 피해를 입게 되잖아." 등등의 말을 늘어놓는다.

반대로, 이들의 자원은 주장성, 지도력과 에너지이다.

(3) 초이성형

초이성형은 정보와 논리를 절대적으로 생각하며 감정에 치우쳐서 일을 그르칠 수 있다는 생각에 다른 사람과 거리를 두고 지나치게 이성적으로 상황에 초점을 맞추게 된다. 그래서 자신과 타인의 감정을 인정하지 않고 냉정하게 보일 정도로 차분하게 자신의 옳음과 논리를 증명하기 위해 애쓰고 길게 설명하려 한다. 예를 들어, "집에서 여기까지 정확히 30분 걸리는 것을 알고 딱 맞춰 출발했지만 주차하는 데 시간이 20분 더 걸려 버렸네요. 내가 늦은 것은 고의가 아님을 이성적으로 생각해 보면 충분히 이해할 수 있을 것입니다."라고 변명을 한다. 결국 이들은 다른 이들의 마음을 공감하지 못하거나 융통성이 부족하고 원칙 중심의 재미없고 강박적인 사람으로 주위 사람들에게 비춰지기도 한다. 그래서 심한 경우에는 다른 사람들로부터 따돌림을 당하기도 한다. 이러한 성향으로 암, 심장마비 등과 같은 신체적 질병이 발생할 수 있다. 이들에게 나타나는 심리적 증상으로는 우울증, 집착증, 강박증, 사회적 철회, 공감력 부족 그리고 자폐증이 있다.

이들의 자원은 지성, 세부 사항에 주의를 집중하는 것과 문제해결 능력이다.

(4) 산만형

산만형은 생각과 말, 행동이 자주 바뀌거나 동시에 여러 가지 행동을 하려 한다. 주제에 집중하지 않고 관심을 분산시키거나 계속 움직이고 횡설수설하고 안절부절못하는 행동을 하며 상황에 적절하게 반응하기보다는 분주하고 심각한 상황에서도 가볍게 생각하는 농담이나 딴전을 피우고 그 자리를 모면하려 한다. 모임장소에 늦게 나타나 사람들을 쳐다보며 '나 말고 늦은 사람도 있죠? 벌써 꽃이 활짝 다 피었는데 밖에 나가 회의합시다~ 와~ 간식 맛있겠다.~'라고 횡설수설한다.

산만형은 일반적으로 유머 감각이 뛰어나고 늘 즐거워 보이며 모임에서 분위기를 주도하는 역할을 하기 때문에 자발적이고 재미있는 사람으로 보이기도 한다. 그러나 사실 이들은 아무도 자기를 진심으로 걱정하거나 받아들여 주지 않는다고 생각하며 내면 깊은 곳에서는 외로움과 무가치감, 혼란스러운 감정을 느끼기도 한다. 스트레스 시 신경성 장애, 위장 장애, 편두통 등의 질병을 보일 수 있고 심리적 증상으로는 혼란스러움, 부적절함, 낮은 충동 통제, 우울증, 공감력 결핍, 타인의 권리 침해 그리고 학습 장애 등이 있다.

이들의 자원은 유머, 자발성과 창조성이다.

(5) 일치형

일치형은 가장 기능적인 의사소통 유형으로 말과 자세와 음조, 표정이 자연스럽고 일치되어 있다. 생기가 있고 솔직하고 생산적이며 적절히 행동을 한다.

자신의 생각과 느낌을 분명하게 말하며 자신이 하고 있는 일에 대해 잘 알고 그 결과를 받아들일 준비가 되어 있으며 변화에 대해 융통성이 있으며 정보를 전달하는 방법에서도 말과 정서와 행동이 일치되어 균형을 이룬다. 시간 약속을 지키기 못했을 때 일치형은 "일찍 출발했는데도 예상 시간보다 더 늦어 버렸어요. 미리 연락은 드렸지만 그래도 미안합니다. 다른 분들은 제 시간에 도착한 것을 보니 다행이란 생각이 듭니다."라고 설명한다. 일치형의 사람은 높은 자기 가치와 자존감을 갖고 있으며 심리적, 신체적으로 건강한 상태에 있다.

이들의 자원은 생산성과 자아존중감이다.

2) 참된 대화를 방해하는 대화의 걸림돌

가족 간 또는 자녀에게 흔하게 저지를 수 있는 실수는 바로 언어(비언어)적인 실수이다. 대화를 많이 하지 않는 우리나라 전통적인 가족관계에서 더 많이 나타날 수 있는데 특히 서로 간 문제를 소유했을 때 서로 간의 걸림돌이 된다.

(1) 명령, 강요

"너는 반드시", "너는 꼭", "…해야 할 것이다."라는 말로 설명하는 것으로 '너는 네 자신의 문제를 어떻게 다룰 것인가를 결정할 권리가 없다.'라는 성인의 의지가 담겨 있기 때문에 자녀가 부모로부터 저지당하는 것을 시도해 보도록 하는 반항적인 행동과 말대꾸를 증가시킨다.

(2) 경고, 위협

"만약 …하지 않으면, 그때는…", "… 하는 게 좋을 걸, 그렇지 않으면…"식의 말투로 아동이 복종하기는 하나 공포감, 원망, 분노, 반항심을 유발시킬 수 있다.

(3) 훈계, 설교(도덕적 판단)

"너는 …해야만 한다.", "…하는 것이 너의 책임이야."라고 말하며 속뜻은 "네가 지녀야 할 올바른 가치관을 내가 선택해 줄게."이다. 이러한 말은 아동에게 의무감이나 죄책감을 일으키기 때문에 자녀로 하여금 자기 입장을 고집하고 방어하게 만들 수 있다.

(4) 충고, 해결방법 제시

“내가 말하고자 하는 것은…”, “…하는 것은 어떻겠니?”, “…내가 네게 충고하자면…”이라는 의미로 설명을 한다. 이는 ‘너는 스스로 해결책을 생각해 낼 만큼 좋은 판단력을 가지고 있지 않다.’, ‘내가 다 알고 있으니까 너는 아무것도 알 필요가 없다.’는 의미를 내포하고 있기에 의존성이나 저항을 유발시킬 수 있다.

(5) 논리적인 설득, 논쟁

“네가 왜 틀렸냐 하면”, “문제가 되는 것은”, “그래, 그렇지만…”과 같이 말로 아동의 방어적인 자세와 반론을 유발시킨다.

(6) 비난, 비판

상대방을 위하는 척, 걱정하는 척하면서 말을 하지만 듣는 이는 열등감을 갖게 하는 것으로 들릴 수가 있다.

(7) 칭찬, 찬성

듣는 이가 인정하는 또는 상황에 맞는 칭찬과 찬성은 긍정적인 효과를 준다. 그러나 듣는 이가 생각하기에 사실과 같지 않은 지나친 칭찬, 찬성이라고 생각될 때는 회유 또는 비꼬는 것으로 느낄 수 있다.

(8) 욕설, 조롱

말하는 자와 듣는 자의 관계가 돈독하고 이 말을 하던 상황이 긍정적인 상황인 경우 문제가 되지 않지만 그렇지 않는 경우“이 울보야”. “그래, 니 잘났다.” 등의 반응은 아동으로 하여금 가치없는 인간으로 느끼게 한다.

(9) 분석, 진단

"너는 잘못 판단하고 있어.", "내가 더 잘 알아."라는 뉘앙스의 말로 듣는 아동은 말을 해봤자 자신의 능력이 왜곡될까 봐 말을 하지 않게 된다.

(10) 동정, 위로

상황에 맞는 동정과 위로는 아동에게 도움이 되지만 그렇지 않는 경우 '겨우 그런 거로 힘들어 해', '그게 속상해할 일이니' 등의 비아냥거리는 것으로 오해할 수도 있다.

(11) 캐묻기와 심문

"왜…", "누가…", "무엇을…"이라는 질문에 답하다 보면 종종 비판이나 해결책이 따르게 되는데 이 의미는 '틀림없이 네가 뭔가를 잘못했을 거야.'라는 뉘앙스도 포함되어 있어 아동은 대답을 하지 않거나 피하거나 대충 말하거나 거짓말을 하게 된다.

(12) 화제 바꾸기

아동의 상황을 인정하지 않고 화제 바꾸기, 후퇴, 빈정거림 등은 '뭘 그런 거로 고민하느냐','니가 알면 해결할 수나 있고?' 등의 느낌을 아동이 갖게 된다. 이러한 상황을 자주 접하는 아동은 '그렇게 잘난 니가 해결해 보든지'라며 반감을 갖게 된다.

3) 비폭력대화와 바람직한 대화방법

비폭력대화(Nonviolent Communication)란 관찰하고 느끼며 욕구파악, 요청 순으로 대화를 이어가는 것이다.

(1) 비폭력 대화의 단계

① 1단계: 관찰

관찰은 평가하지 않는다. 예를 들면 아래와 같다,

- 넌 이기적이야! ➡ 내가 보기엔, 너는 다른 사람이 아닌 널 위해 빵을 산거야.
- 너는 말이 너무 많아! ➡ 너는 15분 동안 쉼 없이 말을 했고, 난 아무 말도 하지 않았다.

② 2단계 느낌 말하기

상황을 해석하지 말고 사실을 살피고 상대방이 나쁘다, 틀렸다와 같은 평가나 판단을 배제하고 씁쓸했다, 우울했다, 비참했다, 슬펐다 등으로 나의 순수한 느낌만 말하는 것이다. 예를 들면 아래와 같다,

- 난 조롱당한 느낌이야! ➡ 혼란스러워. 난 사람들과 대화할 때 난 진실한 대화를 원해.
- 난 묵살당한 기분이다. ➡ 절망이야. 난 더 많은 지원이 필요해.
- 난 당신한테 무시당한 기분이다. ➡ 섭섭했어, 난 너의 이해와 지원을 받고 싶었어.

③ 3단계 욕구 말하기

느낌 뒤에 있는 진실한 나의 욕구를 표현한다. 예를 들면 아래와 같다,

- 네가 내 말을 전혀 듣지 않으려 해서 불안해. ➡ 불안해, 난 소통과 확신이 필요해.
- 네가 늑장을 부려서 신경질이 나. ➡ 난 내 시간을 잘 쓰고 싶은데 그렇지 못해서 속상해.
- 네가 소리를 지르니까 겁이 나. ➡ 나는 큰 소리가 두려워. 난 안전이 필요해.

④ 4단계 요청하기

요청할 때 막연한 바람이나 강요 대신 부탁하는 것이다. 예를 들면 아래와 같다.

- 내 비밀을 존중해 줘! ➡ 내 방에 들어오기 전에 노크 좀 해 줄 수 있겠니?
- 좀 더 조심해라! ➡ 문 좀 살짝 닫아 줄래?
- 좀 귀담아들어! ➡ 네가 들은 것을 나한테 말해 줄 수 있겠니?
- 집안 정리 좀 잘해! ➡ 네가 부엌에서 물건을 사용한 뒤에는 바로 치워 줄 수 있겠니?

(2) 바람직한 대화 방법

① 상대방의 말을 잘 듣는다

상대방의 의견을 잘 듣고 의미를 잘 파악하되 비평, 견해, 충고, 분석, 질문을 하지 않으면서 자신이 상대방을 존중한다는 표현을 해 주어야 한다. 그리고 상대방의 말을 들을 때는 언어적 표현뿐만 아니라 비언어적 표현에도 주의를 기울이고 상대방의 이야기가 진행되고 있을 때에는 반응을 보임으로써 경청하고 있음을 표현하는 것이 좋다.

② '나'를 주어로 하여 솔직한 자신을 표현한다

'나-전달법(I-message)'이란 상대방에게 주어진 상황에 대한 자신의 느낌과 생각, 의견 등을 '나'를 주어로 하여 표현하는 것으로 나-전달법은 상대방을 비난하지 않으면서 상대방의 행동에 대한 자신의 솔직한 감정과 희망 사항 등을 표현하게 되므로 가족 구성원 간에 이해와 공감대를 형성할 수 있다.

③ 긍정적인 언어를 사용한다

긍정적인 언어는 상대방을 격려하고 지지함으로써 신뢰와 애정의 관계를 이루게 한다.

부정적인 언어는 상대방에게 열등감이나 죄의식을 가지게 하고 심한 갈등의 관계를 낳는다, 그러므로 칭찬과 격려, 공감, 부탁, 지지와 같은 긍정적인 언어 표현을 사용하면 의사소통이 원활하게 이루어지고 가족 구성원 각자의 발전에 도움이 된다.

④ 언어적 의사소통과 비언어적 의사소통을 일치시킨다

언어적 의사소통 방법과 비언어적 의사소통 방법을 함께 사용할 때 두 가지 방법이 일치하지 않으면 수신자는 혼란을 느끼게 되어 의사소통이 잘 이루어지지 않게 된다.

언어적 의사소통과 비언어적 의사소통이 일치할 때 메시지는 효과적으로 전달된다.

3. 비폭력 대화를 방해하는 장애(Disorder)

아동이 바람직한 대화를 하지 못하는 원인에는 여러 가지가 있다. 그중 아동 자신이 갖고 있는 장애로 인해 적절하게 대화를 하지 못하는 경우가 있어 아동이 갖고 있는 여러 장애 중 바람직한 대화를 방해하는 장애를 언급하고자 한다.

1) 사회적(실용적) 의사소통장애

'사회적(실용적) 의사소통장애[social(pragmatic) communication disorder, (315.39)(F80.89)]]'는 2015년에 새로 생긴 진단명으로 이 장애는 대화에 맞는

상호 간 의사소통하기를 어려워하며 대화 규칙이나 관습적이고, 상황적 요구에 따라 변화되는 언어를 이해하는 데 어려움을 보이는 것을 말한다. 일반적으로 4~5세경이 되면 문제가 드러나기는 하지만, 언어 사용이 복잡해지는 청소년기 초기에 밝혀지기도 한다. 즉, 사회적 의사소통장애는 언어와 사회적 상호작용이 더욱 복잡해지기 전까지는 문제 되지 않기 때문에 초기 청소년기까지 분명하게 나타나지 않는다.

DSM-5의 진단기준에 따른 '사회적(실용적)의사소통장애'는 아래와 같다.

A. 언어적, 비언어적 의사소통의 사회적인 사용에 있어서 지속적인 어려움이 있고, 다음과 같은 양상이 모두 나타난다.
  1. 사회적 맥락에 적절한 방식으로 인사 나누기나 정보 공유 같은 사회적 목적의 의사소통을 하는 데 있어서의 결함
  2. 교실과 운동장에서 각기 다른 방식으로 말하기, 아동과 성인에게 각기 다른 방식으로 말하기, 그리고 매우 형식적인 언어의 사용을 피하는 것과 같이 맥락이나 듣는 사람의 요구에 맞추어 의사소통 방법을 바꾸는 능력에 있어서의 손상
  3. 자기 순서에 대화하기, 알아듣지 못했을 때 좀 더 쉬운 말로 바꾸어 말하기, 상호작용을 조절하기 위해 언어적, 비언어적 신호를 사용하기와 같이 대화를 주고 받는 규칙을 따르는 데 있어서의 어려움
  4. 무엇이 명시적 기술이 아닌지(예: 추측하기), 언어의 비문자적 또는 애매모호한 의미(예: 관용구, 유머, 은유, 해석 시 문맥에 따른 다중적 의미)가 무엇인지를 이해하는 데 있어서의 어려움

B. 개별적으로나 복합적으로 결함이 효과적인 의사소통, 사회적 참여, 사회적 관계, 학업적 성취 또는 직업적 수행의 기능적 제한을 야기한다.

C. 증상의 발병은 초기 발달 시기에 나타난다. (그러나 결함은 사회적 의사소통 요구가 제한된 능력을 넘어설 때까지는 완전히 나타나지 않을 수 있다.)

D. 증상은 다른 의학적 또는 신경학적 상태나 부족한 단어 구조 영역과 문법 능력에 기인한 것이 아니며, 자폐스펙트럼장애, 지적 장애(지적 발달장애), 전반적 발달지연, 또는 다른 정신질환으로 더 잘 설명되지 않는다.

2) 아동기 행동장애

아동기 행동장애는 정신과 진단명으로는 포괄적으로 '파괴적 행동장애(disruptive behavior disorder)'라 불리며, 그 안에 적대적 반항장애와 품행장애가 포함된다. 부모나 어른에게 반항적인 태도를 일부 보이는 것은 발달과정에서 오는 정상적인 면으로 볼 수 있지만, 적대적 반항장애나 품행장애의 진단이 내려지는 경우는 그 정도와 문제행동의 빈도가 심하여 받아들일 수준을 훨씬 넘어서는 경우에 해당된다.

(1) 적대적 반항 장애(Oppositional Defiant Disorder)

적대적 반항장애는 지속적으로 부정적이며, 명령에 순종하지 않고, 부모나 선생님과 같은 권위적인 대상에게 적대적 행동을 보이는 것이 특징이다. 권위적 대상이 아닌 또래와는 별다른 어려움이 없는 경우가 많고, 사회적 규범을 심각하게 무시하거나 타인의 권리를 지나치게 침해하는 위험한 행동을 하지는 않는다.

① 특징적 행동

자기가 잘못한 일이면서도 타인을 비난하고 남 탓으로 돌리며 집에서는 거의 예외 없이 이런 문제행동이 드러나며 흥미로운 것은 학교나 다른 장소에서는 전혀 그런 문제가 드러나지 않아 남들은 전혀 모를 수 있다. 친구나 어른들과 상호관계를 맺어야 할 때 다툼과 갈등이 촉발되면서 나타난다.

만성적으로 문제행동이 반복되면 결국 대인관계나 학교에서의 수행능력에 장애가 생기게 된다. 그 결과 친구가 거의 없고 대인관계에 문제가 뚜렷하고 만족하기 어려워하게 된다. 지능 수준이 적절함에도 불구하고 학교성적은 하위권인 경우가 많고 학교에서 요구하는 숙제, 과제물, 시험 등에 대해 반항적이고 부정적인 태도를 보이기 때문이다. 우울하고 자존감이 낮으며, 쉽게 좌절하고 인내심이 부족하고 분노 폭발이 잦고 청소년기가 되면 음주 문제가 발생하거나 간혹 범법행동을 하기도 한다.

② 진단 과정에서 감별

사춘기나 아동기의 반항적인 태도는 아동이 성장하는 과정에서 발생하는 일련의 성장통일수도 있다. 그러므로 아동의 성장과정의 반항적 태도와 적대적 반항장애에 대한 세심한 구별이 필요하다.

한편 환경적 변화나 급격한 스트레스 등에 의해 생긴 적응장애나 일시적인 스트레스 반응의 일환으로 문제행동이 발생하기도 하는데 소아의 경우에는 주의력결핍 과잉행동장애, 학습능력이나 인지기능의 장애(정신지체를 포함)의 일환으로 적대적 행동이 관찰될 수 있다. 만일 이런 문제가 발견되고 이와 동반하여 적대적 행동이 반복적이고 심각하게 보인다면 두 진단을 동시에 내릴 수도 있는데 일부의 아동은 나중에 품행장애로 진단할 만큼 문제행동이 발전하기도 한다. 그러나 모든 아동이 그런 것은 아니며 몇 년이 지나면 25% 정도의 아동은 적대적 반항장애의 진단도 하지 않을 수 있는 수준으로 좋아지기도 한다.

품행장애로 발전하는 적대적 반항장애 아동의 특징은 공격성으로 자주 싸우고 훔치는 행동을 보인 반면 덜 공격적이고 반사회적 특성이 적은 집단은 나중에 품행장애로 진행하지 않는 것으로 여겨진다.

③ 적대적 반항 장애의 경과

적대적 반항 장애로 구분되었던 아이들은 문제행동의 심각도와 빈도에 따라 사뭇 다른 길로 가게 된다.

가. 지속적으로 적대적이고 반항적인 행동을 보인 경우

이 경우에는 청소년기의 품행장애로 발전하고 나중에 성인이 되고 난 다음에는 반사회적 인격 장애로 진단될 수 있으며 조기에 술, 담배, 기타 약물을 남용하거나 의존성을 보일 수 있다.

나. 자연경과로 좋아지는 경우

부모가 가정환경을 잘 조성한다면 아동의 문제행동은 사라지고 내적 성장을 할 것이다.

다. 치료

문제행동을 보이는 아동만 치료하는 것이 아니라 가족 전체가 치료에 참여해야 한다, 가족이 아동을 다루는 방법에 대해 평가하고 가족과 아동 사이에 어떤 식으로 대화를 해 왔는지 면밀히 검토해야 한다. 그리고 거기에서 발견되는 문제점들을 교정하고 부모를 훈련시키는 것이 필요하다.

즉 올바른 대화법을 사용했을 때에는 좋은 피드백을 줘서 그런 행동과 태도를 강화해 나가는 행동 요법적 접근이 일반적인 방법이다.

3) 품행 장애(conduct disorder)

(1) 발생원인

생물학적, 환경적, 이전의 경험들이 모두 복합적으로 얽혀서 품행 장애가 일어나기 때문에 아이들의 이런 문제적 행동의 원인을 한 가지로 설명할 수는 없다.

① 부모의 요인

심하게 학대를 하고, 체벌을 하거나 폭언을 일삼는 부모 밑에서 자란 아이는 나중에 역시 공격적인 행동을 일삼을 위험이 있다. 부모의 이혼이 원인이 될 수도 있지만, 이혼 자체보다는 그로 인해 생길 수 있는 헤어진 부모 사이의 갈등, 다툼, 후회, 냉소적 공격성 등을 반복적이고 지속적으로 보이는 것이 더 중요한 요소로 파악되고 있다. 정신분석적으로는 부모의 반사회적 욕망을 무의식적으로 행동화한 것이 아이에게 품행 장애가 나타난다는 가설을 세우기도 한다, 가정환경 자체가 폭력적이고 혼란스러울 때 아이는 충동을 억제하는 역할 모델을 경험하지 못하기 쉽다.

② 사회문화적 요인

부모가 실직상태, 사회적 지지망이 결여된 상태, 거주지역의 공동체에 결속력을 갖고 있거나 참여하고 있다는 의식을 갖고 있지 못할 때 품행 장애가 생길 위험이 높다.

③ 신경생물학적 요인

유전과 환경 어느 한 가지가 품행장애의 발병 원인이라고 설명할 수 없고 타고난 기질과 양육환경 사이의 상호작용이 각각 중요하다고 강조한다.

④ 소아기의 학대 경험

어릴 때 만성적으로 신체적 학대를 받은 경우, 혹은 성적 학대를 받은 경우에 나중에 공격적 행동을 할 위험이 높다는 것은 여러 연구에서 확인되고 있다. 심하게 학대를 받은 경험을 한 아이들은 지나치게 예민하고 평소에 신경질적인 경우가 많고 참을성이 없을 뿐만 아니라 타인의 호의를 그대로 수용하기보다 의심하고 자신을 공격하는 것으로 오해하며 폭력적으로 변하기도 한다.

(2) 진단방법품행장애 진단표

A. 다른 사람의 기본적인 권리를 침해하고 나이에 맞는 사회 규범 및 규칙을 위반하는, 지속적이고 반복적인 행동 양상으로서, 다음 항목 가운데 3개 이상 항목이 지난 12개월 동안 있어 왔고, 적어도 1개 항목이 지난 6개월 동안 있어 왔다.

〈사람과 동물에 대한 공격성〉

(1) 흔히 다른 사람을 괴롭히거나, 위협하거나, 협박한다.
(2) 흔히 육체적인 싸움을 도발한다.
(3) 다른 사람에게 심각한 손상을 일으킬 수 있는 무기를 사용한다.(예: 곤봉, 벽돌, 깨진 병, 칼 또는 총)
(4) 사람에게 신체적으로 잔혹하게 대한다.
(5) 동물에게 신체적으로 잔혹하게 대한다.
(6) 피해자와 대면한 상태에서 도둑질을 한다(예: 노상, 강도, 날치기, 강탈, 무장강도)
(7) 다른 사람에게 성적 행위를 강요한다.

〈재산의 파괴〉

(8) 심각한 손상을 입히려는 의도로 일부러 불을 지른다.
(9) 다른 사람의 재산을 일부러 파괴한다(방화는 제외).

〈사기 또는 도둑질〉

(10) 다른 사람의 집, 건물, 차에 침입한다.
(11) 물건이나 호감을 얻기 위해, 또는 의무를 피하기 위해 거짓말을 한다(예: 다른 사람을 속인다).
(12) 피해자와 대면하지 않은 상황에서 귀중품을 훔친다(예: 파괴와 침입이 없는 도둑질, 문서 위조).

〈심각한 규칙 위반〉

(13) 13세 이전에 부모의 금지에도 불구하고 밤늦게까지 집에 들어오지 않는다.
(14) 친부모 또는 양부모와 같이 사는 동안 적어도 2번 가출한다(또는 오랫동안 돌아오지 않는 1번의 가출).
(15) 13세 이전에 시작되는 무단결석.

B. 행동의 장해가 사회적, 학업적, 또는 직업적 기능에 임상적으로 심각한 장해를 일으킨다.
C. 18세 이상일 경우 반사회적 인격장애의 진단 기준에 맞지 않아야 한다.

출처: APA(2016).

4. 장난과 괴롭힘 예방을 위한 활동

※ 장난과 괴롭힘 예방 활동 1: 괴물아, 물러가라

<table>
<tr><th rowspan="2">주제</th><td rowspan="2">괴롭힘</td><th>활동</th><td>괴물아, 물러가라</td></tr>
<tr><th>활동유형</th><td>언어, 요리</td></tr>
<tr><td>

활동목표

· 화와 분노의 개념을 안다.
· 화와 분노의 감정이 생기는 것은 당연하다는 것을 안다.
· 잘못된 화와 분노를 없애는 방법을 안다.

활동자료

식빵, 잼, 여러 가지 채소(오이, 당근), 새알초콜릿, 치즈 등 식빵 위를 장식할 수 있는 음식

〈그림책〉
『Go Away, Big Green Monster!』
Emberley, Ed.
Little Brown and co.(UK)

</td><td colspan="3">

1. 활동 소개하기

1) 오늘 활동의 이름은 '괴물아, 물러가라'에요.
2) 오늘은 마음속의 나쁜 괴물을 몰아낼 거예요.

2. 활동 전개하기

1) 친구들은 (어떤 말을 들었을 때, 어떤 상황일 때…) 언제 화가 나나요?
2) 나를 화나게 하는 것들을 모두 모아 볼 거예요.
3) 나를 화나게 하는 것들을 생각하면서 식빵을 꾸며 봐요.
4) 절대 칼이나 가위를 사용하면 안 돼요. 오로지 손과 치아만 사용할 수 있어요.

3. 활동 정리하기

1) 식빵을 꾸민 후 '괴물아 물러가라' 소리치고 깨물어 먹는다.

4. 활동 평가하기

1) 나쁜 감정 괴물을 없애니 어떤 기분이 드는지 이야기할 수 있다.
2) 나쁜 감정이 다시 들면 어떻게 해야 하는지 설명할 수 있다.
3) 나쁜 감정이 들지 않으려면 나는/ 친구는 어떻게 해야 하는지 설명할 수 있다.

5. 활동 확장하기

1) 동화책 『Go Away, Big Green Monster!』를 읽는다.
2) 동화책의 내용을 각각 낱개의 색깔 종이로 만든다.
3) '꺼져 버려 괴물아' 소리치며 각 장면을 던진다.

6. 가정과 연계하기

1) 부모님, 형제, 친구들과 어떤 상황에서 감정의 괴물이 나타나 괴롭히는지 이야기 나눠 본다.
2) 어떻게 나쁜 감정의 괴물을 물리칠 수 있는지 이야기 나눠 본다.

</td></tr>
</table>

※ 장난과 괴롭힘 예방 활동 2: 나 화났어

<table>
<tr><td rowspan="2">주제</td><td rowspan="2">괴롭힘</td><td>활동</td><td>나 화났어!</td></tr>
<tr><td>활동유형</td><td>언어, 역할놀이</td></tr>
<tr><td colspan="1">**활동목표**
· 화와 분노의 개념을 안다.
· 올바른 말로 정당하게 분노를 표현한다.

활동자료
전지(활동 1 자료), 이젤, 손 인형</td><td colspan="3">**1. 활동 소개하기**
1) 오늘 활동의 이름은 '나 화났어'에요.
2) 내가 왜 화났는지 말할 거예요.

2. 활동 전개하기
1) 선생님은 아이들이 다음과 같이 말합니다.
(교실 현장에서 아이들이 싸움의 장면 사용)

진이와 수진이는 인형놀이를 합니다.
진이는 인형에게 옷을 입히려고 합니다.
수진이는 '내가 할 거야 '하고
진이가 입히던 인형의 옷을 뺏습니다.

2) 화났을 때 어떻게 해야 하나요?
3) 이젤 위에 아래의 글을 놓는다.

1. '나 화났어'라고 서로에게 말한다.
2. 내가 화난 이유에 대해 서로에게 말한다.
3. 상대방이 어떻게 해서 나를 화나게 만들었는지 서로 이야기한다.
4. 내가 다시는 그런 행동을 하지 않을 것이라는 것을 서로 이야기 한다.
5. 만일 동의할 수 없으면 다른 친구들 또는 선생님의 의견을 들어 본다.
6. 악수하고 다시 친구한다.

4) 두 명의 친구들을 선정하여 위의 장면 또는 싸움이 나는 장면을 역할해 보도록 한다.

3. 활동 정리하기
1) 나를 화나게 하는 행동은 어떤 것들인가요?
친구가 나를 화나게 하면 어떤 생각이 드나요?
2) 올바른 행동과 말에는 어떤 것이 있는지 이야기 나눠 본다.</td></tr>
</table>

	4. 활동 평가하기 1) 나는 친구가 어떤 행동과 말을 했을 때 화나는지 말하고 상대방에게 '나는 이런 말과 행동을 들으면 화가 나. 그러니까 이럴 때 이렇게 말 또는 행동을 해 줘'라고 설명할 수 있다. **5. 활동 확장하기** 1) 사이좋은 행동 및 싸우는 행동 장면에 대해 각각 역할 놀이를 해 본다. **6. 가정과 연계하기** 1) 부모님, 형제, 친구들과 어떤 상황에서 화나는지 이야기 나눠 본다. 2) 화날 때(여러 감정) 어떻게 말을 해 주면 좋은지 이야기 나눠 본다.

※ 장난과 괴롭힘 예방 활동 3: 내 마음을 전해 줄래?

<table>
<tr><td rowspan="2">주제</td><td rowspan="2">효율적인 의사소통</td><td>활동</td><td>내 마음을 전달해 줄래?</td></tr>
<tr><td>활동유형</td><td>신체, 언어</td></tr>
<tr><td colspan="2">활동목표
· 상대방의 표정을 볼 수 있다.
· 상대방이 어떤 감정을 표현하는지 안다.
· 상대방의 감정을 다른 사람에게 정확하게 전달할 수 있다.

활동자료
여러 가지 감정표현 그림이 담긴 젠가 또는 카드</td><td colspan="2">1. 활동 소개하기
1) 오늘 활동의 이름은 '내 마음을 전달해 줄래?'에요.
2) 내 마음을 상대방이, 상대방은 나의 감정을 잘 전달해 주는지 알아볼 거예요.

2. 활동 전개하기
1) 감정을 표현할 수 있는 표정에 대해 알아본다.
- 우리 친구들이 지을 수 있는 감정표정에는 어떤 것들이 있을까요?
2) 감정을 표현하는 게임을 해 본다.
- 반 아이들을 2팀 또는 3팀으로 구분한다.
- 각 팀은 맨 앞에 앉아 있는 친구만 빼고 모두 뒤돌아 앉는다.
- 각 팀 맨 앞에 있는 친구는 감정표현 카드를 뽑아 뒤돌아 있던 1열의 친구들에게 표정을 한 가지씩 지으면 표정을 본 친구는 다음 친구에게 보여 주는 식으로 연결해 간다.
- 맨 마지막 친구는 어떤 표정인지 알아맞혀 본다.

3. 활동 정리하기
1) 어디까지 첫 번째 표정이 지속되던가요?
2) 왜 지속이 되지 않고 변경되었나요?
3) 변경된 이유는 뭘까요?
4) 변경되지 않으려면 어떻게 해야 할까요?

4. 활동 평가하기
1) 나는 친구의 표정을 읽고 친구의 기분을 알 수 있다.
2) 파악한 기분에 맞춰 친구와 사이좋게 지낼 수 있다.

5. 활동 확장하기
1) 감정표현이 그려진 젠가 또는 카드를 보여 준다.
2) 젠가 또는 카드를 하나씩 뽑을 때마다 나타난 감정표현을 보고 따라 해 본다.

6. 가정과 연계하기
1) 부모님, 형제, 친구들과 감정표현 카드놀이를 해 본다.
2) 어떤 감정을 표현하는 것이 힘든지 즐거운지 등을 이야기 나눠 본다.</td></tr>
</table>

※ 장난과 괴롭힘 예방 활동 4: 방석을 던지자

<table>
<tr><td rowspan="2">주제</td><td rowspan="2">장난</td><td>활동</td><td>방석을 던지자.</td></tr>
<tr><td>활동유형</td><td>언어, 신체</td></tr>
<tr><td colspan="2">
활동목표
· 나는 나의 신체를 조절하는 방법을 안다.
· 친구들과 사이좋게 놀이를 할 수 있다.

활동자료
방석(아이들이 잡기 쉬운 크기)
</td><td colspan="2">
1. 활동 소개하기
1) 오늘 활동의 이름은 '방석을 던지자'에요.
2) 친구들이 방석을 잘 받을 수 있도록 던지며 예쁜 말을 하는 놀이에요.

2. 활동 전개하기
1) 모두 옆 친구가 부딪히지 않도록 사이를 떼고 동그란 모양으로 모여 주세요.
2) 친구들 각자 방석을 하나씩 들어 주세요.
3) 선생님의 신호에 따라 방석을 옆 친구에게 던져 주세요.

3. 활동 정리하기
1) 방석을 어떻게 던질 때 잘 받을 수 있었나요?
2) 방석을 잘 받으려면 친구에게 어떻게 설명하면 되나요?

4. 활동 평가하기
1) 내가 방석을 잘 받을 수 있도록 친구에게 정중하게 부탁할 수 있다.
2) 친구가 방석을 잘 받을 수 있도록 나는 화내지 않고 설명할 수 있다.

5. 활동 확장하기
1) (방석이 익숙해지면) 콩 주머니를 활용해서 활동한다.
2) (방석이 익숙해지면) 솜을 이용해서 활용해서 활동한다.

6. 가정과 연계하기
1) 부모님, 형제, 친구들과 사이좋게 놀이를 하려면 어떻게 행동해야 하는지 이야기해 본다.

Tip
농구를 위한 공던지기로 패스할 때도 다른 친구가 받을 수 있도록 장난하지 않고 던지는 놀이를 한다.
</td></tr>
</table>

※ 장난과 괴롭힘 예방 활동 5: 톡톡, 친구를 안마해요.

주제	장난	활동	톡톡, 친구를 안마해요.
		활동유형	언어, 미술

<table>
<tr>
<td>

활동목표

· 장난과 괴롭힘의 개념을 안다.
· 나는 나의 신체를 조절할 수 있다는 것을 안다.
· 친구들과 사이좋게 노는 방법을 안다.
· 타인의 지시에 따라 나의 행동을 조절하는 방법을 안다.

활동자료

안마행동놀이카드
1. 안마부위카드
2. 횟수 카드
3. 안마방법(손, 손가락, 주먹)

</td>
<td>

1. 활동 소개하기

1) 오늘 활동의 이름은 '톡톡, 친구를 안마해요.'에요.
2) 친구들과 둘러앉아 선생님의 신호에 따라 안마를 하는 놀이를 할 거에요.

2. 활동 전개하기

1) 친구들과 무릎이 닿을 정도로 가깝게 둘러앉으세요.
2) 선생님이 말하는 신체 부위와 횟수, 안마의 속도, 안마의 힘 조절 세기에 맞게 안마한다.
* 주문의 개수는 아동의 수준에 따라 다르게 한다.
예 '내', '양다리', '2번', '톡톡', '천천히,' '치기' (6개 주문)
예 '친구의', '왼쪽 어깨', '3번', '살살', '주무르기'
예 '내 오른쪽 친구의', '다리', '4번', '빠르게', '주무르기' (5번)

3. 활동 정리하기

1) 친구가 어떻게 안마해 줄 때 기분이 좋았나요?
2) 친구에게 아프지 않게 안마해 달라고 하려면 어떻게 말하면 되나요?

4. 활동 평가하기

1) 나는 친구에게 내가 좋아하는 안마방법을 차분하게 설명할 수 있다.
2) 나는 친구가 좋아하는 안마방법이 무엇인지 정중하게 질문할 수 있다.

5. 활동 확장하기

1) 안마행동카드를 만들어 안마놀이를 한다.

6. 가정과 연계하기

1) 부모님, 형제, 친구들과 안마놀이를 해 본다.
2) 안마놀이를 한 뒤 어떤 점이 좋았는지, 어떤 점이 아쉬웠는지 이야기 나눠 본다.

Tip

느린 음악, 빠른 음악으로 안마를 조절하도록 하되 빠르게

</td>
</tr>
</table>

※ 장난과 괴롭힘 예방 활동 1: '나 화났어' 자료 1

1. '나 화났어'라고 서로에게 말한다.
2. 내가 화난 이유에 대해 서로에게 말한다.
3. 상대방이 어떻게 해서 나를 화나게 만들었는지 서로 이야기한다.
4. 내가 다시는 그런 행동을 하지 않을 것이라는 것을 서로 이야기한다.
5. 만일 동의할 수 없으면 다른 친구들 또는 선생님의 의견을 들어 본다.
6. 악수하고 다시 친구한다.

※ 장난과 괴롭힘 예방 활동 1: '나 화났어' 자료 2

웃는 얼굴에는 초록색, 속상한 얼굴에는 갈색, 화난 얼굴에는 빨간색을,
(　　　)얼굴에는 … 칠해주세요.
예 빨간색의 얼굴이 되었을 때 어떤 일이 생겼나요?

CHAPTER 10

장난과 괴롭힘 예방교육을 위한 놀이

1. 장난과 괴롭힘

유아들은 자유로운 놀이 속에서 장난으로 하는 말과 행동이 괴롭힘 즉 폭력이 된다는 것을 이해해야 한다. 장난이 즐거운 놀이가 되려면 조건에 충족되어야 한다. 장난의 조건은 첫 번째로 친구에게 물어보는 것이다. "내가 너 놀려도 돼?" 두번째로 허락을 받아야 한다. 마지막으로 친구끼리 둘 다 재미있어야 한다. 그러나 장난이 다른 사람의 자유를 침해할 수 있으므로 유아들 자신이 자유롭기 위해서 상대방에게 장난을 하는 것은 괴롭힘으로 발전할 수 있다는 것을 인식시켜야 한다. 친구를 괴롭히는 행동과 친구가 괴롭힘을 당하고 있을 때 어떻게 행동하고 말을 해야 하는지를 이해시킨다. 괴롭힘을 당할 때 상대방에게 정확하고 단호하게 "안 돼!", "싫어!", "아파!", "하지 마!", 선생님, 도와주세요."라고 마음을 표현할 수 있도록 한다.

도움이 필요한 친구를 적극적으로 도와주어야 함을 알도록 한다. 장난이 친구를 괴롭히는 행동으로 되었을 때 그 행동이 나쁜 것임을 인식시킨다. 친구에게 좋지 않은 행동이나 말을 했을 때 즉시 멈추고 사과하도록 한다. 장난이 아닌 진심으로 활동에 참여하여 표현할 수 있도록 돕는다. 괴롭힘을 당하는 친구를 볼 때 어떻게 해야 하는지 이야기를 나눈다. 괴롭히는 행동과 괴롭다는 감정을 정확히 이해시킨다.

싫은 행동에 대하여 나의 마음과 기분을 정확하게 표현해야 함을 지도해야 한다. 약한 사람을 도와주어야 함도 알려 주어야 한다. 괴롭다는 감정을 이야기하도록 함으로써 '슬프다, 화난다, 무섭다'의 감정을 솔직하게 이야기하도록 한다.

괴롭힘은 교육기관에서 유아들의 안전에 대한 실제적 위협으로 여겨진다. 가해자에 의한 직접적인 학대나 간접적인 위협을 경험한 유아만이 괴롭힘의 유일한 희생자는 아니다. 적절한 사회적 행동을 배우지 못한 유아는 기관에서 실패할 위험이 아주 높다. 이러한 유아는 다른 사람을 괴롭힘으로써 사회적 갈등이나 의견불일치에 대응하는 유아이다.

축구경기장이나 체육관에서 유아들은 공격적 행동으로 친구를 괴롭히는 사례가 종종 발생한다. 괴롭힘과 무관용(Zero tolerance: 일체의 예외를 엄격하게 적용됨)의 정의를 포함한 괴롭힘 방지 프로그램의 여러 문제에 대해 보고하고 있다. 장난과 괴롭힘 방지를 위한 정책에는 반드시 피해자와 가해자 모두의 요구가 반영되어야 한다.

무관용 정책은 교육기관이 가해자에 대해 지지적이고 심리적 지원을 제공하는 것은 거의 불가능하게 한다. 프로그램 관계자가 판단이나 해석에서 실수할 때 그 결과는 매우 극단적이 된다. 한 유아가 점심식사 때 사용되는 버터 나이프를 기관에 가져왔다고 등원금지처분을 받았다는 것이 놀랄 것 없이 괴롭히는 유아의 대부분은 남아이다.

남아는 공격적, 폭력적인 경향이 있다. 그러므로 사건발생의 주체가 남아이며, 그러므로 남아가 잘못했으리라고 자동적으로 생각한다. 여아보다 남아가 특수교육프로그램에 더 많이 참여하고 일반적으로 어떤 인종이나 민족에서도 남아는 여아보다 사회적 적응에 더 많은 어려움을 겪는다. 2세경에도 남아는 여아보다 다른 유아를 더 많이 깨문다. 남아가 유아보다 거친 신체놀이인 모의레슬링, 달리기, 차기, 올라타기, 때리기, 쫓기 등을 한다.

운동장에서 하는 유아의 놀이 중 5~20%가 거친 놀이이다. 유아교사가 여성이기 때문에 여교사는 적극적, 공격적 행동과 언어에 대체로 편견이 강하다. 괴롭힘 방지 프로그램을 만들고 적용하는 것과 더불어 편견도 아마 증가할 것이다. 유아가 유아교육기관에서 심리적, 신체적으로 안전하다는 것에 중점을 두어 남아에게서 거친 신체놀이를 박탈하는 것에 따른 장기적인 부정적 효과에 대해서도 우려된다. 발달적 차이를 고려해서 남아가 보다 공격적, 독단적 행동에 자연스럽게 참여하게 할 수는 없을까?

폭력 피해를 당했다고 응답한 학생이 중고교생은 전년 대비 줄어든 반면 초등학생은 늘어난 것으로 나타났다. 학교폭력 피해 학생의 68%는 초등학생이었다. 18일 교육부는 이같은 내용을 담은 2016년 1차 학교폭력실태조사 결과를 발표했다. 학교폭력실태조사는 2012년 처음 실시된 이후 해마다 4월(1차) · 9월(2차)에 두 차례 온라인으로 실시되며, 이번 조사에는 전국 초등학교 4학년~고등학교 3학년 재학생 456만 명 가운데 432만 명(94.8%)이 참여했다. 조사 결과를 보면, 학교폭력 피해를 당했다고 응답한 학생은 0.9%(39,000명)로 지난해 같은 시기 조사였던 2015년 1차 조사의 1.0%(44,000명)에 견줘 0.1%p(5,000명) 줄었다. 피해 유형 가운데 가장 큰 비중을 차지한 것은 언어폭력(34.0%)이었으며, 집단따돌림(18.3%), 신체폭행(12.1%), 스토킹(10.9%), 사이버 괴롭힘(9.1%), 금품갈취(6.8%), 강제추행 · 성폭행(4.5%), 강제심부름(4.3%) 순이었다. 학교급 별로는 초등학생이 2.1%(26,400명), 중학생 0.5%(7,100명), 고등학생 0.3%(5,200명)로, 초등학생이 전체 피해 학생의 67.9%를 차지한 것으로 나타났다. 초등학생의 피해 응답률은 중학생에 견줘 4배, 고등학생보다는 7배 높은 수치다. 특히 초등 4학년의 피해 응답률(3.9%)이 5학년(1.6%) · 6학년(0.9%)에 견줘 크게 높았다(한겨레, 2016).

1) 재미로 괴롭히는 아이

아이가 재미로 다른 아이를 괴롭힌다면 어떻게 해야 할까? 여러 친구들과 함께 오랜 시간 동안 한 아이를 놀리고, 협박하고, 집중적으로 괴롭히는 것은 잔혹한 짓이다. 이런 아이들 무리에는 보통 다른 아이들보다 나이가 많고 힘이 센 리더가 있다. 또한 다른 아이들과 잘 싸우지는 않지만 다른 아이가 괴롭힘을 당하는 걸 보기 좋아하고 잔꾀부리기를 좋아하는 몇 명의 추종자가 있다.

반 아이들 대다수가 괴롭힘을 당하고 있는 아이를 싫어하는 경우에는 더 많은 아이들이 그 무리에 가담할지 모른다. 아이가 다른 아이를 괴롭히는 두 가지 이유가 있다.

① 아이가 그 시간에 달리 놀만한 적당한 놀잇감이 없다.

② 좋지 않은 친구들과 어울려 다니고 있다.

이러한 두 가지 이유를 없애야 한다. 그러기 위해서는 첫째, 다른 아이를 괴롭히는 것은 절대로 안 된다는 것을 말해 준다. 어떤 아이든 누군가를 괴롭히는 것은 결코 정당화될 수 없다. 대다수의 아이들이 그 아이를 좋아하지 않는다 해도 역시 마찬가지이다. 아이가 나쁜 짓을 하고 있다는 것을 아이에게 분명하게 알려야 한다.

둘째, 다른 아이를 괴롭힐 시간적 여유를 없앤다. 선생님이 부모를 불러 아이가 행패를 부린다는 말씀을 드리면 부모가 곧 어떤 조치를 취할 것임을 확신시켜야 한다. 교사 또한 아이를 잘 보살필 것인지 확인해야 한다.

① 괴롭히는 아이에게서 멀리 떨어져 있게 한다.

② 같이 행패를 부린 아이들하고는 더 이상 어울려 다니지 못하도록 한다.

③ 학교와 집을 오가는 사이에 다른 아이를 괴롭히지 못하도록 곧장 학교로 혹은 집으로 오게 한다.

④ 어디서 놀고 있는지 항상 부모에게 말해야 하고 아이들을 불러서 놀 때는

집밖으로 나가서는 안 된다.

⑤ 다른 아이의 집에 가서 놀려거든 부모가 먼저 그 아이의 부모를 만나야 한다.

⑥ 다른 아이의 집에 놀러 갈 때는 그 아이의 부모가 늘 지켜보고 돌봐주는 경우에만 놀러 갈 수 있다.

친구를 괴롭히는 아이들은 부모와 교사가 개입하고 나면 묵묵히 이러한 제안을 받아들일 수 있다. 그저 주위에 휩쓸려 장난삼아 그런 행동을 보였던 정도에 불과한 아이들인 경우에는 대체로 자신이 한 짓이 나쁜 짓이고 이러한 제안이 정당하다는 것을 순순히 받아들인다. 부모나 교사는 훗날 성격적 결함으로까지 발전할 수 있는 아이의 나쁜 습관을 미리 고쳐 줄 수 있다.

아이가 부모나 교사가 정한 규칙을 자주 어긴다면 벌은 계속 주되 전문가의 도움을 받을 생각을 해 봐야 한다.

아이가 다른 아이를 괴롭히지 못하게 하는 것은 쉽지 않은 일이지만 가능하다. 아이들은 못된 아이들의 무리에 빠져든 것이다. 이 무리는 나이가 많아질수록 아이를 좀 더 심각한 사건에 빠뜨릴 수도 있다. 함께 어울려 다니며 다른 아이를 괴롭히는 아이들 대신 새로운 친구를 찾게 도와주는 것도 한 가지 방법이다.

2) 괴롭히는 아이 대처 방법

(1) 1단계: 아이에게 어떤 일이 있는지 가능한 한 많이 알아낸다

아이가 어떻게 괴롭힘을 당하고 있는지 자세한 이야기를 들어 본다.

정도가 가벼운 경우라면 비교적 쉽게 이야기하겠지만 아주 심하다면 이야기를 듣기가 쉽지 않을 것이다.

① 가볍게 행패를 당하고 있는 경우

일곱 살 영하가 엄마에게 유치원에 가기 싫다고 말한다. 왜냐고 묻자 “수지하고 같이 있고 싶지 않아요. 왜냐면 매일 내 간식을 빼앗아 먹고, 노는 시간에는 나를 말처럼 타고 놀려고 해요."

이 경우는 아이가 너무 고분고분해서 괴롭힘을 당하는 경우로 다행히 아이가 무슨 일이 있었는지를 부모에게 쉽게 털어놓았다. 하지만 심하게 괴롭힘을 당하고 있다면 아이에게 이야기를 듣기가 쉽지 않다.

② 아주 심하게 괴롭힘을 당하는 경우

돈을 빌려 갚지 않고 언니를 불러 때려 준다고 으름장을 놓으며 협박하는 경우에 아이는 아침마다 배가 아파서 유치원이나 학교에 가지 않는다고 한다. 이때 부모는 어떻게 된 영문인지 알아내야 한다.

(2) 2단계: 선생님을 만나 이야기한다

① 선생님에게 무엇을 해 달라고 요청하는 것이 아니라 도와 달라고 부탁한다.

② 처음에는 누가 그러는지 전혀 언급하지 않았기 때문에 선생님이 좀 더 냉정하게 듣게 된다. 괴롭히는 아이가 꽤 공부를 잘하는 아이라면 괴롭히는 아이에 대해 나쁜 이야기를 듣는 것을 꺼려할지 모른다.

③ 어떤 교사들은 이런 경우에도 아이들끼리의 일로 치부해서 자신은 끼어들지 않으려 할지 모른다. 아이의 교사가 개입하기를 꺼려 한다면 상담교사나 교장(또는 원장)을 만나 본다.

(3) 3단계: 아이가 괴롭힘을 당하지 않게 보호해 준다

① 직접 만나 사과하기보다 편지를 쓰게 해 달라고 부탁한다. 직접 만나 사과하면 괴롭히는 아이가 괴롭힘을 당하는 아이에게 위협적인 시선이나 어조로 다시 또 겁을 줄지 모른다.

② 괴롭히는 아이에게 5미터 이내로 괴롭힘을 당하는 아이에게 다가가서는 안 된다는 벌칙을 내려달라고 말한다. 이렇게 하는 것은 괴롭히는 아이가

괴롭힘을 당하는 아이에게 한 짓은 나쁜 짓이고 괴롭힘을 당하는 아이는 여러 어른의 도움을 받을 권리가 있다는 것을 분명하게 보여 주는 것이다. 괴롭힘을 당하는 아이는 자신의 일을 주위 사람에게 털어놓으면 자신의 처지가 더 나빠질까 봐 두려워했었다. 괴롭힘을 당하는 아이에게 어른들이 자신을 보호해 줄 것이라는 믿음을 심어 줘야 할 필요가 있다.

④ 4단계: 괴롭히기 좋아하는 아이에게 고분고분해서는 안 된다는 것을 가르친다. 그런 아이들에게는 절대복종해서는 안 된다는 것을 아이에게 분명히 가르쳐야 한다.
간식을 달라고 할 때 "안 돼, 그 간식은 내 거야"라고 말하도록 한다. 그런데도 또 간식을 빼앗아 가려고 하면 또다시 "안 돼!"라고 말하며 간식을 그 아이 손에 닿지 않는 곳에 치워놓으라고 한다.

⑤ 5단계: 자신의 아이를 친구들과 같이 어울려 다니라고 한다.
친구들과 함께 다니면 다른 아이들이 괴롭힐 여지가 줄어든다. 자신의 아이가 친구들과 어울려 다닐 수 있게 도와준다.

결과적으로 아이가 괴롭힘을 당할 때 교사나 부모가 할 수 있는 최선의 방책은 단호한 조치를 취하는 것이다. 집단적인 괴롭힘은 그 희생자가 되는 아이뿐 아니라 가해자인 아이들에게도 장기적으로 아주 나쁜 영향을 미친다.

아이들이 친구들과 함께 다닌다면 괴롭힘을 당할 우려는 한결 적어진다. 아이에게 같이 다닐 친구가 생길 때까지 학교수업이 끝나면 부모가 아이를 차에 태워 데려오거나 다른 어른들의 도움을 받아 괴롭힘을 당하는 일이 생기지 않도록 보호해 주어야 한다.

3) 아이가 다른 아이들의 놀이에 낄 때 갖는 태도

	예의 규칙을 따르는 경우	예의 규칙을 모르는 경우	예의 규칙을 어기는 경우
1	· 놀고 있는 아이들을 지켜보다가 자신도 끼고 싶다는 신호를 보낸다. · 놀이 규칙이 어떻고 누가 이기고 있는지 알아낸다. · 놀고 있는 아이들의 솜씨가 자신의 솜씨와 비슷한지 따져 본다.	· 혼자 떨어져 있다. · 다른 아이들을 바라보지 않으며 설사 바라보더라도 멀리 떨어진 곳에서 바라본다.	· 놀이 규칙도 모르면서 무턱대고 놀이에 끼거나 놀이를 훼방 놓으려 한다. · 어떻게 하느냐고 자꾸 물어서 아이들을 귀찮게 한다.
2	· 조용히 지켜보거나 놀고 있는 아이들에게 "나이스 슛", "잘한다"와 같은 칭찬을 한다.	· 주의를 기울여 바라보기보다는 건성건성 바라본다.	· 놀고 있는 아이들을 흠잡는다. "정말 멍청하구나" "그런 것도 모르니?"
3	· 놀이가 잠시 중단되기를 기다렸다가 나도 같이 끼게 해달라고 말한다.	· 다른 아이들이 같이 놀자고 권할 때까지 기다린다. · 끼게 해달라는 말은 절대로 하지 않는다.	· 무작정 끼어들어서 놀기 시작한다.
4	· 남자아이의 경우: 지고 있는 쪽이나 수가 적은 쪽한테 끼게 해 달라고 말한다. · 여자아이의 경우: 놀이기구를 가져온 아이한테 끼게 해 달라고 말한다. · 어떤 놀이에 끼고 싶은데 마침 아는 아이가 놀고 있다면 먼저 그 아이를 쳐다본다. 그 아이도 쳐다본다면, 그때 놀이에 껴도 되느냐고 물어보아야 한다. 반대로 그 아이가 쳐다보지 않는다면 그 아이는 이 놀이에 네가 껴서는 안 된다는 것을 알려 주고 있는 것이다.	· 같이 놀지는 말은 절대로 하지 않는다.	· 남자아이의 경우:이기고 있는 쪽에게 끼게 해 달라고 말한다. · 여자아이의 경우: 자신과 같이 놀아주지 않으면 안 된다고 주장한다. "같이 놀지 않으면 선생님한테 이를 거야"
5	· 껴 주지 않더라도 섭섭하게 여기지 않는다.		· 놀이에 껴 주지 않는다고 투덜거린다.

4) 거절당했을 때 대처 방법

거절당하는 이유	대처 방법
· A는 전에 그 아이들에게 어떤 잘못을 했다(아이가 그 아이들을 피했다. 선생님께 꾸지람을 듣게 했다).	· 대접을 받기 원하거든 대접을 해 줘야 한다. · 다른 아이들한테 가라.
· 잘못된 방식으로 끼어들려 했다.	· 다음에 낄 때는 잘 보고 있다가 노는 아이들을 칭찬해 줘야 한다. · 놀이가 잠시 중단될 때까지 기다렸다가 끼게 해 달라고 말한다.
· 그 아이들은 아주 인기가 많고 운동을 아주 잘하고 A와는 취미가 아주 다르다.	· 놀이 솜씨가 비슷하고 취미가 같은 다른 아이들을 찾아가라.
· 그 애들은 새 친구 사귀기를 원하지 않는다.	· 다른 아이들을 찾아가라.
· A가 원하는 것을 그 아이들이 잠시 오해했다.	· 달리 말해 봐라. - "너희 팀이 저 팀보다 두 명이나 적잖아?"
· 그때는 그저 아이들이 A와 같이 놀고 싶은 마음이 없었다.	· 나중에 다시 시도해 봐라.

싸우기를 잘하는 아이들은 보통 교사나 부모에게 싸웠다는 이야기를 하지 않는다. 문제가 생겼을 때는 더더욱 그렇다. 그러니 가정에서는 부모가 아이가 싸운다는 사실을 처음 알게 되는 것은 대개 아이를 돌보는 어른들의 말을 듣고 나서이다.

상우의 부모는 벌써 상우가 여러 아이를 다치게 했는데도 상우가 하는 말을 믿고는, 상우를 그냥 놔둔다. 상우는 자신을 화나게 하는 아이는 누구든 때리지만 정작 반 아이들을 화나게 하는 것은 상우다. 상우는 아무도 자신을 좋아하지 않으며 아이들이 자신을 놀리고 괴롭히기 때문에 계속 싸운다. 상우의 부모도 상우가 왜 다른 아이들하고 자주 다투는지 모르고 있다.

아이들은 자랄수록 여러 면에서 차차 좋아진다. 그러나 싸우는 것은 나이가 들수록 점점 더 나빠진다. 어떤 부모는 "어렸을 때는 자주 싸웠지만, 점차 좋아졌다."고 말한다. 그러나 잘 싸우는 아이들은 훗날 청소년 범죄나 학교중퇴 같은 보다 심각한 문제에 맞닥뜨릴 위험성이 더 높다. 그 증거가 너무나도 분명하므로 부모는 아이가 주먹다짐을 하지 못하도록 반드시 막아야 한다.

싸우기 잘하는 아이의 부모 중에는 자신의 아이가 집에서는 싸우지 않는다고 말하는 경우가 적지 않다. 그러면서 다음과 같은 이유를 들어 아이가 싸우는 것이 그다지 큰 문제가 아니라고 생각한다.

① 상대 아이가 먼저 싸움을 걸어서 어쩔 수 없이 싸운 것이다.

② 선생님이 우리 아이를 좋아하지 않아서 우리 아이를 나쁘게 이야기하는 것이다. 선생님은 아이들이 싸우면 말려야 하고 맞는 아이를 보호해 주어야 하기 때문에 싸움을 건 아이에게 화가 나게 된다. 이렇게 화난 상태에서 아이의 부모에게 애기를 하기 때문에 아이의 부모는 선생님이 자신의 아이를 좋아하지 않아서 나쁘게 애기한다고 생각하기 마련이다.

③ 아이들은 특히 남자아이들은 싸우면서 크는 게 정상이다. (그러나 사실 남자아이들 중에서 5~10%의 소수만이 싸운다.)

싸우는 아이의 이야기를 들어본다. 이때 문제의 본질에서 벗어나 아이가 하는 말을 꾸짖는데 중점을 두어서는 안 된다. 공손하게, 침착하게, 구체적으로 물어본다. 문제에 대한 부모의 관심을 보여 준다. 부모의 목적은 아이가 어째서 싸움에 이르게 되었는지 잘 생각해 보도록 돕는 데 있는 것이다.

아이에게 문제의 사건을 다루는 좀 더 나은 방법을 생각해 보게 한다.

① 싸우는 것은 어떠한 이유로도 용납하면 안 된다.

② 왜 싸웠느냐고 물어보면 대부분의 아이들이 다른 아이가 먼저 싸움을 걸었다고 대답한다. 그러나 이것은 대개 사실과는 다르다. 싸우기 잘하는 아이들은 다른 아이가 모르고 한 일을 일부러 그랬다고 생각하고 싸운다. 어떤 이유에서든 싸움은 절대 안 된다는 것을 분명히 하면 아이가 싸우지 않게 된다.

문제의 사건에 대해 아이의 이야기를 듣고 아이가 잘못했다며 꾸짖지 마라. 싸움을 한 어떤 이유도 받아들이지 마라.

5) 화가 날 때의 대처요령

상대 아이가	다음번에는 네가 먼저
· 그것이 네 장난감인 줄 모르고 갖고 놀고 있다.	· 그 아이에게 '그 장난감은 내 거다'라고 말해 준다.
· 네 장난감이나 공을 툭하면 빼앗아 간다.	· 저학년이면 어른에게 말해라. · 고학년이면 아무 반응도 보이지 마라(그 아이는 그냥 너를 화나게 하려는 것뿐이다).
· 너를 놀린다.	· 놀리는 아이의 말을 재미있게 받아친다.
· 너를 밀치고 때린다.	· 그 아이에게서 약간 떨어진 곳에 피해 있는다. · 다른 아이들과 어울려 다닌다. · 선생님 근처에서 논다.
· 여럿이 어울려 노는데 억지로 끼어들려 한다.	· 다른 아이들에게 맡겨 둔다.

아이에게 다른 아이들이 싸우는 것을 구경하지 못하게 한다.

싸우면 그 즉시 체벌이 아닌 벌을 준다. 벌 받는 시간이 재미있어서는 안 된다. 벌은 한두 시간이 넘지 않는 단순한 것이어야 한다. 벌을 내린 후에는 다시는 그 일에 대해 이야기하지 않는다. 과거의 실수는 잊고 새 출발을 한다. 주마다 횟수가 늘어나거나 변함이 없는 경우에는 이런 상태가 3주가 넘게 계속되면 전문가의 도움을 받는다. 싸우는 것은 친구를 사귀는 데 장애가 되고 사춘기가 되면 더욱더 심각한 문제를 일으킬 수 있다.

6) 장난과 괴롭힘의 피해자 지침

(1) 나를 알기: 나의 말과 행동을 자신 있게 표현하기

자신 있는 태도

① 움츠리거나 기죽지 않는다.

② 똑바로 서서 얼굴을 들고 어깨도 바르게 편다.

③ 상대방의 눈을 피하지 않고 마주 본다.

④ 친구들의 말이나 행동에 울거나 징징대며 이르지 않는다.

(2) 나의 주장을 말로 표현하기

① '그만해', '싫어', '하지 마'라고 단호하며 당당하게 말한다.
② '나는 싫어', '나는 화가 나', '나는 슬퍼'라고 감정을 말한다.
③ 나 자신의 감정을 솔직히 말한다.
④ 그 자리를 피한다.
⑤ 위험한 자리는 피한다.
⑥ 안전한 거리를 유지한다.

(3) 도움을 청하기

부모님, 선생님, 친구들에게 도움을 청한다.

7) 장난과 괴롭힘의 가해자 지침

(1) 입장을 바꿔서 생각하기

① 피해자의 입장이 되어 속상함과 신체적 아픔을 생각해 본다.
② 멈춰서 생각하고 결과를 예측해 본다.
③ 자신의 행동에 책임을 져야 함을 기억한다.

(2) 화를 다스리기

① 마음 다스리기 공간에서 소리를 지른다.
② 신문지를 계속 찢으며 화를 표현하며 다스린다.
③ 뽁뽁이(크고 작은 것)를 손으로 누르거나 발로 밟아서 소리가 나도록 터뜨린다.
④ 그림으로 자신의 마음을 표현한다.

⑤ 달리기를 한다.
⑥ 하나부터 열까지 천천히 센다.
⑦ 좋은 공기를 마시면서 산책을 하거나 씽씽카, 자전거 타기 운동을 한다.

(3) 친구와 이야기하기

① "나는 ㅇㅇ를 때려서 미안해."
② "내가 ㅇㅇ의 장난감을 빼앗아서 도로 주고 싶어."
③ "나는 많이 미안해서 울고 싶어."
④ 어른께 도움을 청하기(선생님이나 도움을 줄 수 있는 어른들게 도와달라고 말한다.)

8) 장난과 괴롭힘의 방관자가 되지 않기 위한 지침

(1) 주변에 관심 가지기

'내일이 아니야'라고 생각하지 않는다.

(2) 장난과 괴롭힘의 행동을 함께하지 않기

① 친구의 화나고, 당황스럽고, 슬픈 상황에 웃지 않으며, 웃지 말아야 할 때를 안다.
② 장난과 괴롭힘의 상황을 함께하지 않는다.

(3) 친구를 보호해 주기

① 따돌림을 당하는 친구를 위로해 주며 함께 놀아 준다.

② 친구를 위로해 주며 도움을 청하도록 도와 준다.

③ 화해시킬 수 있는 방법을 찾아서 함께 놀게 도와 준다.

(4) 어른께 도움 청하기

① "선생님 도와 주세요."

② "엄마, 아빠 도와 주세요"라고 말한다.

법령으로 배우는 학교폭력

때려서 친구를 다치게 하는 것, 나쁜 말을 해서 친구에게 상처 입히는 것, 친구에게 심부름을 강요하는 것 등 친구가 싫어하는 행동을 강제로 하는 것은 모두 학교폭력으로 볼 수 있어요. 「학교폭력예방 및 대책에 관한 법률」에서는 학교폭력을 "학교 내외에서 학생을 대상으로 발생한 상해, 폭행, 감금, 협박, 약취·유인, 명예훼손·모욕, 공갈, 강요·강제적인 심부름 및 성폭력, 따돌림, 사이버 따돌림, 정보통신망을 이용한 음란·폭력 정보 등에 의하여 신체·정신 또는 재산상의 피해를 가져오는 행위"라고 보고 있답니다(「학교폭력예방 및 대책에 관한 법률」 제2조 제1호).

학교폭력의 여러 가지 예

① 흉기 등을 이용해 몸에 상처를 입히는 행동(상해)
② 일부러 때리거나 힘껏 미는 행동(폭행)
③ 겁을 주거나 협박하는 행동(공갈·협박)
④ 돈이나 물건을 강제로 빼앗는 행동(공갈)
⑤ 빈정거림, 조롱, 욕설, 저급한 언어를 사용해서 불쾌감을 주는 행동(명예훼손·모욕)
⑥ 별명 등을 부르며 놀리거나 일부러 나쁜 소문을 퍼뜨리는 행동(명예훼손·모욕)
⑦ 하기 싫은 일이나 옳지 못한 행동을 강요하는 행동(강요)
⑧ ㅇㅇ셔틀 등 싫어하는 걸 알면서도 강제적으로 심부름을 시키는 행동(강제적인 심부름)
⑨ 원하지 않는 신체적 접촉을 강요하는 행동(성폭력)
⑩ 집단 활동에서 따돌리고 주변 친구들의 접근과 도움을 막는 행동(따돌림)
⑪ 휴대전화 문자나 인터넷 카페를 이용해서 욕설을 하거나 따돌리는 행동(사이버 따돌림)
⑫ 휴대전화나 이메일을 통해 협박, 비난, 위협(정보통신망을 이용한 폭력)
⑬ 그 밖에 당한 사람의 입장에서 학교폭력이라고 생각되는 행동

학교폭력과 관련해서는 어떤 법령이 적용되나요?

학교폭력과 관련해서 필요한 각종 조치와 절차는 여러 가지 법령에서 정해놓고 있어요. 관련 법령에 따라 정신적으로 큰 고통을 겪은 피해자는 학급교체, 심리상담 등의 보호를 받을 수 있고, 학교폭력을 저지른 학생은 봉사활동, 출석정지, 전학 등 징계를 받거나 많은 손해배상금을 물어주어야만 하지요. 이 과정에서 학부모들 사이에 다툼이 생기면 학교폭력대책자치위원회나 법원을 통해서 해결할 수 있어요.
만약 이 모든 일이 법령에 의해 공정하게 다뤄지지 않고, 그때그때 아무렇게나 시행된다면 어떻게 될까요? 아마, 혼란스러운 상황이 되어 가해자는 반성할 기회를 잃고 피해자는 아무런 보호도 받지 못하게 될 거예요. 따라서 우리 사회의 다른 문제들처럼 학교폭력 문제 역시 법령을 통해 다루도록 정해져 있답니다.

학교폭력예방 및 대책에 관한 법률

학교에서 매 학기마다 학교폭력 예방교육을 실시하는 것은 「학교폭력예방 및 대책에 관한 법률」에서 그렇게 하도록 정해 놓았기 때문이에요(「학교폭력예방 및 대책에 관한 법률」 제15조).

「학교폭력예방 및 대책에 관한 법률」은 위와 같이 예방교육에 관한 사항을 정하고 있을 뿐만 아니라 학교폭력 피해자를 보호하고 가해자를 올바르고 좋은 길로 이끄는 데 필요한 조치 및 분쟁조정에 관한 사항도 규정하고 있어요.

구체적으로 살펴보면, 학교폭력의 피해를 입은 학생은 학내외 전문가에 의한 심리상담·일시보호·치료 및 치료를 위한 요양 등의 보호조치를 받을 수 있어요. 그리고 가해자는 피해자에 대한 서면사과·봉사활동·출석정지·학급교체·전학·퇴학처분 등을 받도록 되어 있답니다(「학교폭력예방 및 대책에 관한 법률」 제16조 및 제17조).

9) 스마트폰의 유해한 영향

개방적 장난감과 많은 상호작용은 놀이의 질에 긍정적 영향을 미친다. 단순히 수동적 오락을 제공하는 스마트폰을 피해야 하는 이유는 스마트폰으로 인해 아동들의 발달에 부정적 영향을 끼치므로 일반적으로 과다사용하는 스마트폰에 중독된 유아들의 비정상적인 발달징후들을 다음처럼 볼 수 있다.

(1) 스마트폰으로 인한 인지능력 및 인지적 지체의 초기 위험지표

① 매우 화를 내거나 수동적임

② 먹기가 어려움

③ 비정상적으로 높은음을 가진 울음

④ 눈으로 사물 추적이 어려움

⑤ 발달기준에 도달하는 데 시간이 오래 걸림

⑥ 2개월이 되어도 미소를 짓지 않음

⑦ 4개월이 되어도 부모를 인식 못 함

⑧ 6개월이 되어도 옹알이를 하지 않음

⑨ 7개월에 혼자 앉지 못함

⑩ 18개월경에 단일 단어를 말하지 못함

⑪ 18개월경에도 걷지 못함

(2) 스마트폰 중독 의심으로 인한 운동능력 및 신체발달 저하

① 잠깐의 야외활동에도 곧 지치고 피로해함

② 앉아 있는 사세가 매우 구부성한 모습

③ 또래 아이들과 달리 신체 활동에 의욕이 없음

(3) 스마트폰 중독 의심으로 인한 의사소통방식의 어려움

① 자기의사표현이 정확하지 않고 교실 내에서 또래들과 활발한 소통을 하지 못함

② 혼잣말을 하는 등 혼자 놀이를 하고 게임 속의 효과음을 따라 소리를 냄

③ 또래나 교사의 말에 반응이 없음

④ 다른 사람의 질문에 고개만 흔들어 의사소통 함

⑤ 타인의 말을 경청하지 않고 일방적인 의사표현만 함

2. 놀이

놀이는 언제나 즐거운 것이다. 자기통제, 규율을 지키라는 끊임없는 요구로부터 해방되는 것은 즐거운 일이다. 창의성과 표현의 다양성, 사회적 친밀감을 강화시켜 준다. 즐거움, 성취감, 소속감을 주고 큰 위험 없이 우리의 걱정, 근심, 슬픔, 비밀을 해결해 준다. 놀이는 정신을 새롭게 하고 지적 능력을 복원시켜 준다. 잠을 잘 때의 꿈과 같은 역할을 깨어 있을 때는 놀이가 한다. 놀이는 정신에너지를 보충해 준다. 영장류가 파충류보다 우수한 행동방식은 놀이, 양육, 언어를 이용한 의사소통을 하는 것이다.

놀이는 약 6500만년 전 포유류가 파충류를 대신하기 시작할 때 진화에 있어 반사적이기보다는 반성적인 새로운 정서체제로 대치되었다. 즉, 포유동물은 위험에서 벗어나기 위하여 이전처럼 빨리 반사적으로 반응하여 달아나거나 아니면 어떻게 할지 결정하기 전에 도망가는 것 외에 대안을 먼저 고려해 볼 수 있게 되었다.

어떤 때는 생각을 했어야 하는데 하지 않아 위협에 과잉반응을 하게 되고 또 어떤 때는 너무 많이 생각을 하여 침입자가 그냥 도망가도록 만든다. 우리가 가진 정서적 동기의 세계는 항상 모순으로 가득 차 있으며 이는 예전에도 그러했으며 지금도 마찬가지이다. 진화에 있어서 우리에게 유리했던 변이 중 하나는 바로 안전한 방식으로 이러한 모호성에 대하여 연습하게 해 주는 것이라는 사실이 놀랍지는 않은 것이다. 그 자체가 이러한 정서의 소용돌이를 갖고 사는 우리를 도와주는 하나의 변이가 되어왔다고 환상한다. 어떤 의미에서 이런 식으로 가능한 재앙을 미리 연습하는 것이 분노, 공포, 혐오, 외로움에 대항하게 해 주는 하나의 예방접종으로서의 역할을 해온 것이다.

1) 놀이의 정의

놀이는 학습이고 놀이 안에서 학습이 이루어진다. 놀이야말로 수동적이고 학습의 즐거움이 없어 지친 아이들에게 생명력을 불어넣을 수 있는 확실한 대안이다. 놀이는 학습자의 자발성을 촉구해 주며 자주성, 창의성, 독창성, 협동심, 체험학습으로 가능해진다. 놀이는 억지로 할 수 없고, 시킬 수도 없는 것이기 때문에 아이들은 자발적으로 놀이에 참여하여 스스로 즐기며 놀이를 통하여 다른 사람들과 만남과 사귐을 가지게 된다.

놀이를 하면서 학습자들은 자유, 자율, 절제, 책임의식을 자연스럽게 체득하면서 사회인으로서의 덕목을 배워 나간다. 이것이야말로 놀이정신으로 사회적으로는 문화활동을 촉진하고 발전시키는 핵심 원동력이며, 개인적으로는 정신교육과 지적 발달의 주요원동력이 되는 놀이는 그 자체로 힘을 가지고 있기 때문에 필요하다.

놀이의 본질로서 놀이는 유아의 일이다. 자신이 숙달된 것을 표현하는 것이다. 정서적 상황을 극복하려고 시도하는 경우에 일에 앞서 놀이가 일어난다. 바둑이나 체스, 윷놀이와 같은 규칙이 있는 게임에 있어서는 놀이와 일이 동시에 일어난다.

놀이에는 힘이 있어서 상상적이고 창의적으로 문제를 해결할 수 있도록 도와주고, 정체성과 자기표현이 가능하게 하며, 사람들 간의 사회적 소속감이나 유대감을 돈독히 함으로써 창의성과 개방성을 발달시키고 유지하는 역할을 한다. 이 외에도 자기 자신을 명확히 나타내고 자신의 개별성을 표현하는 방식으로서도 놀이는 매우 중요하다고 할 수 있다.

2) 놀이의 특징과 교육적 의의

(1) 놀이의 특징

셰퍼(Schaefer, 1993)는 놀이의 특징을 다음과 같이 정리하고 있다.

① 놀이는 외적인 것이 아니라 내재적인 것에 의해 동기화된다. 자신을 위한 활동은 그 자체에 쾌감이 있기 때문에 내재적으로 동기화된다. 아동에게 외적 보상을 주어서 놀도록 하거나 강제로 놀도록 압력을 주어서도 안 된다. 놀도록 내버려 두면 놀이는 아동 안에 있는 내적 욕구를 만족시킨다.

② 놀이하는 아동은 활동의 결과나 놀이를 성공적으로 끝마치려고 하기보다는 놀이행동 자체에 더 관심을 갖기 때문에 놀이과정을 중요시한다.

③ 놀이는 아동에게 긍정적인 느낌을 준다. 이것은 놀이하는 아동이 나타내는 미소, 웃음, 기쁨 등에서 분명해진다.

④ 아동은 놀이에 몰두한 나머지 시간과 장소에 대한 자각을 잃어버리기도 한다.

⑤ 놀이는 '마치 ~인 것처럼' 혹은 현실세계가 아닌 것처럼 하는 허구적인 특성을 가지고 있다.

⑥ 놀이는 목적과 사건에 신선한 의미를 부여하는 자유를 준다. 이것은 놀이에 항상 어떤 변화와 창조적이고 혁신적인 결과가 있다는 사실에서 확인할 수 있다.

⑦ 놀이는 목적을 탐색하고 무엇을 할 수 있는가를 결정하기 위한 탐색활동과는 다르다. 놀이는 '내가 이 물건으로 무엇을 할 수 있는가?라는 의문에 답하려고 한다.

(2) 놀이의 교육적 의의

놀이의 특징에 더하여 놀이가 가진 교육적 의의를 정리하면 다음과 같다.

① 놀이는 놀이 그 자체가 목적인 즐거운 작업이다. 놀이는 교육을 자유롭고 즐거운 작업으로 회복시켜 준다.

② 놀이는 수동적인 학생들에게 자발성, 창의성을 갖춘 독립적인 인간을 가능케 한다.

③ 놀이는 독립성과 함께 공동체 의식을 개발하여 준다. 놀이를 통하여 친구들과 자유롭게 어울려 놀면서 공동체 의식을 함양하며 사회성을 개발해 간다. 아동은 놀면서 자신을 둘러싸고 있는 사람들의 생활로부터 모든 행위를 경험하게 된다.

④ 놀이는 자유, 자율, 질서, 절제, 책임의식을 학습할 기회를 제공해 준다.

⑤ 놀이는 몸의 참여를 촉진한다.

⑥ 놀이에서 가진 경험을 실생활에 적용할 수 있도록 하여 준다.

⑦ 놀이는 재미없는 학교, 즐겁지 않은 수업, 무질서한 학생을 변혁시킬 수 있는 신비한 힘을 가지고 있다.

3) 놀이의 이론

(1) 고전놀이이론

① 잉여에너지이론: 실러(Schiller)/스펜서(Spencer): 잉여에너지의 제거

② 휴식이론: 홀(Hall): 진화-원시적 본능의 제거

③ 연습이론: 그로(Gros): 진화-성인생활에 필요한 본능의 완성

(2) 현대놀이이론

① 심리역동이론: 프로이트(Freud)의 정서발달

② 사회학습이론: 스키너(Skinner)의 조작적 조건 형성

③ 인지이론

(a) 피아제(Piaget): 연습놀이, 상징놀이, 구성놀이, 규칙 있는 게임

(b) 비고츠키(Vygotsky): 가상놀이

(c) 브루너(Bruner): 문제해결력에 기여

④ 서턴 스미스(Sutton Smith) 놀이이론

(a) 적응적가변성: 기이성, 조잡성, 예측불허성, 상당한 과잉성 요구
놀이의 모호성

(b) 진보로서의 놀이: 놀이로부터 유용한 것을 배움

(c) 운명으로서의 놀이: 도박

(b) 권력으로서의 놀이: 운동, 축제

(c) 정체성으로서의 놀이: 축제, 집단의 정체성
상상으로서의 놀이: 성격형성, 여가 학문, 민속적
가벼운 운동으로서의 놀이: 사기꾼, 광대, 코미디언

(d) 과학자들이 발견하고 증명할 수 있는 보편적이고 도전할 수 없는 진리가 있다는 가정을 그 중심에 두고 있다.

(4) 후기 현대이론

① 사회문화적 관점: 생태학적모형-문화적으로 적합한 교육과정을 이행하도록 정보 제공

② 비판교육이론: 사회에서 불평등, 권력에 기반, 놀이 활동에서의 권력의 소지에 초점, 재미있으면 놀이라고 생각

③ 혼돈이론: 기억과 경험, 회상, 표상적/상징적, 의미창출, 역동적, 연결주의, 창의적

(5) 자신만의 놀이이론 형성하기

① 유아는 놀이를 왜 한다고 생각하는가?

② 유아놀이의 목적은 무엇이라고 생각하는가?

③ 이 목적은 어떤 역할을 하는가? 이것은 융통성이나 상상, 사회적 기술, 혹은 놀이의 목적이라고 하는 당신의 생각을 어떻게 뒷받침해 주는가?

④ 놀이학습의 관계는 어떠한가?

⑤ 유아는 어느 범위까지 놀이를 해야 하나? 놀이는 어떤 연령에 중요한가?

4) 정서에 대한 놀이의 생리적 연구

정서들이 두뇌의 보다 오래된 영역(특히 편도핵)과 현대적 영역(전뇌) 모두에 기반하고 있음을 보여 준다. 그러나 이러한 정서 중 일부는 여전히 두뇌의 보다 오래된 영역에서 지배적으로 존재하는데 여기에는 충격, 분노 및 공포가 포함되고 이것들은 반사적 행동을 보다 잘하게 한다. 이것들은 일차정서라고 불려 왔다. 반대로 이차정서는 죄책감, 수치심, 당혹감 등 보다 복합적인 원인(감정)에 의해 나타나는 것을 말하는데 이러한 정서는 전두엽이 주된 생리학적 기초를 가지고 나타난다.

정서에 대한 놀이의 생리적 연구는 주로 뇌 연구를 중점으로 이루어지는데 세 가지로 나누어 보면 다음과 같다.

- 뇌 연구: 발달에서의 상호주의관점을 더 굳건하게도 유아+환경, 환경이 상호작용에 대하여 반응할 때 최적의 뇌 발달이 일어난다.
- 뇌 발달의 부정적 영향: 스트레스, 지루함, 지속적인 혼돈, 불충분한 영양, 적절한 자극의 부재
- 다양한 놀이: 사물놀이, 신체놀이, 사회놀이, 인지놀이가 뇌의 중요한 연결이 다양하게 발달된다.

사물놀이는 유아의 시각, 청각, 촉각을 사용하는 놀이로서 다양한 조합, 원인과 결과, 유형과 물리적 실재에 대해 생각하면서 사물을 물리적으로 통제하고 조작하고 배열할 수 있게 된다(예: 블록더미가 쓰러질 것인가?).

사회놀이에서는 복잡한 언어, 사회적 교류, 언어적 협상이 첨가된다.

5) 유아놀이에 대한 관점의 변화

19세기 이전 고대 플라톤이 유아의 놀이는 경험을 통한 학습의 중요한 부분이라고 하였다. “강요된 학습은 마음속에 머무르지 않는다. 유아들이 놀이를 통하여 배우도록 하라” 그리스에서 놀이와 교육은 악센트의 위치만 다른 같은 단어(paitheia)이다. 교육은 pie-dee-ah 가운데 악센트가 있고, 놀이는 pie-dee-ah 뒤에 악센트가 있다. 두 단어 모두 그리스어의 유아(PAIS: PIEEES)에서 유래한 것이다. 예전에는 놀이와 교육 모두 유아에게 해당되는 것이며 아동기가 끝나면서 놀이와 교육도 끝나는 것이라 생각했다.

성인기로 들어서자마자 올림픽경기, 결혼상대 결정, 직업, 생계유지를 위한 일과 같은 다양한 경쟁에 개입하게 된다. 그리스어로 AGON(AGONY: 고통)은 ‘경쟁’을 의미하는데 더 이상 어리지 않고 놀이를 할 수 없거나 놀이를 하도록 허락되지 않을 때 사람들이 열중하는 것이다.

(1) 청교도 시대

놀이는 ‘악마의 왼손’인 적이며 유아가 가족으로서의 책임, 집안일, 학업(성경을 읽을 수 있도록 배우는)에 관심을 갖도록 놀이로부터 보호되어야 했다. 인간본성 내부에 숨어 있는 짐승을 다스리고 나쁜 의지를 깨는 목적으로 종교적 훈련 및 교육은 매우 엄격하였다.

(2) 1800년대 계몽운동

이 시기에 유아는 순수하고 보호가 필요한 존재이며 환경에 의해 새겨지는 백지상태의 존재로 여기기 시작했다. 엄격한 훈련과 규범으로 남아 있기는 했지만 보다 진정한 관심과 유아중심적인 감성성이 나타났다. 놀이는 유아가 강하고 건강하게 성장하도록 돕고 사회생활에 온전히 참여할 수 있게 하는 긍정적인 힘이라고 여기기 시작했다.

(3) 진보적 시대

진보적 시대에는 유아의 놀이에 더 많은 관심을 갖고 놀이가 일어날 수 있는 실내외의 놀잇감과 놀이영역을 건전하고 건설적이라고 생각하는 전통놀이가 주류를 이루었다. 주로 실외에서 애완동물이나 야생화, 나비 또는 개구리와 같은 자연물을 대상으로 놀이하였으며 유아는 돌, 눈, 나무 등을 가지고 무엇인가 만들었다. 손인형, 인형, 연, 공, 팽이와 같은 집에서 만든 놀잇감은 단순하였고, 가족구성원 모두가 즐겼다.

전통놀이에는 흔히 운동, 게임, 음악, 설화, 춤, 노래 등이 포함되었으며, 축제나 특별한 행사의 한 부분으로 지역사회에서도 볼 수 있다. 전통놀이는 집단의 기능에 도움이 되며 민족적 정체성을 심화시킨다고 여겨 왔다. 조용하거나 시끌벅적하거나 단독놀이거나 사회놀이거나 놀이는 사회적·신체적 발전에 공헌한다는 점에서 가치 있게 평가되었다. 보다 기술적·설교적·학습적·경쟁적인 놀이를 지향하는 오늘날 후기 현대경향에서 전통놀이에 대해 생각하는 것은 많은 부모와 교사들에게 때대로 향수를 일으킬 수 있다는 것은 다소 놀라운 일이다.

(4) 개인이라는 개념–현대주의의 핵심

개별적·합리적 사회의 기반을 형성하며 따라서 현대심리학과 교육은 개인의 자아개념, 기본욕구에 대한 합리적 충족, 성공, 자아실현에 초점을 맞춘다. 근본적으로 다른 상황에서 살고 있다고 하더라도 개인은 진실과 진정한 지식을 알아볼 수 있다. 콜버그(Kohlberg)의 도덕추론 마지막 단계인 보편적인 윤리적 행동은 현대적 개인의 좋은 예가 된다. 파튼(Parten)의 사회적 놀이단계, 피아제(Piaget)의 인지적 놀이단계, 스밀란스키(Smilansky)의 사회인지적 놀이단계도 마찬가지이다.

결과적으로 놀이의 관점의 변화는 중류집단에서 유아기술 습득, 독립성을 발달시키며, 힘과 통제를 연습하고 전문적이고 높은 지위에서 성공하는 데 필요한 기술과 능력을 습득하도록 했다. 소수집단 놀이는 하찮은 것, 생존을 위해 꼭 필요하지는 않은 것이나 집단의 결속, 충성, 집단주의를 발달시키고 결합시키는 것으로 여기며, 유아교육과정에서 놀이에 가치를 두지 않게 된 것이다. 이는 부유한 아이들이 항상 놀이를 할 기회를 갖기 때문인 것으로 보인다.

6) 놀이에 대한 다양한 관점

(1) 유아의 관점

유아의 발달 단계, 문화적 맥락, 유아에 의해 주도되는지, 교사, 성인부모에 의해 부과되는지 사회적 맥락, 영향력 있는 또래들이 당시 무엇을 하고 있는지 등과 같은 다양한 요인에 근거를 두고 있다. 요리, 그림, 레고, 북소리에 맞추어 춤, 책을 읽으며 놀이한다. 놀이는 비실제성, 내적 동기, 결과가 아닌 과정을 지향하고 자유선택, 긍정적 정서 유아의 관점에서 이해해야 한다. 결정적인 것은 준거가 활동하는 바로 그 시점에서 세상에 대한 유아의 독특한 관점에 따라 변화된다.

(2) 부모의 관점

학습하도록 하는 국가에서 어려서부터 학업적 준비를 위한 압력, 충고, 전문적 학습 정보-유아의 놀이가 최악의 경우 경험을 제거한다고 하면서 유아교육프로그램에서 하루 종일 놀지 않도록 압력을 가하며, 유아보육 프로그램이 학습은 등한시하고 지나치게 노는 프로그램이라 생각한다.

(3) 교사의 관점

유아기의 놀이가 기억, 학교적응, 구어발달, 사회적 기술의 향상, 자기조절과 직접적인 관계가 있다는 것이 많은 연구에서 밝혀지고 있다. 포유동물은 단지 즐거움에 매여 놀이를 하며, 놀이하지 않는 유아는 정신적으로 건강하지 않은 성인이 될 것이라 주장한다. 유아교사들이 유아의 발달과 교육에 있어서 놀이의 결정적 중요성을 알고 있다 하더라도 국가의 각 주마다의 기준, 조기 문해의 강조, 헤드스타트의 학업결과와 규준지향성을 도입하는 것으로 인해 자신의 태도를 변경하거나 이에 적응하였다.

(4) 행정가의 관점

교육청은 놀이를 하는 데 시간을 낭비하지 않게 하고 놀이란 단지 중요한 학습활동을 한 후의 공헌에 지나지 않고, 휴식일 뿐이며 놀이에 대한 반대 견해를 가지고 있다. 공립학교과장이나 유아교육 배경지식이 없고 공·사립프로그램의 감독자들은 초등교육, 사회복지 또는 사회사업같은 교육적 배경을 가지고 있다.

프로젝트를 통한 다양한 방법으로 가르칠 수 있지만 대부분의 교육기관에서는 이러한 학업적 기술과 개념을 매우 지시적이고 설명적인 방식으로 가르치고 있다.

3. 교사의 놀이를 위한 과제

(1) 유아교육기관의 시간 연장에 따른 유아의 놀 권리 보장을 위한 놀이지도

「유엔아동권리협약」 제31조에는 '아동의 놀 권리'에 대해 "아동은 휴식과 여가를 즐기고, 나이에 맞는 놀이와 오락 활동, 문화 예술 활동에 자유롭게 참여할 수 있는 권리"와 이를 위한 정부의 역할로 "각 나라 정부는 이러한 아동의 권리를 존중하고 증진하며, 모든 아동에게 문화, 예술, 오락 및 여가활동을 위한 적절하고 균등한 기회를 제공해야 한다."고 강조하고 있다.

종일반의 유아는 하루의 대부분을 유아교육기관에서 보내기 때문에 이 시간에 이루어지는 개인적인 작업, 신체운동, 조용한 활동, 창의적 접근, 학습 등은 유아교육에 있어 중요한 부분을 차지한다. 이때 공식적으로 구성된 실제 교육기관의 환경보다는 유아중심적이고 직접적이면서 덜 교훈적인 수업방식이 필요한데 그중 하나가 놀이라고 할 수 있다. 무엇보다도 풍부한 신체놀이와 사회놀이로서의 기능, 구성, 극화, 규칙이 있는 게임, 단독, 병행, 연합, 협동사회놀이 등이 절실히 요구된다.

놀이는 자기 주도적, 자기 지시적, 긍정적 정서, 비실제성을 포함하는 특징이 있기 때문에 유아의 자기 통제력을 길러주는 데 있어서 특히 유익하다. 유아는 놀이를 통해 정서적·심리적 요구에 근접하는 환상적 현실을 창출해 나간다.

프로젝트접근법으로 유아주도적 학습을 주제 중심적접근으로 실제로 경험을 하게하고 지역사회의 부를 참여하는 것을 필요로 한다. 듀이(Dewey)의 접근도 적용가능하며 레지오에밀리아 접근도 적합하다. 이런 교육의 적용은 유아가 새롭고 도전적인 정보와 개념에 노출되는 경험을 갖게 하고 직접조작하는 학습과 탐색기회를 많이가지며 새롭게 학습한 것을 연습, 조작, 재구성, 재사용하는 것이다. 이것이 바로 우리가 놀이라고 하기 때문에 교사들이 신경을 써야 하는 이유이다.

(2) 놀이의 틀(play framing)에 따른 지도

정상적이고 일상적인 비놀이행동으로부터 놀이행동을 구분해 준다. 놀이 에피소드는 놀이 틀의 관점에서 볼 수 있으며 놀이대본, 또는 놀이행위는 이러한 틀 안에서 일어난다. 놀이 틀의 개념은 놀이평가를 하는 데 있어 핵심적이다. 놀이 관련 행동에는 탐색-모방-과제 관련 행동이 있다. 놀이에서 가장 중요한 요소는 자기 수정이다.

놀이는 유아의 마음이 환경과 상호작용에 적극적으로 참여하도록 한다. 새로운 뇌연구에 따르면 유아를 지도할 때 중요하다고 여겨지는 자극, 긍정적 정서, 통합, 스트레스 없는 환경을 제공하는 가장 좋은 방법 중 하나는 놀이라고 한다.

놀이지도를 할 때 교사는 성별에 따른 놀잇감과 활동에 대한 선호, 남아·여아의 문화적·신체적 차이 등을 포함한 놀이에서의 성에 대한 문제를 이해하고 있어야 하며 유아가 점차 성장하고 일, 놀이, 성 역할 기회 등에 대한 자기 문화의 생각을 수용하기 시작하면서 놀이와 놀이선호에 관한 발달적 변화에 대해 익숙해야 한다.

(3) 유아의 놀이발달에 따른 지도

① 운동놀이의 발달

놀이싸움(Play fighting), 거친 놀이(Rough housing) 등으로 전쟁 장난감이나 폭력적인 주제의 비디오게임 또는 컴퓨터게임에서 보았던 상징적 놀이싸움과 구별하기 위하여 이것을 신체놀이싸움이라 부르는 것이 더 정확하다. 그러나 유아집단이 거친 신체놀이에서 전쟁에서의 적으로 가장할 때처럼 신체적 놀이싸움과 상징적 놀이싸움이 동시에 일어나는 것은 이상한 일이 아니다.

① 신체놀이 및 조작놀이: 반복적인 운동기술 필요
② 이동놀이: 달리기, 껑충뛰기, 잡기놀이
③ 거친 신제놀이: 사회놀이, 가장놀이, 주로 남아는 놀이싸움

② 초등학교시기로의 전이

스포츠, 운동경기, 기타활동에서 운동과 신체놀이의 성 관련 발달적 변환이 두드러진다. 남아는 더 공격적이 되며 여아는 무용, 체조를 좋아한다.

그러나 꼭 성배타적인 것은 아니다. 많은 여아가 남성다운 활동에 참여하며 남아들이 여성다운 활동에 참여하기도 한다.

③ 사회놀이

이웃과 지역사회에서 산책로를 통해 놀이를 권장할 수 있으며, 도시개발안-거주와 놀이를 위해서 도시를 보다 안전하고 쾌적한 장소로 건설하려는 시도를

하여 유아를 배려하여 토지개발을 할 때 가능한 한 미개발된 황무지를 별도로 두고, 소음이 적은 교통-놀이를 위한 안전한 도로를 만들어 놀이하도록 한다.

④ 놀이맥락과 장소

유아를 위해 놀이 가능성을 최대화하기 위해서는 반드시 다양한 맥락이 있어야 한다. 공간과 공간배열과 같은 물리적 환경과 교사 모델링, 환경구성, 활동구조화 같은 인적 환경을 분리하는 것은 쉽다.

유아와 함께 활동하고 상호작용하고, 놀이하도록 유도하고 안내하는 물리적 환경이 필요하다.

가. 경험이 풍부한 장소

물, 모래, 돌, 잎, 썩은 과일, 동물, 나무, 막대기, 숨는 장소, 쌓기 블록, 흔드는 로프, 색칠하는 종이나 작곡하고 감상하는 음악

나. 놀이가 풍부한 장소

- 거친 신체놀이를 위한 충분한 공간, 극놀이를 위한 적절한 놀잇감
- 영역을 망라하여 놀이를 장려하는 공간

다. 교수방법이 풍부한 장소, 충분한 놀잇감

교사가 놀이구성, 시범, 확장, 놀이를 촉진하는 환경을 구성해 주며, 유아의 질문에 답하는 교사가 아니라 유아가 요구하는 것을 파악하는 교사가 필요하다. 교사가 직접적으로 제공하기보다 유아가 많은 질문을 하도록 하는 것이 진정으로 교수하는 것이다.

라. 사람들과 함께하는 장소

이웃, 농장, 지역 가게, 전문판매장 견학, 다양한 인종, 민족, 나이, 직업, 장애아를 위한 장소, 유아를 위한 다양한 상점, 직장 같은 다양한 지역사회의 사회적 환경으로 데리고 나와야 한다.

마. 의미 있는 장소

동물을 돌보고, 정원의 식물에 물을 주고, 농장의 허드렛일하는 책임이 있는 환경구성을 할 수 있는 장소

(5) 교사의 놀이 개입

1970년대 영국과 미국의 교사가 유아 놀이에 개입하는 것은 놀이시간 2~6% 1990년대 여전히 교사의 놀이 개입수준은 낮았다. 1993년도 유아원교사놀이 촉진이 27%, 1994년도 보육교사들이 놀이지원이 39%, 헤드 스타트교사 85% 였다(Konotos, 1999).

① 교사의 놀이 개입의 형태

유아와의 놀이에 대한 교사의 개입에 대해 연구한 결과 구성놀이 41%, 조작 놀이 20%, 극 놀이 12%인 것으로 나타났으며, 교사는 유아와 상대적으로 상호 작용이 적다. 교사의 39%는 긍정적 지지를 하고, 27%는 유아놀이를 방해한다. 즉, 유아의 놀이를 혼란스럽게 하고, 가르치려 하고, 대화하고, 놀이의 주도권을 빼앗아 가는 것과, 시기에 맞지 않은 질문을 하거나 명령을 한다.

② 교사의 놀이 개입이 주는 긍정적 연구결과

(a) 놀이의 지속시간 및 정교화: 놀이 에피소드 두 배 지속

(b) 사회적 상호작용: 협력적 놀이는 교사가 있을 때만 일어난다.

(c) 인지적 활동: 수준 높은 인지적 활동과 관계가 있다.

(d) 문해활동: 읽기, 쓰기의 양 증가

(e) 구어: 자유놀이 소집단, 유아가 이야기할 때 인지적으로 자극을 주며 가상적인 이야기도 많이 한다.

③ 교사의 놀이촉진 역할

(a) 관객(onlooker)

(b) 무대 관리자

(c) 공동 놀이자(coplayer): 유아놀이에 적극 참여한다.

(d) 놀이지도자: 놀이 에피소드 풍부, 확장

(e) 융통성: 놀이 개입의 성공적, 흥미, 특징활동에 가장 적합한 교사역할 선택

④ 교사의 놀이 저해역할

(a) 비참여자로 유아들의 교실놀이를 무시한다.

(b) 감독자로서 유아놀이를 통제한다.

(c) 부적절한 매개를 하여 놀이의 방향을 전환한다.

⑤ 놀이하는 동안 괴롭히고 싸움 잘하는 아이 피하도록 도와주기

아이가 자주 맞고, 자주 싸울 때 교사는 그 아이가 다른 친구를 때리는 아이인지, 싸우기를 잘하는 아이인지. 다른 친구를 괴롭히는 아이인지 알아야 한다. 교사들은 혼란스러울 수 있다. 싸우는 아이든 괴롭히기 좋아하는 아이이든 다른 아이에게 장난치며 괴롭히며 못살게 굴 권리는 없다는 것을 교사는 유아에게 이해시켜야 한다. 유아에게 싸우는 것과 괴롭히는 것의 차이부터 인식하도록 해야 한다.

〈표 10-1〉 다른 아이를 괴롭히는 아이들의 두 가지 유형

싸우는 아이	괴롭히기 좋아하는 아이
대부분의 아이들이 싫어한다.	패거리를 이뤄 괴롭힌다.
누구하고나 싸우려 든다.	자신보다 약하고 혼자 있으면서 괴롭혀도 별 탈 없을 아이만 괴롭힌다.
의도적으로 어느 한 아이를 골라 괴롭히지는 않는다.	한 아이만을 골라 지속적으로 괴롭힌다.
때를 가리지 않고 아무 때든 싸우려 든다.	선생님이나 어른이 지켜볼 때는 괴롭히지 않는다.
말다툼을 주먹으로 해결하려고 때리는 것이다.	어떤 아이를 괴롭히는 것은 그 아이를 자기 마음대로 조종하고 싶어서이다.

싸우는 아이	괴롭히기 좋아하는 아이
싸우는 이유는 다른 아이의 말이나 행동을 오해했기 때문이다.	어떤 아이를 괴롭히는 이유는 괴롭힘을 당하는 아이의 고통스러워하는 모습을 보며 즐기기 위해서이다.

⑥ 싸우는 아이 다루는법

7세인 형우는 노는 시간에 다른 아이들하고 잘 어울려 노는 편이다. 그런데 훨씬 덩치가 크고 키가 큰 민우가 형우를 괴롭힌다. 민우는 여러 아이들과 자주 주먹다짐을 하는 편이다. 최근 들어 민우가 형우를 많이 때리고 있다. 형우가 아이들과 공놀이를 하고 있는데 민우가 와서 공을 빼앗아 간다. 형우는 울면서 민우에게 공을 돌려달라고 한다. 다른 아이들은 그냥 보고만 있고 민우는 형우를 비웃고는 때리기 시작한다.

이때, 형우에게 맞서 싸우라고 하는 것은 잘못된 것이다.

형우는 싸움을 좋아하는 아이가 아니다. 형우는 의견이 다를 때 우격다짐으로 해결하지 않으며 다른 아이들의 감정을 배려할 줄도 아는 좋은 아이이다. 교사는 아이의 기질에 맞게 다루어야 한다. 부모가 형우를 그런 식으로 키워왔으므로 교사는 계속 그런 방법으로 지도해야 한다.

교사는 형우한테 민우하고 가능한 한 떨어져 있으면서 민우가 관심을 두지 않게 만들도록 해야 한다. 형우는 혼자서 민우와 다투려 해서는 안 된다는 것을 교사가 지도해야 한다.

가. 1단계 왜 싸웠는지 자세히 알아본다

민우는 괴롭히기 좋아하는 아이가 아니라 싸우기 잘하는 아이이다.

"민우가 괴롭혔구나 선생님께 말해라. 선생님은 좋은 방법을 알고 있단다." 라고만 말한다.

나. 2단계 싸우기 잘하는 아이를 피하는 법을 가르친다

- 민우에게 말을 걸지 마라.

- 민우와는 어느 정도 떨어져 있어라.
- 될 수 있으면 선생님 근처에서 놀아라.
- 민우를 놀리거나 민우를 보고 인상을 찌푸려서는 안 된다.
- 다음에 또 공을 빼앗아 가면 그냥 둬라 아무말도 하지 말고, 싫은 표정조차 짓지 마라.
- 네 공이라 억울하겠지만 민우는 공을 가지고 놀려고 빼앗아 가는 것이 아니라 너하고 싸우려고 빼앗아 가는 거야. 민우가 때리지 못하도록 멀리 떨어져 있어라.

다. 3단계 효과가 있었는지 물어본다

- 사례 1 효과가 있으면 칭찬을 한다.
- 사례 2 효과가 없을 때
    - 쫓아온 민우가 때리지는 않았다.
    - 선생님 근처에서 놀도록 지시한다.

라. 4단계 비폭력 단계가 안전한 방법임을 알려 준다.

- 폭력을 쓰는 사람에게는 비폭력으로 대항하는 것이 가장 안전한 방법이다.
- 교실이나 실외놀이, 체육관에서 유아가 다른 아이들과 무리지어 다닐 경우에는 싸우기 좋아하는 아이와 주먹다짐을 하는 일은 잘 일어나지 않을 것이다.

⑦ 괴롭히기 좋아하는 아이 다루기

어떤 아이들이 한 아이를 매일 괴롭힌다고 한다. 다른 아이를 괴롭히기 좋아하는 아이들은 어떤 지침을 보고 그대로 따라 하는 것이 아니므로, 그 정도나 방법은 아주 다양할 수 있다. 심하지 않은 경우에는 아이를 가끔씩 놀리거나 위협하는 정도에 불과할 수도 있지만 조직적이고 철저하게 아이를 굴복시키고 수치심을 주면서 괴롭히는 경우도 있다. 다행이도 이렇게 극단적인 경우는 드문 편이다.

아이가 그다지 심하지는 않지만 다른 아이들에게 괴롭힘을 당하고 있다면 교사가 재빨리 손을 써야 심해지는 것을 막을 수 있다. 보통 괴롭힘을 당하는 아이는 아무에게도 얘기하지 않고 숨기는 경우가 많다. 그러면 괴롭힘의 정도가 점점 심해지기 마련이다. 아이가 이야기하지 않는 이유는 다음과 같다.

① 너무나 굴욕적이고 창피해서 자존심이 상해 차마 이야기하기가 부끄럽다.

② 너무나 어처구니 없는 일이어서 아무도 자신의 말을 믿지 않을 것이라고 생각한다.

③ 누군가가 나서면 오히려 자신의 처지만 더 곤란해질 것이라고 생각한다.

아이가 이상할 정도로 전과 다르게 행동한다면 교사는 혹시 아이가 어떤 아이들한테 심하게 괴롭힘을 당하고 있는 것은 아닌지 잘 살펴봐야 한다. 괴롭힘을 당하는 아이의 몇 가지 징후를 살펴보면 다음과 같다.

① 아이의 성적이 급격히 떨어지기 시작한다.

② 학교숙제를 열심히 하던 아이가 갑자기 학교 숙제를 하기 싫어한다. 아이가 학교에 가지 않으려 하거나 학교에 가는날 아침마다 아프다고 한다.

③ 아이가 외딴길로 돌아 학교에 간다.

④ 아이가 책이나 돈과 같은 것들을 자주 잃어버리는데 어떻게 해서 잃어버렸느냐고 물으면 얼버무린다.

⑤ 아이가 돈을 훔치거나 자꾸만 부모에게 용돈을 더 달라고 조른다.

⑥ 아이가 상처를 입거나 옷이 찢어진 채로 집으로 돌아오는데 왜그랬느냐고 물으면 제대로 말을 못한다.

⑦ 앞의 두 가지는 학교에서 어떤 괴로운 문제가 생겼을 때 일반적으로 나타나는 징후이고, 뒤의 세 가지는 아이가 괴롭힘을 당할 때 특히 두드러지게 나타나는 징후들이다.

※ 장난과 괴롭힘 예방을 위한 활동 6: 기분 나쁜 날

주제	기분 나쁜 날	활동형태	자유선택활동
		활동유형	언어, 수·조작, 미술

활동목표

- 기분 나쁜 감정을 표현한다.
- 기분이 좋아지는 방법을 이해한다.

활동자료

『기분 나쁜 날』
비르테 뮐러 글·그림.
한미희 옮김.
해피에듀.

1. 활동 소개하기

1) 『기분 나쁜 날』 동화를 소개한다.
2) 어느 때 기분이 나빴었는지 이야기를 나눈다.

2. 활동 전개하기

1) 기분 나쁜 표정을 활동지로 만든다.
   - 어떻게 하면 기분이 좋아질까요? 글로 표현해 보세요.
2) 기분 좋은 표정 옆에 글로 표현하게 한다.

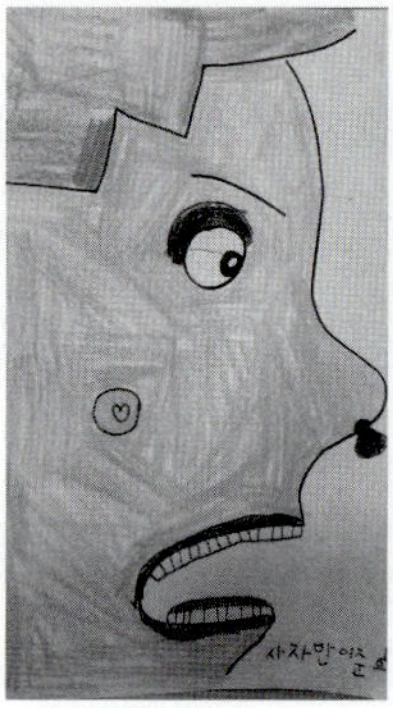

기분 나빠
소리지를 때 표정

엄마가 사랑해 주어서
기분 좋아지는 표정

3. 활동 정리하기

1) 기분 나쁠 때 어떤 표정인지 이야기 나눈다.
2) 기분이 좋아지면 어떤 표정인지 글로 표현하고 꾸민다.

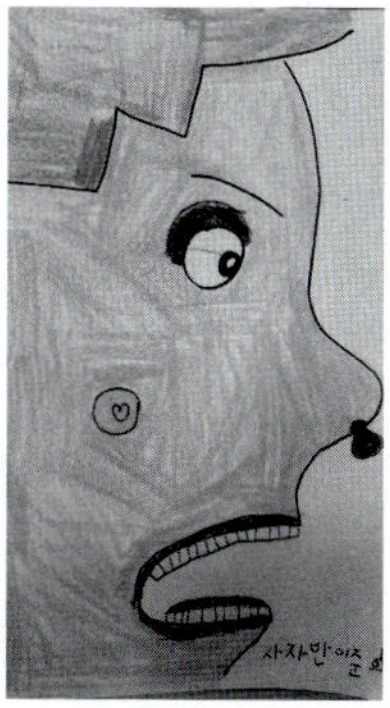

4. 활동 평가하기

1) 기분 나쁠 때 솔직한 감정을 표현하는지 알아본다.
2) 기분 좋아지는 방법을 솔직하게 표현하는지 알아본다.

5. 활동 확장하기

1) 화날 때, 슬플 때, 기쁠 때 다양한 감정을 표현하고 이유를 이야기로 나눈다.

6. 가정과 연계하기

1) 형제 또는 동생이 나의 행동으로 기분이 나쁠 때 어떤 방법으로 동생의 기분을 좋게 만드는지 표현해 보게 한다.

Tip

더 속상하고 화나게 하는 때는 언제인지 이야기한다.
그럴 때 할 수 있는 화풀이방법도 이야기 나눈다.

※ 장난과 괴롭힘 예방을 위한 활동 7: 친구의 허락을 받고 물건을 빌려요.

<table>
<tr><td>주제</td><td>친구의 허락을 받고 물건을 빌려요.</td><td>활동형태</td><td>자유선택활동</td></tr>
<tr><td></td><td></td><td>활동유형</td><td>언어, 역할</td></tr>
<tr><td>활동목표
· 내 물건과 남의 물건을 구분할 수 있다.
· 친구의 물건을 공손하게 빌리는 방법을 안다.
· 친구가 빼앗을 때 방어하는 방법을 안다.

활동자료
교실 내의 유아들의 소지품</td><td colspan="3">1. 활동 소개하기
1) 내 물건을 이야기해 보세요.
2) 친구의 물건을 이야기해 보세요.

2. 활동 전개하기
1) 나에게 없는 머리핀, 간식, 고무줄, 작은 스티커, 딱지, 로봇, 자동차, 인형을 빌리고 싶어요. 어떻게 빌려야 할까요?
"ㅇㅇ야 나는 스티커가 없는데 한 개만 빌려줄 수 있어?"<br>"그 로봇 한번만 가지고 놀 수 있니?"
2) 친구가 빼앗아 갈 때는 어떻게 말해야 할까요?
"뺏지 마 내 거야, 공손하게 빌려달라고 해."
"그 간식 나하고 함께 나누어 먹을래?"<br>"내 간식이야 마음대로 빼앗아 먹지 마."

3. 활동 정리하기
1) 공손하게 빌리는 방법을 이야기한다.
2) 빼앗기지 않도록 방어하는 방법을 알려 준다.
3) "하지 마", "내 거야", "선생님, 도와주세요".

4. 활동 평가하기
1) 남의 물건을 빌릴 때 공손하게 말하는지 알아본다.
2) 자신의 물건을 빼앗길 때 방어할 수 있는지 알아본다.

5. 활동 확장하기
1) 소지품을 빌려 간 후 돌려주지 않을 때도 유아 자신의 감정을 솔직하게 표현하며, 강하게 말하도록 훈련한다.

6. 가정과 연계하기
2) 가정에서의 물건을 친구가 가져오라 해서 빼앗긴 경우 방어할 수 있도록 이야기한다.

Tip
자신의 물건을 챙기지 못하고 친구들에게 빼앗기고도 방어하지 못하는 유아를 관찰한 후 훈육으로 도와준다.</td></tr>
</table>

※ 장난과 괴롭힘 예방을 위한 활동 8: 용기 있는 행동

주제	용기 있는 행동	활동형태	자유선택활동
		활동유형	언어, 신체

<table>
<tr>
<td>

활동목표

- 용기의 의미를 안다.
- 용기 있는 행동을 할 수 있다.
- 괴롭히는 아이를 용기 있는 행동으로 도와줄 수 있음을 이해한다.

활동자료

『민석이는 욕심쟁이』. 이지우 글·주세영 그림. 엄지교육.

</td>
<td>

1. 활동 소개하기

1) 『민석이는 욕심쟁이』 동화를 들려준다.

2. 활동 전개하기

1) 민석이의 행동으로 친구는 어떠한 기분이었을까요?
2) 민석이는 약한 친구들에게 어떤 행동을 했나요?
3) 정연이의 행동은 어떤가요?
4) 여러분도 정연이처럼 용기 있는 행동과 말을 할 수 있나요?
5) 어떤 때에 용기가 필요할까요?

3. 활동 정리하기

1) 용기 있는 말을 직접 하도록 연습한다.
2) 용기 있는 행동을 정연이처럼 해 본다.
3) 키가 크고 힘이 세어야만 용기 있는 행동과 말을 하는 것이 아님을 이야기 나눈다.
4) 정연이처럼 작고 힘이 약해도 용기 있는 행동을 할 수 있음을 격려한다.

4. 활동 평가하기

1) 용기 있는 말과 행동을 이해하고 할 수 있는지 평가한다.

5. 활동 확장하기

1) 괴롭히는 친구에게 "멈춰!", "안 돼!", "하지 마!", "도와주세요!"라는 말로 방어하도록 한다.
2) 어른이나 선생님께 용기 있게 말하도록 한다.

6. 가정과 연계하기

1) 가정에서도 친구들과 놀이를 할 때 용기를 발휘해서 약한 친구를 도와줄 수 있도록 칭찬과 격려를 한다.

Tip

용기 있는 말과 행동은 세심한 관찰을 통해서 격려하고 칭찬한다.

</td>
</tr>
</table>

CHAPTER 11

장난과 괴롭힘 예방을 위한 대처 방법

1. 입을 통한 장난과 괴롭힘

아이들은 어른들의 미래이다. 아이들이 좋은 친구들을 많이 사귀고 아이들 스스로가 다른 아이들에게 좋은 친구가 될 수 있다면 우리 아이들의 미래는 그만큼 더 밝아질 것이다. 아이들이 친구를 사귀는 데서 갖는 어려움과 그 해결책에 대해 좀 더 분명한 자각을 할 수 있다면 좋은 친구들을 사귀어 아이들이 행복해지는 것이다.

그러나 교육현장에서 우리 아이들은 입을 통한 장난이나 괴롭힘을 통해 많은 상처를 받고 있다. 특히 언어를 통한 괴롭힘은 건강한 우리 아이들의 미래를 어둡게 할 수도 있다. 나쁜 기억은 몇 년 동안 기억의 수면 아래 도사리고 있을 수 있기 때문다. 뇌 과학자이자 하버드의대 교수인 에드워드 할로웰 박사는 뇌도 화상을 입는다는 지적을 하여 이런 현상을 뇌화상(brain burn)이라고 불렀다. 아드레날린이 온몸에 솟구치면서 뇌를 태워 구멍을 내기 때문이라는 것이다. 지워지지 않는 '문신'을 뇌에 새기는 셈이다. 이런 압도적인 감정들은 문신으로 남아 절대로 지워지지 않는다고 한다. 괴롭히는 자 또는 그 사건이 발생한 장소를 슬쩍 보기만 해도 그 감정들이 생생하게 살아난다. 과학자들은 소뇌에 있는 아몬드 모양의 조그만 편도체(amygdala)가 감정적 반응을 촉발시킨다는 사실에 주목했다.

좁은 방에서 부모나 교사가 유아나 아이들에게 내뱉는 험한 소리를 수시로 들으면 그런 패턴이 아동의 편도체를 자극해 부정적인 감정이 뇌에 새겨진다. 아동은 부모가 문을 열고, 교사가 혹 교실의 문을 열면서 들어오는 입구를 바라보는 것만으로도 부정적인 감정을 느끼게 된다.

1) 언어폭력

언어폭력이란 다른 사람의 마음을 슬프게 하거나, 화나게 하거나, 두렵게 하거나, 창피함을 느끼게 하는 등 말로 다른 사람을 아프게 하는 것이다. 몸이나 물건으로 다른 사람에게 폭력을 쓸 수도 있지만 말로도 폭력을 행사할 수 있음을 이해해야 한다. 말로 다른 사람의 마음에 상처를 주는 것을 언어폭력이라 하며, 신체폭력은 물론 언어폭력도 모두 다른 사람에게 상처를 주는 것이므로 절대 해서는 안 된다는 것을 설명한다. 교실에서 언어폭력을 사용하는 유아가 집중대상이 되어 낙인 찍히지 않도록 유의하여 지도한다.

① 나쁜 일이 일어나도록 하는 말은 무엇일까?

② 화가 나게 하거나 약 올리는 말은 무엇일까?

③ 누군가 잘 못하는 것을 놀리는 말은 무엇일까?

④ 친구에게 나이 든 가족이 처벌할 것이라고 위협하는 것은 무엇일까?

⑤ 나는 우리 반에 있는 친구가 너무 작고 귀여워서 땅꼬마라고 놀리는 것은 언어폭력일까 아닐까?

⑥ 집에서 오빠나 언니가 웃으면서 나에게 돼지라고 하는 것은 언어폭력일까 아닐까?

⑦ 언어폭력은 나쁜 일이 일어나기를 바란다고 말하는 것(저주), 화가 나도록

약 올리거나 놀리는 것(희롱), 잘 못한 일을 비웃는 것(조롱), 처벌할 것이라고 위협하는 것(협박), 나쁜 어른들이 쓰는 욕을 하는 것(욕설)을 말한단다.

2) 언어 폭력을 바꿀 수 있는 목표

① 언어폭력이 일어날 수 있는 상황을 예측해 본다.
② 언어폭력을 일으키는 말 대신 대체할 수 있는 말로 바꾸어 사용해 본다.
"내가 블록으로 열심히 집을 만들어서 놀고 있었어, 친구를 우리 집에 초대했는데 들어오다가 집을 다 망가뜨렸어, 뭐라고 말하면 좋을까?"
③ 언어폭력은 한 번 더 생각해 보면 일어나지 않을 수 있음을 이야기한다.
④ 언어폭력은 우리가 신중하게 생각하고 다른 사람의 마음을 헤아린다면 일어나지 않을 수 있음을 알린다.
⑤ 내가 들었을 때 슬펐거나, 화가 났거나, 두려웠거나, 창피했던 말은 다른 사람도 똑같이 그렇게 느끼게 되고 그래서 그런 말들은 하면 안 되는 것임을 알린다.

3) 화내지 말고 아름답게 말하는 목표

① 서로의 마음을 이해하고 적절하게 대처하는 방법을 알아본다.
② 역할극을 통하여 상황에 맞는 바른 언어를 사용해 본다.
③ 동화책 중 화를 내는 부분만 들려준다.
"오늘 동화는 '화내지 말고 예쁘게 말해요'란다."
④ 도치의 마음과 친구의 마음을 알아본다.
"(도치가 화를 내며, "내 거야 만지지 마!"라고 하는 동화책 장면을 보며) 도치는 왜 화가 났을까?"
⑤ "내가 도치의 친구, 동생, 엄마라면 도치의 말을 듣고 어떤 마음이 들까?"

⑥ 역할극을 통해 언어폭력 대처 방법을 알아본다.
"선생님이 도치가 되어 볼게. 너희가 도치의 친구, 동생, 엄마라면 뭐라고 얘기하면 좋을까?"
- '화내지 말고 아름답게 말해줘.', '그렇게 화내면 나도 화가 나.'

⑦ 역할극을 통해 언어폭력을 대신할 수 있는 말로 표현해 본다.
"이번에는 너희가 도치가 되어 화내지 않고 다른 말로 이야기해 보자."
- '난 네가 내인형을 만지지 않았으면 좋겠어.'

⑧ 언어폭력으로 괴롭히는 사람의 입장, 괴롭힘을 당하는 사람의 입장 모두 생각해 볼 수 있도록 지도한다.

4) 언어폭력에 방어하는 방법

(1) 언어폭력을 당했을 때 도움을 요청하는 방법

① "다른 사람이 말로 나의 마음에 상처를 줄 때에는 어떻게 해야 할까?"
② "뭐라고 말해야 언어폭력을 멈추게 할 수 있을까?"
③ 친구에게 분명한 말로 '놀리지 마', '그런 말은 나를 화나게(슬프게) 해'라고 이야기해야 한단다.

(2) 어른에게 도움을 요청하는 방법

① "내가 분명히 싫다고 이야기했는데 친구의 언어폭력이 계속되면 누구에게 도움을 요청하면 좋을까?"
② "유치원에서는 선생님에게, 가정에서는 부모님에게 도움을 요청하면 된단다."
③ 누구의 어떤 말이 유아를 화나게 했는지, 슬프게 했는지, 두렵게 했는지, 창피하게 했는지 이야기하면 도와줄 수 있음을 알린다.

(3) 감정을 표현하는 방법

① 언어폭력을 당했을 때의 감정(슬픔, 분노, 두려움, 창피함)을 잘 이해하고 표현할 수 있도록 한다.

② 대처와 방어 방법을 따라 해 보고 자신의 감정을 분명한 태도로 상대방에게 전달하도록 지도한다.

(4) 언어폭력 방어방법지도

① 언어폭력에 단호하게 방어하는 방법을 지도한다.
'안 돼', '하지 마', '화가 나'

② 혼자 힘으로 해결할 수 없을 때 도움을 요청하는 방법을 지도한다.
'싫어, 선생님 도와주세요.'

5) 놀리는 말을 재미있게 받아치기

하울은 자신을 놀려대는 슬기 때문에 몹시 힘들어하고 있다. 1학년인 슬기는 같은 반 친구인 하울의 하루하루를 몹시 힘들게 만들고 있다. 하울이 아이들의 술래잡기에 끼려고 할 때 슬기가 하울을 "굼벵이보다 느린 멍청이"라고 놀린 것이 그 시초였다. 그 이후 계속 슬기가 하울을 놀리는데도 다른 여자아이들은 아무 말도 하지 못한다. 하울처럼 놀림을 받을까 봐 걱정이 되기 때문이다. 얼마 후에 하울은 노는 시간마다 선생님을 돕겠다며 교실에 남겠다고 말한다. 하울이 그렇게 말하는 것은 실제로는 놀림감이 되는 게 싫기 때문이다.

하울의 부모는 아이에게 이 이야기를 듣고 몹시 화가 났다. 그러나 어머니가 나서는 것은 하울에게 전혀 도움이 안 된다. 그렇게 되면 슬기에게 하울을 놀릴 또 다른 구실을 주게 되고 따라서 하울의 처지가 더 어려워질 것이다. 왜 아이들은 다른 아이를 놀리는 것일가? 어떤 아이가 자신과는 다르다고 생각하기 때문

에 놀리는 것일까? 두 명의 뚱뚱한 2학년 남자아이의 경우를 보자

(1) 뚱뚱하지만 놀림을 받지 않는 아이

몸이 뚱뚱하고, 운동을 잘 못하고, 공을 멀리 던지지도 못하며 뒤뚱거리며 뛴다. 그러나 항상 차림새가 단정하고 예의바르며 다른 아이들을 잘 배려해 준다. 자전거와 스케이트타기를 좋아한다. 축구할 때는 골키퍼를 맡는다. 친한 친구들이 많다.

(2) 뚱뚱하다고 자주 놀림을 받는 아이

키가 작고 뚱뚱한 승현이에게 두 아이가 '뚱보'라고 놀리기 좋아한다. 이때 승현이는 울면서 "너희들은 나쁜 애야"라거나 "선생님한테 이를 테야"라고 말하면서 쫓아다니기 때문이다. 두 아이는 승현이가 울며불며 쫓아다니는 모습을 보면서 아주 재미있어한다. 승현이가 놀리는 아이들을 쫓아가 때리는 일도 간혹 있다. 이 때문에 승현이는 선생님에게 야단을 맞기도 한다.

아이들은 승현이가 쫓아다니며 때리려 하기 때문에 더 자주 승현이를 놀린다. 승현이를 놀려 선생님에게 야단을 맞게 하는 것이 아주 재미있기 때문이다. 뚱뚱한 아이라고 해서 친구가 더 적다거나 더 많이 놀림을 받는 것은 아니다. 승현이가 계속 놀림을 받는 것은 아이들이 놀릴 때 잘못 반응하기 때문이다.

(3) 아이들이 놀릴 때 잘못 반응하는 경우

아이들이 놀리는 이유는 아이가 화내는 모습이 재미있기 때문이다. 아이들이 놀리는 방식은 나이에 따라 변한다. 고학년이 될수록 말로 놀린다. 어린아이들은 선생님께 이르는 것이 어느 정도 효과가 있을 수도 있지만 2학년쯤만 돼도 고자질하는 것으로 여겨져 더욱더 놀림을 받을 뿐이다. 놀리는 아이들이 다가오면 멀리 피하는 것도 한 방법일 수 있다. 놀림을 당하는 아이들이 다른 아이들

과 어울려 놀려면 아이들이 놀릴 때 울거나 화내거나 놀이를 그만 두면 안 된다. 아이들이 놀리는 말을 잘 받아치는 법을 배워야 한다.

(4) 놀리는 말을 받아치는 방법

놀리는 말을 웃음거리로 삼아 받아치는 것이다. 놀리는 아이가 머쓱해지도록 해서 도리어 웃음거리로 만드는 것이다. 이것은 같이 놀려 주는 것과는 차원이 다르다.

놀리는 아이와 같은 수준으로 내려가는 것이 아니라 보다 고차원적인 유머를 통해 '네가 나를 놀렸지만 (실제로는 화가 났다 해도) 전혀 화가 나지 않았다'는 것을 보여 주는 것이다. "니네 엄마는 뚱보"라고 놀리는데 거기에 대해 아무렇지도 않은 듯이 "그게 뭐 어쨌단 말이니?"라고 말하면 놀리는 아이가 도리어 우스운 꼴이 되고 만다.

① 아이가 놀림을 받더라도 상처받지 않게 해 주는 가장 좋은 방법은 부모 자신이 상처를 받지 않는 것이다.
② 아이와 함께 놀리는 말을 웃음거리로 삼아 받아치는 연습을 한다.
③ 놀리는 말을 재미있게 받아치는 것은 그 놀리는 아이에게 '나는 그런 말에 신경 쓰지 않는다'는 것을 보여 줄 수 있는 좋은 방법이다.

〈놀리는 말 받아치는 연습〉

- ♥ 그래서 그게 어쨌다는 건데?
- ♥ 그래, 그래서?
- ♥ 또 다른 말은 없니?
- ♥ 유치원 때도 그런 말 많이 들었다 왜?
- ♥ 그래, 그 말 말고 다른 할 말은?
- ♥ 그 얘긴 어찌나 오래 됐는지 귀에 딱지가 앉았네?
- ♥ 호랑이 담배 먹던 시절에 처음 그 말을 들었는데 하마터면 호랑이 등에서 떨어질 뻔했지 뭐냐
- ♥ 그 말 말고 더 재미있는 말 없니? 생각나거든 그때 말해
- ♥ 네가 하고 싶은 말은 그러니까……
- ♥ 나는 네가 아무리 놀려도 울거나 화내지 않는다.
- ♥ 네가 놀린다고 해서 나도 같이 놀리는 것은 내 품위에는 맞지 않는 일이다.
- ♥ 네가 어떤 말로 놀리든 다 응대할 수 있다.

아이에게 실제로 해 보니 얼마나 효과가 있었는지 물어본다.
"승현이가 또 놀리든?"
"네 승현이가 놀렸어요."
어제 연습한 대로 해봤니?
"그래서 어쨌다는 건데?"라고 대꾸를 해 줬더니 걔가 아무 말도 못 하고 머쓱해져서 그냥 가버렸어요."
"정말 잘했다!!"

6) 토론으로 의사소통하기

'토론'이라는 단어는 1877년 일본에서 영어 'debate'의 번역어로 만들었다. 그러나 'debate'의 어원인 라틴어 'debattuere'는 '싸우다(to fight)'라는 뜻을 가지고 있다. 따라서 'debate'의 충실한 대응어는 '논하여 싸우는 것' 또는 '말하여 다투는 것'이라는 뜻을 가진 '논쟁'이라는 단어이다(박삼열, 2017).

토론은 대립을 전제로 한다. 토론은 찬성과 반대의 입장을 분명하게 가지고 있는 사람들이 자신의 주장을 가지고 논리적으로 상대방을 설득하여 자신의 주장이 옳음을 입증하는 논의 방식이다(박삼열, 2017).

7) 토의로 의사소통하기

토의란 특정 문제를 해결하기 위한 가장 바람직한 방안을 찾기 위해서 각자의 의견을 협동적으로 제시하는 논의 방식이다. 토의는 공공관심사가 되는 어떤 문제에 대하여 가장 바람직한 해결방안을 찾기 위하여 집단구성원이 협동으로 의견을 내는 과정이다. 토의는 참석자들이 흉금을 터놓고 답을 구한다.

8) 민주주의 발전과 토론 문화

민주주의 발전은 토론문화의 발전에 기반을 두고 있다. 다양한 이해관계를 폭력으로서가 아니라 대등한 관계 속에서 설득하고 합의점을 찾아야 하기 때문이다.

민주주의 발전을 위해서 서로가 가지고 있는 생각이나 말의 자유로운 교환은 필수적이다. 이를 위해서 토론은 반드시 필요하다. 토론은 기본적으로 논증(argument)을 통한 설득력 말하기이다. 논증은 근거가 있는 주장이다.

9) 토론 잘하는 법

논증적으로 말한다. 자신의 주장이 정당하다는 것을 신빙성 있는 근거를 제시하며 타당하게 입증한다. 자신의 관점을 뒷받침하는 근거를 활용하여 상대방에게 동의하도록 설득한다. 논증의 세 가지 요소는 다음과 같다.

① 주장(claim)은 정당화시키고자 하는 결론이나 목적을 말한다. 주장은 내용을 뒷받침하는 증거나 정당화가 없는 진술이다. 주장은 논증이 도달하고자 하는 논증의 귀결점(결론)으로서 글에서는 어떤 문제에 대한 핵심주제이다.

② 근거(ground)란 논증이 기초로 하는 자료, 정보, 사실 등을 말하며, 논증의 기반 또는 논증을 이루는 가정이다. 근거란 주장을 믿을 만한 것으로 만들어 주는 정보나 증거, 자료 등이다. 단순한 주장은 독단이다.

③ 정당한 이유(warrant)란 근거로부터 주장으로의 논리적 이동이 정당한가를 평가하는 기준이다. 근거가 있다고 해서 근거가 주장을 곧바로 지지해 주는 것은 아니다. 근거가 주장을 뒷받침한다는 것을 정당화해 주는 충분한 이유가 있어야 한다. 이를 정당한 이유라고 한다.

④ 뒷받침(backing)은 근거나 정당한 이유에 대한 2차적 근거가 된다. 근거나 정당한 이유가 재차 다른 논증에 의해 정당화되어야 할 필요가 있는 경우에 근거나 정당한 이유 등을 다시 지지해 주는 근거가 뒷받침이다(박삼열, 2017).

10) 언어 인격 알아보기

(1) 부모들의 언어 인격

① 그만해! 하지 말라고 했지?

② 시끄러워, 조용히 해!

③ 일찍 일어나서 아침 먹자.

④ 짜증나 엄마 화났어! 지겨워—어휴(한숨), 미쳐.

⑤ 최고! 진짜 잘한다, 너무 잘해서 깜짝 놀랐는데…

(2) 자녀들이 엄마로부터 제일 듣기 싫어하는 말

① 밖으로 나가! 내쫓아버릴 거야.

② 귀찮으니까 저리가.

③ 회초리 가져와!

④ 빨리 씻고 자! 눈감아.

⑤ 공부해라—니가 지금까지 한 게 뭐가 있어.

(3) 자녀들이 엄마로부터 제일 듣고 싶어 하는 말

① 사랑해—너무 예쁘다.

② 피곤하면 더 자거라.

③ 이리와 안아 줄게.

④ 우리 딸, 우리 아들 최고!! 완전 최고야!!

⑤ 밖에 놀러 가자.

⑥ 용돈이다.

⑦ 잘했구나 조금 어렵지만 자꾸 해 보면 잘할 거야.

11) 참된 대화를 방해하는 소통의 벽

① 표현방식: 지시, 평가, 비꼬기, 경고의 표현

② 책임소재: 느낌의 책임을 상대방에게 돌림

③ 전달해석: 걱정, 염려하는 마음을 비난, 비판, 질책으로 받아들이고, 죄의식을 갖게 하는 성격이며 방어를 야기하여 자성적인 태도를 형성하기가 힘들다. 행동 변화를 거부하려는 심리가 발생한다.

④ 관계구조: 수직적 만남이다.

12) 바른 대화를 위한 적극적인 경청으로서의 나-전달법

① 표현방식: 상황과 결과와 느낌을 표현한다.

② 책임소재: 느낌의 책임을 자신에게 돌린다.

③ 전달해석: 걱정하는 마음을 그대로 전달하며, 행동변화에 대한 결정권이 상대방에게 있다.

④ 효과: 상대방에 대하여 부정적인 평가를 하지 않아 방어심리나 거부감이 없다.

⑤ 관계구조: 수평적인 만남이다.

『82년생 김지영』(장편소설)

초등학생시절 같은 반 남자짝 친구가 김지영씨에게 테러를 가해 김지영씨가 울며 담임교사에게 짝을 바꿔달라고 한다. 그러자 담임교사가 "다 널 좋아해서 그러는 거니 내가 참아라. 남자들은 원래 좋아하면 괴롭히고 그래. 선생님이 잘 이야기할 테니까 이렇게 오해한 채로 짝 바꾸지 말고, 이번 기회에 둘이 더 친해지면 좋겠는데"라고 말한다. '짝꿍이 나를 좋아한다고? 괴롭히는 게 좋아한다는 뜻이라고?' 김지영씨는 혼란스러웠다(41p).
2018년 초등학교에서는 왕따, 따돌림, 폭력은 테러로 간주 받아 가해자 학생을 중심으로 학폭위가 열리겠지만 1980~2008년대까지만 해도 이런 '테러와 폭력'은 애정으로 치부할 때가 있었다.
'여성범죄'-여성이 조심하지 않은 탓이다.

출처: 조남주(2017). 민음사.

2. 손과 발을 통한 장난과 괴롭힘

몸은 사랑을 전하는 영원한 사랑의 도구이다. 그럼에도 불구하고 손과 발로 장난을 하거나 괴롭히는 일이 유아교육현장에서 비일비재하게 일어나고 있다. 꼬집고 주먹질하고 할퀴고, 블록을 던지고, 물컵으로 물을 담아 머리 위에 붓고, 친구의 그림 위에 낙서하고, 친구의 책을 빼앗아 던지고, 찢고, 발로 밟는다. 앞에 있는 친구를 밀고, 앉아 있을 때 뒤에서 의자를 발로 찬다. 교사가 안보일 때 발로 때린다. 새로 산 신발을 발로 밟아 더럽힌다. 신발을 다른 곳에 숨긴다. 쓰레기통에 넣는다. 흙먼지를 일으키며 걷는다(뒤에서 오는 친구가 먼지를 뒤집어쓴다). 셔틀버스 안에서 다리를 넓게 벌려 친구가 옆에 앉지 못하게 한다. 걸어가는 친구에게 다리를 걸어 코피가 나게 한다. 의자를 밀어 바닥에 넘어뜨린다. 블록을 발로 찬다. 블록을 손으로 잡아 얼굴에 던진다. 발로 친구의 장난감을 누르고 가져가지 못하게 한다. 발가락으로 친구의 다리를 꼬집는다. 발로 얼굴을 때린다. 발 냄새를 맡으라고 코에 가져다 댄다.

참고: 유치원분쟁조정위원회

2014년 유아 간 폭력사안으로 서울시내 사립유치원에서 개최된 적 있고 2017년 다른 유치원에서 유아 간 폭력사안으로 개최·계획되었으나 개최 당일 해당 학부모의 퇴원결정에 의해 개최되지 않았음.
원래는 학부모와 교사 간 분쟁을 조정하기 위한 장치이며 〈분쟁조정위원회〉는 이전 명칭으로 교권보호위원회로 변경됨.
유치원에서는 〈교권보호위원회〉라는 명칭 자체가 분쟁 중에 있는 학부모에게 편파적인 느낌을 줄 수 있어 〈분쟁조정위원회〉로 개최하였음.
외부위원 4인(변호사, 유아교육전문가, 유아특수교육전문가, 심리전문가)과 내부위원 3인(학부모 2인, 교사 1인)으로 구성되어 있음.
해당 결과를 학부모가 수용하지 않을 경우에 대한 보완장치나 결정에 대한 법적 구속력은 없음.
사안에 대한 전문가의 객관적이고 전문적인 조치의견을 얻을 수 있어 사안해결을 위한 적극적 노력의 과정으로 문제해결에 긍정적 영향을 미칠수 있음.
위원구성, 처리과정은 유치원장의 책임하에 이루어지며 객관성 확보가 중요함.

출처: 중부교육기원청(2017).

1) 학교폭력에 대한 오해

① 학생 간의 사소한 싸움은 학교폭력이 아니다.
- 교사나 어른에게 사소하게 보이는 장난, 괴롭힘도 큰 상처가 될 수 있고 말하지 못한 피해학생이나 행동수정의 기회를 갖지 못한 가해학생 모두 추후 더 큰 문제를 보일 수 있다.

② 애들 싸움은 애들끼리 해결해야 한다.
- 학교폭력에는 피해·가해학생 간 힘의 불균형이 존재하므로 교사, 학교, 보호자 등 외부의 개입 없이는 힘의 불균형 상태가 해결되지 못하여 학교폭력이 지속될 수 있다.

③ 학생들은 원래 싸우면서 크고, 그러한 행동은 성인이 되면 자연히 사라진다.

- 학생들이 학교폭력에 지속적으로 노출될 경우 바른 인성형성에 장애요인이되며, 어릴적의 피해경험이 평생의 상처가 되기도 하고 성인이 되어서도 여전히 잠재적인 폭력 성향을 가질 수 있다.

2) 학교급별 학교폭력 예방교육내용

구분	세부내용
조기예방교육 (유치원 및 초등학교)	· 유치원 기본교육과정 운영의 내실화 · 가정 친화적 인성교육 강화로 유아발달단계에 기초한 학교폭력 예방교육을 실시 · 초등학교 학년 단계별 예방프로그램을 운영 · 학교폭력 가피해 예측학생에 대한 예방상담강화
맞춤형 예방교육 (초·중·고)	· 매년 3월과 9월 셋째주를 학교폭력 프로젝트 주간으로 정해 다양한 프로그램을 운영 · 학교폭력 이해·예방 및 대처능력 등을 학교급과 발달단계를 고려해서 학급단위로 운영 · 단위학교의 학교폭력 발생특성을 고려한 맞춤형 예방교육 병행 · 집단따돌림 예방교육 및 상담 강화 · 강요에 의한 휴대폰 대여, 심부름 등 다양한 괴롭힘에 대한 예방교육 강화 · 다문화 가정 및 장애학생 예방교육 강화 · 성인지적 통합인권교육실시 · 사이버청정학교 및 인터넷 미디어교실 운영

출처: 법제처(2015). 찾기 쉬운 생활법령 정보: 학교폭력개요.

3) 사례로 본 유아 간 폭력사안

(1) 유아 간 신체폭력으로 분쟁조정위원회 개최

> 4세 유아 A, B는 3세 때부터 친하게 지내며 친구관계를 유지해 오다 4세 3월 학부모들끼리 말다툼이 생기자 유아의 학부모가 B유아의 옷에 녹음기를 넣어 유치원에 보냄. 이 과정에서 두 명의 유아는 다툼이 생겼고 녹음기를 보낸 학부모는 자녀인 A유아가 피해자라고 주장하였음. 녹음 내용에 의하면 A유아가 B유아의 딱지를 빼앗아 발로 밟자 화가 난 B유아는 손에 들고 있던 옷걸이를 휘둘렀고 이때 옆에 있던 3명의 유아가 옷걸이를 휘두르는 B유아편을 들면서 부추기자 결국 A유아가 울음을 터뜨림.
> 이후 A유아의 학부모는 옷걸이를 휘두른 B유아가 폭력을 행사했고, 옆에 있던 유아들은 편을 들었다며 폭력을 방조했다는 이유로 고소를 하겠다고 하였고, 옷걸이를 휘두른 유아를 퇴원 조치 심리치료 등 피해에 대한 금전적 보상을 해달라고 요청하였음.
> 계속된 노력에도 상호조정이 되지 않자 유치원 측은 분쟁조정위원회를 개최하여 피해자의 주장에 근거가 없어 수용하기 힘들다는 결정을 내렸고, 분쟁조정위원회의 결정에 불복한 A유아의 어머니가 계속해서 민원을 제기함.

출처: 중부교육지원청(2017).

(2) 유치원 조치 사항

유아들과의 다툼 상황을 재조명하여 중재하고, 인성교육을 실시한다. 가해자 유아를 퇴원 조치할 수 없음을 통보한다. 피해자 유아의 심리검사와 치료비 명목의 사례금을 지급하기로 한다. 학부모, 교원, 외부전문가 등으로 위원을 구성하여 분쟁조정위원회를 개최한다. 관련 규정은 〈교권보호위원회〉 규정에 근거하여 진행한다.

4) 다툼이 생겼을 때 교사의 역할

5세 아이들은 친구와 장난감을 함께 나누어 가지고 놀기가 어렵고 화를 참는 것이 어려울 수 있다. 교사는 조급하게 좋은 결과를 기대하는 것보다 유아들이 놀이하다가 다툼이 시작될 때 적절한 조치를 취하는 정도로 보살핀다면 유아들이 점차 사회적인 기술을 습득하며 다투지 않게 될 것이다. 교사는 유아들을 지켜보고 관찰하다가 다툼이 고함, 주먹질, 발길질로 변하면 즉시 통제를 하고 몇 분 이상 싸우면 서로 사과를 하게 한다.

6, 7세 아이들은 오랜 시간을 놀다 보면 다툴 수 있다. 말로만 다투는 경우도 있지만 신체폭력을 가하면 역시 통제를 하고 사과하게 해야 한다.

아이들이 다투는 이유는 규칙을 어기거나 장난을 치며 놀이에 열중하지 않고, 짜증을 내면서 놀리거나 같이 놀던 친구를 버리고 다른 친구와 놀기 때문이다.

규칙을 어기면 규칙은 가르쳐 준다. 규칙은 짧고 분명하게 일러 주고, 규칙을 지키겠다는 약속을 받는다. 아이가 규칙을 지키겠다고 약속을 한다면 칭찬을 해야 한다. 역할놀이영역에서 인형을 축구하듯이 발로 차서 친구들과 다툼이 생기는 경우 2~3분간 잠시 놀이에서 분리시킨 후 관찰하여 약속을 한 후 다시 역할놀이영역에 넣는다. 인형을 가지고 친구와 놀이를 잘하면 칭찬을 해 준다. "친구와 인형으로 사이좋게 놀고 있으니 선생님이 보기에도 참 좋구나!"

아이에게 조용한 소리로 엄격하며 권위 있게 이야기해야 한다.

남자아이들은 5~7세의 경우 너무 거칠게 놀기 때문에 서로의 기분을 상하게 하여 다투게 되고 결국에는 좋아하는 놀이를 못하게 되는 경우도 있다. 이때 서로 사과를 하게 한 후 놀이를 중지시키는 것이 좋다.

유아가 친구에게 간식을 빼앗기고, 놀이 시간에 괴롭히는 친구가 자신을 말처럼 타고 놀아도 아무 말 못 하는 등 가볍게 괴롭힘을 당하는 것은 아이가 너무 고분고분하여 괴롭힘을 당하는 경우로, 다행히도 부모에게 괴롭힘을 당하는 상황을 쉽게 털어놓았다. 하지만 심하게 괴롭힘을 당하고 있다면 아이게 직접 이야기를 듣기가 쉽지 않다. 괴롭히기 좋아하는 아이들은 고분고분 말을 잘 듣는 아이를 노린다. 그런 아이에게 절대로 복종해서는 안 된다고 분명하게 가르쳐야 한다.

5) 친구가 힘들어할 때 알고 행동하기

- 친구의 몸과 마음을 불편하게 하거나 아프게 해서는 안 됨을 안다.
- 친구가 맞고 있는 장면을 보고 폭력을 이해하고 잘못된 행동이라는 것을 이해시킨다.
- 맞고 있는 상황을 말리지 않고 그대로 보고 있는 것도 잘못된 행동임을 이해시킨다.
- 친구의 어려움에 관심을 갖는다.
- 따돌림상황이나 괴롭힘을 당하는 상황을 보았을 때 모른 체 방관하지 않고 용기내어 하지 못하게 하거나 선생님께 도와달라고 부탁한다.
- 두 발로 다가가서 용기를 내어 도와준다.
- 친구 사이에 지켜야 할 예절을 익힌다.
- 친구에게 하지 말아야 할 행동을 익힌다.
- 내 생각과 친구의 생각이 다를 수 있음을 알고 존중한다.
- 친구와 함께 놀 때나 운동을 할 때 생길 수 있는 갈등상황을 인식하고 친구와 서로 상처받지 않으며 긍정적으로 해결할 수 있는 능력을 길러 준다.
- 친구와 사이좋게 지내는 방법을 이야기한다.

6) 실수와 장난, 괴롭힘을 구별하기

나쁜 마음으로 한 행동은 아니지만 친구를 아프게 했다면 사과해야 함을 이해시킨다. 공을 차려다가 친구를 발로 찼거나, 모자를 쓰면서 친구가 보이지 않아 친구를 팔꿈치로 건드려 아프게 했다거나, 뒷걸음치다 모르고 발을 밟았을 때, 옷입다가 친구를 쳤을 때, 벽돌 블록을 쌓다가 떨어뜨려 친구가 맞았을 때 같이 의도하지 않게 실수로 친구를 아프게 했을 때 사과하여 친구를 위로해 주어야 함을 지도한다.

실수했을 때 사과하고 피해 입은 아이도 느낌을 바르게 표현하여 가해아이의 실수 행동을 주의하고 사과하고, 다시는 실수하지 않을 것을 인식시킨다.

- 날 밀지 마, 내가 넘어질 뻔했잖아.
- 네가 발을 걸어서 내가 넘어질 뻔했어.
- 화장실 문으로 장난하지 마. 무서워.
- 미안해 내가 옷 입다가 실수로 네 어깨를 쳤어. 미안해.
- 미안해, 내가 뒷걸음치다 너를 보지 못해서 발을 밟았어.

7) 성적 괴롭힘 이해하기

- 몸의 각 부분의 정확한 명칭을 안다.
- 남에게 보여 주면 안 되는 소중한 부분이 있음을 안다.
- 소중한 몸의 부분을 장난으로 함부로 만지지 않음을 안다.
- 다른 사람이 나의 소중한 몸의 부분을 보거나 만지게 하면 안 됨을 안다.
- 친구가 좋아서 꼭 껴안고 뽀뽀를 하려 하는데 친구가 싫다고 말해요.
- 바로 멈추고 미안하다고 사과해야 함을 안다.

3. 바람직한 대처 방법

친구가 전혀 없는 아이들, 다른 아이들에게 못된 짓을 하거나 싸우기 잘하는 아이도 있고. 선생님한테 대들어서 자주 벌을 받는 아이들도 있다. 다른 아이와 잘 어울리지 못할 때, 주의가 산만해서가 이유인 경우 아이가 자주 말썽을 피울 때 바람직한 대처 방법으로는 다음과 같다.

1) 다른 아이와 잘 어울리지 못하는 아이 도와주기

어울리지 못해서 거의 혼자서 떨어져 지내는 아이가 친구들과 잘 어울려 놀 수 있는 것 같은데도 뒤로 물러나 아이들이 노는 데 전혀 끼려 하지 않는다면 이유가 있다.

(1) 수줍음을 잘 타는 아이

수줍음을 잘 타고 남의 앞에서 전혀 말을 하지 못한다. 낙담을 잘하고 동기부여가 되지 않는다. 지금은 친구가 없지만 예전엔 가까운 친구들이 있었다. 놀이에 흥미를 보이지 않는다. 활기도 없다. 좀처럼 웃거나 즐거운 표정을 짓지 않는다.

낯선 것을 싫어하는 아이는 걱정이 많아서 새로운 일을 하지 않으려 한다. 낯선 아이에게는 가까이 다가가지 않는다. 다른 아이가 다가오기만을 기다린다. 새로운 것을 하기 꺼린다. 재차 확인하기 위해 거듭 묻는다. 자신이 완벽하게 준비되어 있지 않으면 끼지 않으려 한다. 긴장을 풀지 못하고 편하게 쉬지도 못한다. 부모와도 자주 다투고 교사와도 갈등이 있다.

수줍음을 잘 타고, 걱정이 많고, 낙담을 잘하는 아이들은 모두 새로운 것을 하기 꺼려 하는 공통점이 있다. 수줍음을 잘 타는 아이들은 조용하고 조심스러운 아이의 기질 탓이다. 이런 아이들은 느리게 적응하는 편이다. 친구를 사귀는 방법을 모르고 아이들과 문제가 생겼을 때 어떻게 풀어야 하는지 몰라 친구를 사귀기 어렵다.

(2) 걱정이 많은 아이

걱정이 많은 아이들은 발달연령에 따라 무서워하고 두려워하며 걱정하는 것이 다르다. 6~9개월엔 낯선 사람을, 1~3세는 엄마와 떨어져 혼자 있는 것, 4~8세는 어둠과 괴물을 두려워하고, 8~12세는 태풍과 같은 자연재해를 무서워하며 걱정한다. 90%의 아이들이 자라면서 한두 가지 이상의 대상에 대해 두려워하고 걱정하는 시기를 거친다고 한다. 아이가 나이가 지났음에도 증상이 과해지면 또래 아이들과의 활동에 큰 지장을 주므로 주의해야 한다. 불안장애로 친구들과 함께 집단에서 활동하기가 힘들어지는 경우가 있기도 하다.

완벽하려고 하는 아이들은 자신이 잘 모르는 놀이에 끼려고 하지 않는다. 늘 아프다고 하면서 투덜거리고 걱정거리를 늘어놓으면서 투덜댄다. 이때 교사나 부모가 걱정할 것 없다고 설득하는 것은 소용이 없다. 아이가 직접 새로운 일을 하게 도와주는 것이다. 무슨 일이 있을지 자세히 이야기하는 것도 때론 도움이 된다. 아이가 차츰 여러 가지 활동들을 하면서 성취할 수 있게 되고 친구와 함께 하는 기회가 되면 걱정 또한 서서히 사라질 수 있다.

(3) 낙담을 잘하는 아이

낙담을 잘하는 아이들은 부모의 기대에 못 미쳐 부모가 아이를 이해하지 못하기 때문에 절망하기도 한다. 아이의 마음 깊은 곳의 절망을 교사나 부모가 알아차리기는 대단히 어려운 일이다. 이런 아이들은 조용히 지내고 다른 아이들에게 아무런 해를 끼치지 않기 때문에 더욱 눈치채기가 어렵다. 교사는 아이의 이런 절망을 게으름이나 주의 산만으로 잘못 이해한다.

아이들의 유아시절에는 기본적으로 행복이 바탕이 되어야 한다. 낙담을 잘하며 활기가 없고, 변덕스럽고, 신경과민인 듯한 행동은 아이에게 문제가 있음을 알려 주는 것이다.

이러한 아이들은 새로운 일을 하도록 권유를 하면 당연히 싫다고 한다. 이런 아이들은 물어보며 다그치기보다 덜 근심하면서 새로운 활동을 할 수 있게 가르쳐야 한다.

① 1단계: 처음부터 쉽게 할 수 있는 활동을 고른다.

② 2단계: 아이와 이야기를 하여 활동에 대한 약속을 정한다.

③ 3단계: 활동한 이야기를 해 본다. 아이가 선호한 상황을 이해한다.

대부분의 교사나 부모는 아이가 안쓰러워 새로운 일을 하라고 끈덕지게 권유하기 어렵지만 자신의 아이에게 새로운 일을 하도록 돕는 것은 중요한 일이다.

2) 주의가 산만한 아이 도와주기

주의가 산만한 아이는 놀이에서 아무 생각 없이 불쑥불쑥 행동해서 결국 다른 아이들로부터 따돌림을 당하고 만다. 같은 나이 또래의 아이들과는 달리 놀이나 활동에 집중하지 못하고 자기 차례를 기다리지 못하고 놀이도중에 가버리며, 규칙 지키기를 힘들어하므로 또래 친구들과의 갈등이 심하여 폭력을 야기시키기도 한다. 자제력도 부족하여 차례조차 기다리지 못하고 불쑥 끼어들어

따돌림을 당한다.

주의가 산만한 아이는 다음과 같은 방법으로 지도해 볼 수 있다.

① 유아에게 서로의 몸을 보호하는 약속을 한다.
② 화난 기분을 말로 바르게 표현하는 법을 익힌다.
③ 사이좋게 지내기 위한 약속을 한다.
④ 약한 친구를 도와주어야 함을 익힌다.
⑤ 괴롭히는 친구를 보면 용기를 내어 방어하는 방법을 익힌다.
⑥ 괴롭힘을 당하는 친구가 있으면 용기를 내어 도움을 주어 방관하지 않는 방법을 익힌다.
⑦ 실수로 친구를 괴롭혔을 때 바르게 사과하는 법을 익힌다.

3) 운동과 뇌

운동을 할 때는 신경세포 성장인자가 뇌로 하여금 인슐린 유사성장인자를 빨리 받아들이도록 도와주는데 그러면 뉴런이 활성화되어서 신호 신경전달물질인 세로토닌과 글루탄산염이 생성되어 그 결과로 더 많은 신경세포 성장인자 수용체가 생성되며 기억을 저장하기 위한 연결을 두껍게 강화해 준다.

신경세포 성장인자는 특히 장기기억에 중요한 역할을 한다. 기억에 관한 연구를 통한 놀라운 사실 중 하나는 반복활동이나 연습이 시냅스를 증가시키고 뉴런 간의 연결을 더욱 강하게 한다는 것이다. 근육을 사용하는 모든 활동은 소뇌가 지배한다. 소뇌는 생각이나 집중력, 감정, 심지어 사교기술까지 리듬 있게 조화를 시킨다. 복잡한 근육의 움직임을 필요로 하는 운동을 하면 인지기능을 담당하는 뇌부위도 더불어 운동을 한다. 운동과 인지기능은 똑같은 뇌세포로 이루어진 회로를 사용해서 다른 뉴런에 신호를 전달하기 때문에 운동을 통해서 강화된 뇌회로는 인지기능 역시 향상시킨다. 유산소운동이 신체뿐만 아니라 정신까지도 바꾸어 놓을 수 있다는 사실은 매우 설득력 있다.

"우리 체육교사들은 뇌세포를 만들어 내지요. 그 속에 내용물을 채워 넣는 것은 다른 교사들의 몫이지요(John, J. Rately & Eric Hagerman, 2008)."

체육이나 수영수업은 단순히 운동만을 가르치는 것이 아니라 아이들의 마음의 변화를 일으켜서 동기부여를 하여 유아 자신들이 스스로의 역량을 믿고 자심감에 차 있게 한다.

체력강화운동으로서의 버피 테스트(Burpee Test)를 통하여 심폐지구력이 상승되는 운동을 함께 한다. 버피 테스트는 바닥에서부터 위로 점프하는 동작을 반복하는 만큼 심폐 지구력을 높이는 데도 아주 효과적인 운동으로 체력이 강화된다. 짧은 시간 안에 운동 효과를 극대화할 수 있는 유산소성 근력 운동이다. 원래 체력 테스트 목적으로 만들어진 운동이었으나 전신 집중 운동으로 새롭게 주목 받고 있다. 운동선수들의 체력 향상을 위한 필수 운동인 만큼 운동 강도도 높고, 또 그만큼 운동 효과도 크다.

또한 거의 모든 운동선수들이 필수로 하는 유산소 운동인 만큼 유산소 운동으로서 폐활량 증가는 물론, 짧은 시간 안에 전신의 힘을 폭발적으로 사용하기 때문에 신체의 전반적인 체력 상승효과도 있다. 이 운동은 유아들의 기초체력을 키우고 근력과 유산소운동으로 유아들이 수영이나 체육활동을 위한 기본동작으로 필수적인 신체를 위한 운동이다. 버피라는 이름이 붙은 이유는 이 운동을 만든 로열 H. 버피라는 미국의 생리학자의 이름을 따온 것이라 한다.

① 바로 선 상태에서 발을 어깨너비만큼 벌려 준다.
② 쪼그려 앉으며 양손으로 바닥을 짚어 준다.
③ 발을 뒤로 뻗어서 푸시업 자세를 만든다.
④ 발을 끌어당겨 2번 자세로 돌아온다.
⑤ 양팔을 하늘 높이 올리며 일어선다.
⑥ 2번~5번을 순서대로 반복한다.

4) 기다리고 꾹-참기 연습

- 친구를 때리고 싶을 때
- 동생을 꼬집고 싶을 때
- 형을 밀치고 싶을 때
- 언니를 할퀴고 싶을 때
- 친구의 옷을 잡아당기고 싶을 때
- 친구의 팔을 물고 싶을 때
- 안 돼요, 안 돼요, 기다려요, 꾹-참아야 해요.

5) 말로 신체 괴롭힘 예방표현

- 나를 안아 주는 것은 좋은데, 세게 안으면 숨이 막히고 아파, 세게 안지 마.
- 머리를 쓰다듬으면 좋지만, 머리카락을 잡아당기면 싫어.
- 어깨동무는 좋지만, 목을 꽉 껴안으면 숨이 막혀.
- 술래잡기는 재미있지만, 옷을 잡아당기면 싫어.
- 내 손을 잡는 것은 괜찮지만, 나를 밀치는 것은 싫어.
- 얼굴을 쓰다듬으면 좋지만, 할퀴는 것은 안 돼.
- 뽀뽀해 주는 것은 좋지만 무는 것은 싫어.

6) 신체 괴롭힘을 당하는 친구 도와주기

- 안 돼! ㅇㅇ를 때리지 마.
- 멈춰! ㅇㅇ가 아프잖아.
- 밀지 마! ㅇㅇ가 다치잖아.
- 장난감을 빼앗지 마 ! ㅇㅇ가 슬프잖아.

- 물지 마! ㅇㅇ가 울잖아.
- 침 뱉지 마! 더러워.
- 꼬집지 마! ㅇㅇ가 상처 생기잖아.
- 낙서 하지 마! ㅇㅇ의 그림이 망쳐지잖아.
- 찢지 마 ! ㅇㅇ의 작품이 망가지잖아.
- 선생님 도와주세요. ㅇㅇ가 아파요.
- 선생님 ㅇㅇ를 말려 주세요. ㅇㅇ가 많이 괴로워해요.

7) 친구를 괴롭히지 않기 약속

- 물건을 던지지 않겠습니다.
- 때리지 않겠습니다.
- 꼬집지 않겠습니다.
- 손으로 괴롭히지 않겠습니다.
- 손으로 괴롭힐 때 "멈춰"라고 외치겠습니다.
- 친구를 말리고 선생님께 도와달라고 하겠습니다.

8) 방어할 땐 이렇게 말해요

- 나를 밀지 마, 내가 넘어질 뻔했잖아.
- 옷을 잡아당기지 마, 옷이 벗겨지잖아.
- 화장실 문에서 장난하지 마, 문이 열리지 않아 무서워.
- 할퀴지 마, 내가 상처가 생기는 것 싫어.
- 꼬집지 마, 나는 많이 아파.
- 물지 마, 선생님, 도와주세요.

9) 친구가 좋을 때 해야 하는 행동

아이들에게 친구가 좋을 때는 어떻게 행동해야 할지를 알려 주어야 한다. 내가 좋아서 하는 행동이 친구에게는 장난으로 괴롭힘이 되어서 폭력으로 이어질 수 있음을 이야기해 준다. 세게 껴안고, 친구의 머리를 잡아당기고, 친구의 옷을 잡아당기며, 친구의 어깨를 세게 잡아당기거나 밀고, 친구에게 이를 닦다가 머리에 물을 뿌리고, 얼굴을 주먹으로 때리고, 할퀴고, 꼬집고, 손가락으로 찌르고, 친구의 그림에 낙서하고, 찢고, 작품을 망가뜨리고, 실내화를 던지는 행동들이 그것이다.

아이들은 장난으로 재미있다고 하지만 괴롭힘을 당하는 아이는 괴롭고, 불쾌하다. 자신이 좋아하는 행동이라도 친구가 싫어할 수 있음을 이해하도록 충분히 이야기를 나눈다. 친구를 좋아하는 마음을 말이나 행동 등 다양한 방법으로 표현할 수 있도록 놀이와 언어적 상호작용을 한다. 친구의 몸을 보호하기 위한 약속과 행동 태도를 익히도록 한다.

아이들에게 친구들과 어울려서 지낼 때 문제 상황이나 갈등이 생겼을 때 인식을 하고 해결하는 방법을 함께 이야기를 나누면서 아이들이 스스로 해결책을 말하고 행동할 수 있도록 지도해야 한다. 친구를 위하는 마음이 있는지, 친구가 싫어하는 행동은 하지 않을 수 있는지, 좋아하는 행동을 표현하려고 노력하는 태도를 가질 수 있도록 상호작용을 한다.

친구에게 장난이나 괴롭힘을 당할 때 할 수 있는 언어표현을 가르쳐서 친구에게 해 주고 싶은 말을 실행하여 보도록 한다.

- 나를 안아 주는 것은 좋아. 그런데 세게 껴안으면 숨이 막혀.
- 머리를 쓰다듬어 주는 것은 좋아. 세게 잡아당기면 싫어. 물을 뿌리는 것도 싫어. 머리를 때리는 것은 제일 싫어.
- 어깨동무는 재미있어. 목을 꽉 껴안으면 숨이 막혀.
- 술래잡기는 재미있어. 옷을 세게 잡아당기면 싫어. 내 몸을 밀치는 것도 싫어.

- 내 손을 잡는 것은 좋아. 손을 잡아당기면 싫어. 손가락으로 찌르면 아파.
- 얼굴을 쓰다듬으면 기분이 좋아. 주먹으로 때리지 마. 꼬집지 마. 할퀴지 마, 아파.
- 내 그림에 색칠하는 것을 도와주면 좋아. 낙서는 하지 마. 내 작품을 찢지 마.
- 블록 쌓기를 도와주면 좋아, 블록을 얼굴에 던지지 마.
- 실내화는 감추지 마. 쓰레기통에 넣지 마.

10) 화가 날 때 화를 표현하는 올바른 방법 익히기

엄마가 보고 싶어서, 선생님께 야단맞아서, 마음대로 블록 쌓기를 하지 못해서, 배가 고파서, 친구가 놀려서, 친구가 밀어서, 친구와 싸워서, 놀아주지 않아서, 졸려서 아이들은 화가 난다. 화가 난 상태를 보고 화를 내지 말라고 무조건 금지하는 것은 좋지 않다.

다만 옆의 친구에게 방해가 되거나 친구를 괴롭힐 수 있는 경우에는 조용히 아이를 감정표현할 수 있는 곳에서 화를 분출하게 한다. 특히 손이나, 입으로 혹은 발로 화를 풀 수 있는 다양한 방법들을 하도록 한다. 소리 지르기, 신문찢기, 볼풀에서 볼 던지기, 다트 맞추기, 텐텐볼 던지기, 뛰기 등으로 아이의 화가 난 스트레스를 풀어 주는 것이 좋다.

화가 나서 분노조절이 힘들어 신체폭력이 나타나는 아이들에게 해 주고 싶은 말에 대해 아이들과 이야기 나눈다.

CHAPTER12

장난과 괴롭힘 예방을 위한 놀이 활동

1. 손으로 하는 놀이 활동

※ 손으로 하는 놀이 활동 1: 손으로 운동하기

<table>
<tr><td rowspan="2">주제</td><td rowspan="2">손으로 운동하기</td><td>활동형태</td><td>자유선택활동</td></tr>
<tr><td>활동유형</td><td>건강, 조작, 미술</td></tr>
<tr><td>활동목표
· 내 가만든 손으로 하는 운동을 안다.
· 손으로 할 수 있는 여러 가지 운동을 이해한다.

활동자료
탁구공, 어묵막대(긴 것) 색상지, 스티로폼 공, 가위</td><td colspan="3">1. 활동 소개하기
1) 손으로 할 수 있는 운동을 이야기 나눈다.
- 손으로 할 수 있는 운동에는 어떠한 운동이 있을까요? (마인드맵으로 종이 위에 써. 본다).
- 손으로 어떠한 운동을 할 수 있을까요? (마인드맵으로 종이 위에 그려 본다.)</td></tr>
</table>

	2. 활동 전개하기 1) 손으로 할 수 있는 운동을 할 것임을 알려 준다. - 나의 손을 올려 보세요. - 종이 위에 내 손을 놓고 그려 보세요. - 스티로폼 공으로 어떤 놀이를 할지 이야기하여 보세요. - 내가 만든 손으로 탁구 공놀이를 하여 보세요. 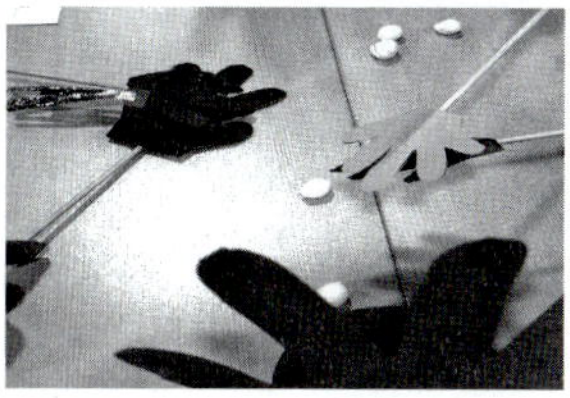 3. 활동 정리하기 1) 내가 만든 손으로 어떤 운동을 할 수 있었는지 이야기 나눈다. 4. 활동 평가 1) 내가 만든 손으로 할 수 있는 운동과 게임을 아는지 평가한다. 5. 활동 확장 1) 내가 만든 손으로 손 탁구를 할 수 있다. 6. 가정과 연계 1) 배드민턴, 탁구, 농구 등 가정에서 엄마, 아빠와 함께 손으로 하는 놀이와 게임을 해 본다. Tip 손으로 할 수 있는 다양한 운동을 유아가 주도적으로 놀이로 할 수 있도록 교사는 기다리고 따라간다. 단 운동은 방법이 있으므로 정확한 규칙과 운동기술을 알려 줄 필요는 있다.

※손으로 하는 놀이 활동 2: 손으로 놀아요

주제	손으로 놀아요	활동형태	자유선택활동
		활동유형	건강, 조작, 사회

활동목표

- 손의 이로움을 이해한다.
- 손으로 블록 한 개를 빼는 놀이를 안다.
- 놀이가 힘든 어린 동생을 도와줄 수 있다.

활동자료

지름 3cm×높이 1cm의 원기둥(가운데에 지름 1cm의 구멍이 뚫린 것) 5개

1. 활동 소개하기

1) 손으로 할 수 있는 놀이를 이야기 나눈다.
   - 손으로 놀면서 친구를 어떻게 도와줄 수 있을까요?
2) 손으로 1개의 블록을 어떻게 뺄 수 있을까요?
   - 손가락, 볼펜, 젓가락 등을 이용할 수 있나요?
3) 5개 모두를 1개씩 빼서 친구에게 5개를 모두 주는 놀이에요.

2. 활동 전개하기

1) 어떠한 방법으로 1개의 블록을 쌓은 블록이 무너지지 않도록 조심스럽게 뺄 수 있을까요?
   - 연필로 바닥의 블록을 쳐서 1개씩 뺄 수 있어요.
2) 옆의 동생에게 5개의 블록을 모두 쌓아 주세요.

3. 활동 정리하기

1) 어떠한 방법으로 손을 이용해서 1개의 블록을 뺄 수 있는지 이해한다.

4. 활동 평가

1) 손으로 할 수 있는 다양한 블록 빼기 기술을 평가한다.

5. 활동 확장

1) 종이 벽돌 직육면체 블록을 이용하여 놀이를 할 수 있다.

6. 가정과 연계

1) 엄마, 아빠와 함께 다양한 블록을 가정에서 5개씩 쌓아서 손으로 하는 놀이를 해 본다.

Tip

종이 벽돌 블록이 무너지지 않게 하는 놀이로 높이가 낮을수록 안전하게 블록을 뺄 수 있다.
손으로 할 수 있는 블록빼기 놀이를 유아가 주도적으로 할 수 있도록 교사는 기다리고 따라간다.

※손으로 하는 놀이 활동 3: 손으로 도와줄 수 있어요

주제	손으로 도와줄 수 있어요.	활동형태	자유선택활동
		활동유형	언어, 조작, 미술

<table>
<tr>
<td>

활동목표

- 손의 이로움을 이해한다.
- 손으로 도와줄 수 있는 인형 놀이를 이해한다.

활동자료

팔다리가 있는 인형

</td>
<td>

1. 활동 소개하기

1) 손으로 할 수 있는 놀이와 친구를 도와줄 수 있는 방법을 이야기 나눈다.
- 손으로 친구를 어떻게 도와줄 수 있을까요? (마인드맵으로 종이 위에 써 본다.)
- 손으로 어떠한 놀이를 할 수 있을까요? (마인드맵으로 종이 위에 그려 본다.)
- 손으로 도와줄 수 있는 인형놀이에는 어떤 방법이 있을까요? (붙잡아 주는 사랑의 손, 일으켜 주는 손, 안아주는 손, 쓰다듬어 주는 손, 악수하는 손)

2. 활동 전개하기

1) 손으로 도와줄 수 있는 놀이를 할 것임을 알려 준다.
- 내가 좋아하는 인형을 가져오세요.
- 인형은 스스로 움직일 수 있을까요?
- 내가 손으로 어떻게 도와주어야 움직일 수 있을까요?

2) 인형을 만들어서 어떤 놀이를 할 수 있을까요?

3. 활동 정리하기

1) 인형을 만들어서 어떤 놀이를 할 수 있었는지 이야기 나눈다.

4. 활동 평가

1) 손으로 도와줄 수 있는 놀이를 아는지 평가한다.

5. 활동 확장

1) 만든 인형으로 친구를 도와줄 수 있는 여러 놀이를 할 수 있다 (악수하기, 가위바위보, pet a cake)

6. 가정과 연계

1) 엄마, 아빠와 함께 인형을 만들어 꾸민 후 가정에서 손으로 도와줄 수 있는 놀이를 해 본다.

Tip

손으로 도울 수 있는 다양한 인형놀이를 유아가 주도적으로 놀이할 수 있도록 교사는 기다리고 따라간다.

</td>
</tr>
</table>

※손으로 하는 놀이 활동 4: 멋진 손 꾸미기

주제	멋진 손 꾸미기	활동형태	자유선택활동
		활동유형	언어, 조작, 미술

활동목표

- 손을 멋지게 꾸밀 수 있다.
- 꾸민 손으로 창의적인 놀이를 할 수 있다.

활동자료

색상지, 보석스티커, 색종이 대나무 젓가락, 뽕뽕이

1. 활동 소개하기

1) 손을 꾸밀거예요.
2) 멋지게 손을 꾸미세요.
3) 내손을 그려서 오리고 꾸며 보세요.

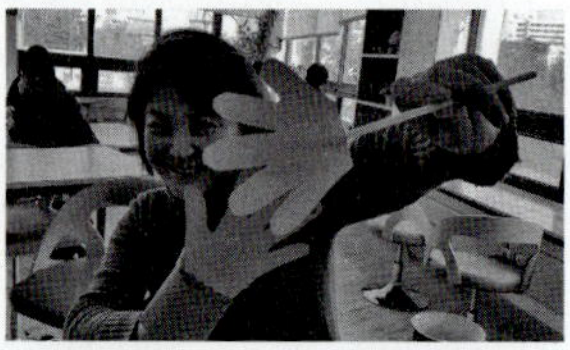

2. 활동 전개하기

1) 오린 손으로 어떤 놀이를 할 수 있을까요?
2) 꾸민 손을 내 팔에 끼워서 로봇처럼 움직여 보세요.
3) 꾸민 손으로 뽕뽕이를 친구와 함께 옮겨 보세요.

3. 활동 정리하기

1) 멋지게 꾸몄나요? 꾸민 손으로 어떤 놀이를 할 수 있었나요?
2) 제자리에 정리하여 보세요.

4. 활동 평가하기

1) 손으로 어떤 놀이를 할 수 있었는지 평가한다.

5. 활동 확장하기

1) 가위바위보 모양의 손을 꾸며 게임을 한다.
2) 책상 위에서 뽕뽕이로 축구와 탁구를 할 수 있다.
3) 가정에서 만든 손과 탁구공, 뽕뽕이로 식탁 위에서 게임을 할 수 있다.

6. 가정과 연계하기

가정에서 젓가락, 어묵꼬치 등을 활용하여 종이를 손 모양으로 만들어 식탁 위에서 탁구공으로 놀이를 할 수 있다.

TIP

가위바위보 모양의 손을 꾸며 세 가지씩 놓아 보고 손으로 가위바위보하는 것보다 주장을 정해 한 사람이 가위바위보를 내면 세 가지 중에서 골라 손 모양을 내어 게임을 진행하도록 한다.

※ 손으로 하는 놀이 활동 5: 젓가락 공기놀이

주제	젓가락 공기놀이(쩌이쭈엔)	활동형태	자유선택활동
		활동유형	수, 조작, 건강

활동목표

· 손으로 할 수 있는 놀이를 안다.

창의 요소

· 인지적 요소: 사고의 확장
· 동기적 요소: 흥미

인성 요소

· 협력-긍정적인 상호의 존성

활동자료

나무젓가락(또는 대나무 젓가락) 30개, 공깃돌 5개

1. 활동 소개하기

1) 손으로 할 수 있는 놀이로 젓가락과 공깃돌로 쩌이쭈엔(베트남식 공기놀이)을 하는 방법을 이야기 나눈다.
- 공기놀이를 해 본 적 있나요?
- 우리나라 공기는 공깃돌이 몇 개인가요?
- 쩌이쭈엔 놀이는 나무젓가락이 10개, 공깃돌이 1개가 필요해요.

2. 활동 전개하기

1) 쩌이쭈엔 놀이를 할 것임을 알려 준다.
- 나무젓가락 10개와 공깃돌이 1개를 준비해요.

2) 쩌이쭈엔 하는 방법을 알려 준다.
- 공깃돌을 머리 위로 던진 후 손에 쥔 10개의 젓가락을 내려놓고 공깃돌을 잡아요. 그다음 공깃돌을 위로 던질 때마다 젓가락을 1개씩 잡아요.

3) 1개씩 잡기가 성공하면 공깃돌을 던질 때마다 젓가락을 2개씩, 3개씩 잡는 방식으로 진행해요.

3. 활동 정리하기

1) 젓가락으로 쩌이쭈엔 놀이가 가능했는지 이야기 나눈다.
2) 쩌이쭈엔 놀이를 할 수 있는지 이야기 나눈다.
3) 힘들고 어려웠던 것은 무엇인지 이야기 나눈다.

4. 활동 평가하기

1) 손으로 할 수 있는 쩌이쭈엔 놀이를 아는지 평가한다.

5. 활동 확장하기

1) 공깃돌은 탁구공, 반지, 동전, 점토 등 작은 물건 어느 것이든 활용하면 된다.
2) 1개씩 잡는 것이 쉬우면 3개나 4개씩 단계를 높여 가는 것이 좋다.

6. 가정과 연계하기

1) 엄마, 아빠와 함께 젓가락으로 가정에서 쩌이쭈엔 놀이를 해 본다.

Tip

손으로 할 수 있는 쩌이쭈엔 놀이를 유아가 주도적으로 할 수 있도록 교사는 기다리고 따라간다.

※ 손으로 하는 놀이 활동 6: 안 돼요 손 그리기

주제	안 돼요 손 그리기	활동형태	자유선택활동
		활동유형	언어, 조작, 미술

활동목표

· 손으로 할 수 있는 여러 가지 놀이를 이해한다.

활동자료

8절지 색상지 사인펜, 색연필, 크레용

1. 활동 소개하기

1) 손으로 어떠한 놀이를 할 수 있을까요?
2) 손으로 '안 돼요' '싫어요' '도와주세요' 할 수 있어요
   - 손으로 할 수 있는 게임에는 어떤 게임이 있을까요?

2. 활동 전개하기

1) 손으로 할 수 있는 놀이를 할 것임을 알려 준다.
   - 나의 손을 그려 보세요. 손 위에 '안 돼'라고 적어 보세요. 내 이름을 적어 보세요.
2) 손으로 '안 돼'는 무슨 표시일까요?
3) 손으로 '싫어요'도 할 수 있어요.
4) 손으로 '선생님 도와주세요' 할 수 있어요.

3. 활동 정리하기

1) 손을 그리고 '안 돼'를 써 본다. 손으로 '안 돼, 싫어, 도와주세요'를 표현할 수 있었는지 이야기 나눈다.

4. 활동 평가하기

1) 손으로 할 수 있는 '안 돼, 싫어, 도와주세요'를 할 수 있는지 평가한다.

5. 활동 확장하기

1) 그린 손 위에 색칠한다.
2) 손을 보며 다른 친구들을 괴롭히는 친구에게 '안 돼'라고 도와주는 활동을 한다.

6. 가정과 연계하기

1) 엄마, 아빠와 함께 손을 그리고 가족의 손을 꾸민 후 가정에서 손의 모양을 확인하고 손으로 '안 돼'라고 할 수 있는 상황을 이야기 나눈다.

TIP

유아가 주도적으로 손으로 표시할 수 있을 때까지 교사는 기다리고 따라간다.

※ 손으로 하는 놀이 활동 7: 손으로 하는 게임

<table>
<tr><td rowspan="2">주제</td><td rowspan="2">손으로 하는 게임</td><td>활동형태</td><td>자유선택활동</td></tr>
<tr><td>활동유형</td><td>언어, 조작, 미술</td></tr>
<tr><td>

활동목표

· 손으로 할 수 있는 여러 가지 놀이를 이해한다.
· 내 손의 모양을 확인한다.
· 가위바위보를 이해한다.

활동자료

8절지 색상지, 사인펜, 크레용, 다양한 색의 색 도화지

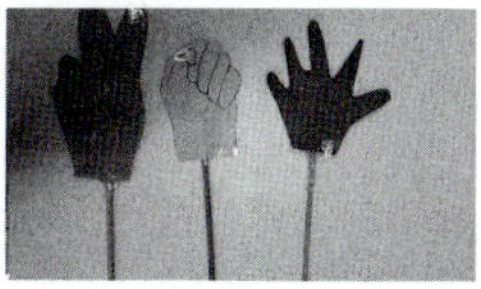

</td><td colspan="3">

1. 활동 소개하기

1) 손으로 어떠한 놀이를 할 수 있을까요?
2) 손으로 할 수 있는 게임에는 어떤 게임이 있을까요?

2. 활동 전개하기

1) 손으로 할 수 있는 놀이와 게임을 할 것임을 알려 준다.
- 나의 손을 그려 보세요. (만 3세 유아들은 함께한다).
- 오려 보세요. (만 4~5세 가능).
- 나의 손을 장식해서 꾸며 보세요.
- 친구들과 함께 내 손을 그려 보세요.

3. 활동 정리하기

1) 손을 그리고 만들어서 어떤 게임을 할 수 있었는지 이야기 나눈다.

4. 활동 평가하기

1) 손으로 할 수 있는 게임과 놀이를 아는지 평가한다.

5. 활동 확장하기

1) 만든 손으로 손탁구를 할 수 있다.
1) 만든 손으로 가위바위보를 할 수 있다.

6. 가정과 연계하기

1) 엄마, 아빠와 함께 손을 만들어 꾸민 후 가정에서 손으로 하는 게임을 해 본다.
2) 요요, 팽이, 실뜨기, 산가지놀이, 공기, 젓가락 공기놀이(쩌이쭈엔)

TIP

손으로 할 수 있는 다양한 놀이를 유아가 주도적으로 놀이를 할 수 있도록 교사는 기다리고 따라간다.

</td></tr>
</table>

2. 발로 하는 놀이 활동

※ 발로 하는 놀이 활동 1: 반구놀이

<table>
<tr><td rowspan="2">주제</td><td rowspan="2">반구놀이</td><td>활동형태</td><td>자유선택활동</td></tr>
<tr><td>활동유형</td><td>신체</td></tr>
<tr><td colspan="2">
활동목표
· 발을 균형을 맞추어 반구 위를 걸을 수 있다.

활동자료
색테이프 속지로 만든 반구

</td><td colspan="2">
1. 활동 소개하기
1) 발로 어떠한 놀이를 할 수 있을까요?
2) 마인드맵으로 발로할 수 있는 놀이를 만든다.

2. 활동 전개하기
1) 오늘은 이 반구로 발로 하는 놀이를 할 거예요.
2) 반구에 발을 끼워서 손잡이를 잡고 걸어 보세요.

3. 활동 정리하기
1) 발로 반구를 신고 걸을 수 있는지 이야기 나눈다.
2) 어떤 점이 어려웠는지 이야기 나눈다.

4. 활동 평가하기
1) 발로 할 수 있는 반구놀이를 할 수 있는지 평가한다.
2) 손과 발의 균형을 맞추어 걸을 수 있는지 평가한다.

5. 활동 확장하기
1) 반구 위에서 자주 넘어지는 유아를 도와주는 활동을 한다.
2) 두 명씩 짝을 지어 게임을 유도한다.

6. 가정과 연계하기
1) 엄마, 아빠와 함께 발을 그리고 가족의 발로 할 수 있는 놀이를 확인하고 발로 하는 놀이 활동을 이야기나눈다.

TIP
발로 할 수 있는 놀이를 유아가 주도적으로 할 수 있도록 교사는 기다리고 따라간다.
</td></tr>
</table>

※ 발로 하는 놀이 활동 2: 두발로 가깝게, 멀리 뛸 수 있어요.

<table>
<tr><td rowspan="2">주제</td><td rowspan="2">두발로 가깝게, 멀리 뛸 수 있어요.</td><td>활동형태</td><td>자유선택활동</td></tr>
<tr><td>활동유형</td><td>신체</td></tr>
<tr><td colspan="2">

활동목표

· 두 발로 할 수 있는 두 발뛰기를 이해한다.

활동자료

포장지 속지 유아들이 색종이로 꾸민 것 2개

</td><td colspan="2">

1. 활동 소개하기

1) 발로 어떠한 놀이를 할 수 있을까요?
2) 발로 할 수 있는 뛰기 놀이에는 어떤 놀이가 있을까요?
3) 발로 할 수 있는 게임에는 어떤 게임이 있을까요?

2. 활동 전개하기

1) 두 발로 할 수 있는 놀이를 할 것임을 알려 준다.
2) 한 발로 뛰면 다쳐요. 두 발로 뛰어야 막대기 두 개를 넘을 수 있어요.
3) 두 막대를 보여 주며 시범으로 두 발로 뛰기를 보여 준다.

3. 활동 정리하기

1) 두 발로 할 수 있었는지 이야기 나눈다.
2) 두 막대를 멀리뛰기로 넘을 수 있었는지 이야기 나눈다.

4. 활동 평가하기

1) 두 발로 두막대를 뛰면서 넘을 수 있는지 평가한다.

5. 활동 확장하기

1) 어린 유아는 두발로 막대 한 개씩을 넘게 하고 유치반 친구들은 두 막대를 한번에 건너뛰는 두발 뛰기로 한다.

6. 가정과 연계하기

1) 엄마, 아빠와 함께 발로 두 발 뛰기로 놀이를 할 수 있는 상황을 만들어 두 발 뛰기 놀이를 한다.

TIP

발로 할 수 있는 두발뛰기를 유아가 주도적으로 할 수 있도록 교사는 기다리고 따라간다.

</td></tr>
</table>

※ 발로 하는 놀이 활동 3: 둘이서 한마음

주제	둘이서 한마음	활동형태	자유선택활동
		활동유형	신체, 미술

활동목표

- 둘이서 한마음으로 신을 신고 걸을 수 있음을 이해한다.

활동자료

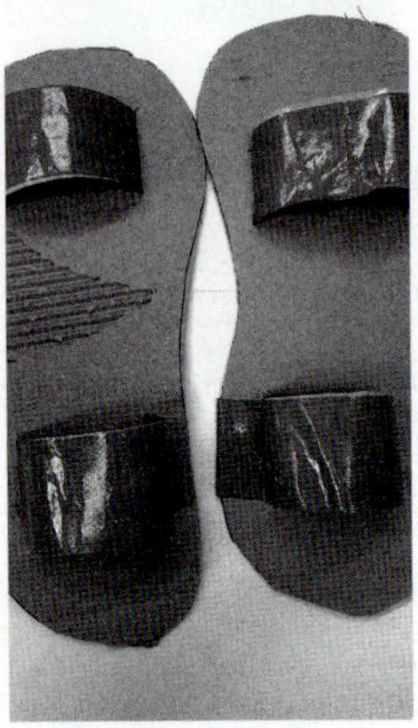

1. 활동 소개하기

1) 발로 어떠한 놀이를 할 수 있을까요?
2) 이것은 왜 발을 끼우는 고리가 많을까요?
3) 거인발로 '둘이서 한마음 놀이'를 할 것임을 알려 준다.

2. 활동 전개하기

1) 거인발로 '둘이서 한마음 놀이'를 할 것임을 알려 준다.
2) 고리가 두 개, 세 개 있는 발이 있어요.
3) 신발이 몇 개 필요한가요?
4) 발이 두 개라 거인 신 두 개가 필요해요.
5) 어깨동무를 하고 뒤에 친구는 다음 고리에 왼발과 오른발을 끼워서 둘이서 한마음으로 걸어야 해요.

3. 활동 정리하기

1) 거인발로 잘 걸을 수 있었는지 이야기 나눈다.
2) 두 명이서 둘이 한마음으로 걸을 수 있었는지 이야기 나눈다.

4. 활동 평가하기

1) 거인발로 잘 걸을 수 있었는지 평가한다.
2) 둘이서 한마음으로 걸을 수 있었는지 평가한다.

5. 활동 확장하기

1) 혼자서 고리가 여러 개 달린 신발을 신어 보고 걷게 한다.
2) 고리가 두 개 달린 신발을 잘 신고 둘이서 한마음으로 걸을 수 있도록 도와주는 활동을 한다.

6. 가정과 연계하기

1) 엄마, 아빠와 함께 거인 신발을 만들어 신고 둘이서 한마음 게임놀이를 한다.

TIP

발로 할 수 있는 '둘이서 한마음' 놀이를 넘어지지 않고 한마음으로 '오른발 왼발' 구호를 외치며 유아가 주도적으로 할 수 있도록 교사는 기다리고 따라간다.

※ 발로 하는 놀이 활동 4: 동대문을 열어라

주제	동대문을 열어라	활동형태	자유선택활동
		활동유형	신체

활동목표

· 발로 규칙을 지키며 높낮이에 맞게 동대문을 열어라 게임을 할 수 있다.

활동자료

'동대문을 열어라' 음원

1. 활동 소개하기

1) 동대문을 만들어 보세요.
2) 어깨동무를 하여 1줄 기차를 만들어 보세요.

2. 활동 전개하기

1) '동대문을 열어라'를 노래를 부르며 할 것임을 소개한다.
2) 선생님과 유아가 동대문을 만든다.
3) 다른 유아들은 1줄 기차로 대문을 들어갈 대열을 만든다.

3. 활동 정리하기

1) 동대문을 열어라 놀이를 할 수 있었는지 이야기 나눈다.
2) 유아들이 만든 낮은 대문을 지나가기 위해서 자세를 낮추었는지 이야기 나눈다.

4. 활동 평가하기

1) 동대문놀이를 위해 대문을 만드는지 평가한다.
2) 높낮이에 맞게 신체균형을 잡는지 평가한다.

5. 활동 확장하기

1) 반 전체 아이들이 참여하기 위해서는 운동장에서 함께 대문놀이를 한다.

6. 가정과 연계하기

1) 엄마, 아빠와 함께 동대문을 만들고 함께 대문을 지나가는 활동을 한다.

TIP

발로 동대문놀이를 하는 놀이이므로 유아가 주도적으로 발로 직접 할 수 있도록 교사는 기다리고 따라간다.

3. 입으로 하는 놀이 활동

※ 입으로 하는 놀이 활동 1: 고운 말 낚시놀이

주제	고운 말 낚시놀이	활동형태	자유선택활동
		활동유형	언어, 조작, 미술

활동목표

- 입으로 할 수 있는 고운 말 낚시 놀이를 이해한다.
- 낚시놀이를 통해 고운 말을 전할 수 있다.

활동자료

유아들이 만든 물고기, 개인용낚시, 고운말카드

1. 활동 소개하기

1) 입으로 할 수 있는 놀이를 말해 보세요.
2) 낚시놀이를 해 보세요.
3) 어떤 고운 말이 물고기에 적혀 있는지 친구에게 전해 주세요.
   - (친구들은 교사가 만들어 놓은 물고기에 색을 칠한다.)
   - (교사는 고운 말을 미리 물고기 뒤에 붙여 놓는다.)

2. 활동 전개하기

1) 입으로 할 수 있는 낚시놀이를 할 것임을 알려 준다.
   - 고마워요, 미안해요, 사랑해요, 반가워요.
2) 내가 낚은 물고기에 어떤 말이 쓰여 있는지 읽고 친구에게 전해 주세요.

3. 활동 정리하기

1) 내가 낚은 물고기에 적혀 있는 고운 말을 친구에게 잘 전할 수 있었는지 이야기 나눈다.

4. 활동 평가하기

1) 낚은 물고기에 적혀 있는 고운 말을 읽을 수 있는지 평가한다.
2) 고운 말을 친구에게 바르게 전하는지 평가한다.

5. 활동 확장하기

1) 고운 말과 미운 말 물고기를 섞어 놓은 후 고운 말을 골라 낚시를 분류하게 한다. 고운 말만 골라 서로 이야기하도록 한다. 고운 말 카드와 짝짓기를 할 수도 있다.

6. 가정과 연계하기

1) 엄마, 아빠와 함께 낚시놀이를 통해 집에서 사용할 수 있는 존댓말과 인사말을 연습하는 놀이로 가족과 함께 놀 수 있다.

TIP

입으로 할 수 있는 낚시놀이로 고운 말을 전할 수 있는 바른 말 고운 말 전하기를 유아가 주도적으로 할 수 있도록 교사는 기다려 준다.

※ 입으로 하는 놀이 활동 2: 멋진 말 전하기

주제	멋진 말 전하기	활동형태	자유선택활동
		활동유형	언어, 조작, 미술

활동목표

- 멋진 입으로 할 수 있는 멋진 말 전하기를 이해한다.
- 미운 말을 멋진 말로 바꾸어 말로 전할 수 있다.

활동자료

종이접시, 사인펜, 색연필, 크레용, 가위, 멋진 말카드, 미운 말카드

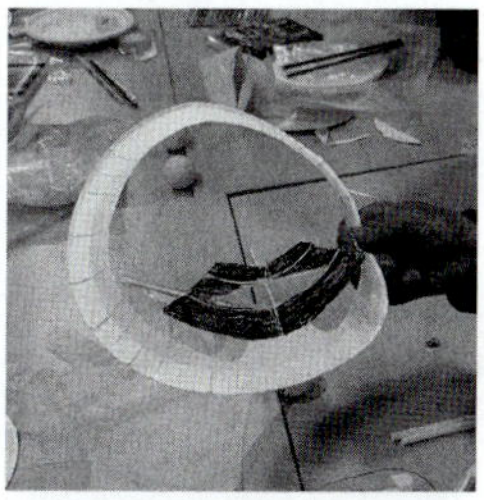

1. 활동 소개하기

1) 입으로 어떠한 놀이를 할 수 있을까요?
2) 종이 접시 위에 멋진 입과 미운 입을 만들 거예요.

2. 활동 전개하기

1) 종이 접시 위의 입을 꾸며 보세요. 검정색 입은 미운 입이고, 빨간색입은 멋진 입이예요.
2) 미운 말을 하는 미운 입을 멋진 입으로 바꾸어 말을 전하는 놀이에요.
3) 검정 입을 얼굴에 쓰면 "난 너가 싫어, 저리가"
4) 빨간 입을 얼굴에 쓴 친구가 멋진 말로 전할 수 있어요." 그렇게 말하면 친구가 마음이 아파 그러니까 그렇게 말하지 말고 이렇게 이야기해 줘. 지금은 내가 기분이 안 좋아 그러니까 잠깐만 기다려 줘, 조금 있다가 같이 놀아 줄게"

3. 활동 정리하기

1) 미운 말을 멋진 말로 바꾸는 멋진 말 전하기 놀이를 이야기 나눈다.
2) 미운 말은 바로 멋진 말로 바꾸어 말하도록 한다.

4. 활동 평가하기

1) 미운 말을 멋진 말로 바꾸는 멋진 말 전하기 놀이를 할 수 있는지 평가한다.
2) 미운 말은 바로 멋진 말로 바꾸어 말할 수 있는지 평가한다.

5. 활동 확장하기

1) 검정색 입과 빨간색 입을 짝으로 하여 미운 말을 멋진 말로 바꾸는 역할놀이를 한다.

6. 가정과 연계하기

1) 가정에서도 미운입과 멋진 입을 만들어 얼굴에 쓰고 역할놀이를 통해 멋진 말을 연습한다.

TIP

유아가 스스로 미운 말을 멋진 말로 바꾸어 말을 할 수 있도록 격려한다.

※ 입으로 하는 놀이 활동 3: 고운 말미로 놀이

주제	고운 말 미로놀이	활동형태	자유선택활동
		활동유형	언어, 조작, 미술

활동목표

- 고운 말을 골라 미로놀이를 할 수 있다.
- 미운 말은 미로놀이에서 멈춤을 이해한다.

활동자료

가위, 멋진 말카드, 미운 말카드

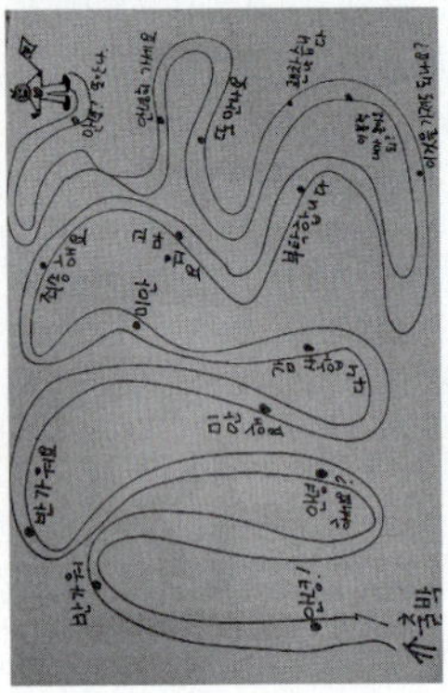

1. 활동 소개하기

1) 미로놀이를 만들 수 있을까요?
2) 미로 위에 고운 말과 미운 말을 오려서 미로 위에 놓은 후 붙여서 미로 게임을 만들어 보세요.

2. 활동 전개하기

1) 미로 위에 고운 말과 미운 말을 오려서 붙여 주세요.
2) 미운 말은 앞으로 전진하지못하고 멈춤을 해야 해요. 고운 말을 계속 말하며 전진할 수 있어요.
3) 두 명이 1개의 미로게임을 만들고 게임을 하는 거예요.

3. 활동 정리하기

1) 미운 말과 고운 말을 구별하고 미로게임을 할 수 있었는지 이야기 나눈다.

4. 활동 평가하기

1) 미운 말을 고운 말을 구별하여 미로게임을 바르게 하는지 평가한다.

5. 활동 확장하기

1) 미로게임판을 유아들의 창의성을 발휘하여 다양하게 미로게임판을 만들 수 있도록 한다.

6. 가정과 연계하기

1) 가정에서도 미운 말과 고운 말을 할 수 있도록 미로게임을 통하여 연습하도록 한다. 반말만 하는 유아들에게는 미로게임을 통해 존댓말 미로게임을 유도하여 활동해 보기도 한다.

TIP

유아가 스스로 미운 말과 고운 말을 구별할 수 있도록 격려한다.

참고문헌

강남순(2017). 용서에 대하여: 용서의 가능성과 불가능성. 경기: 동녘.

강무학(1987). 한국세시풍속기. 서울: 집문당.

강영심·정정련(2002). 초등학교 통합학급에서의 협력교수에 대한 특수교사와 통합학급 교사의 인식. 정서·학습장애연구, 17(3), 107-130.

교원임용고시카페(2018). 세계시민교육이란 무엇인가? 새로운 도전과 과제. 조대훈.

교육인적자원부(2002). 유아를 위한 자연체험활동 자료. 서울: 멀티넷.

권준수·김재진·남궁기·박원명·신민섭·유범희·윤진상·이상익·이승환·이영식·이헌정·임효덕(2015). 정신질환의 진단 및 통계 편람(제5판). 서울: 학지사.

김광언(1982). 한국의 민속놀이. 인천: 인하대학교 출판부.

김기영·심숙영·강성희(2006). 놀이에서의 또래 리더십에 대한 또래 상호작용의 영향력 분석. 아동권리연구, 10(3).

김수연(1997). 통합된 놀이 프로그램이 장애아동에 대한 일반아동의 태도 변화에 미치는 영향. 이화여자대학교 석사학위논문.

김숙자·박세영(2011). 유아 환경동화에 나타난 환경교육내용 분석. 열린유아교육연구, 16(6), 297-326.

김숙자·박현진·장갑희(2010). 유아 경제교육 관련 동화분석: 국가고시 유치원 교육과정에 기초한 경험학습 중심의 공동체적 유아 경제생활 교육 프로그램 모형을 위한 기초연구Ⅵ. 유아교육학논집, 14(4), 255-285.

김숙자·우신욱(2014). 5세 누리과정 교사용 지도서에 나타난 환경 관련 교육내용 분석. 유아교육학논집, 18(1), 365-386.

김영일·최재남(1993). 한국민속과 전통문화. 부산: 세종출판사.

김영진·황우여(2009). 학교 식생활교육 활성화를 위한 대토론회 자료집.

마셜 B. 로젠버그(2012). 비폭력대화. 김온양·이화자 역. 파주: BookStar.

김용민(2003). 생태문학: 대안사회를 위한 꿈. 서울: 책세상.

김일명·김원경·조홍중·허승준·추연구·윤치연·박중휘·이필상·문장원·서은정·유은정·김지경·이근민·김미숙·김종인·이신동(2013). 최신특수교육학. 서울: 학지사.

김재은·홍순정(2012). 창의성과 감성교육. 서울: 창지사.

김정원(2003). 문학을 통한 유아 환경교육에 관한 연구. 아동학회지, 24(6), 95-115.

김주환(2011). 회복탄력성: 시련을 행운으로 바꾸는 유쾌한 비밀. 서울: 위즈덤하우스.

김찬환·류한규·이은주·이협주·조수진·홍미화(2010). 시사논술 개념사전. 경기: 아울북.

김현주(2011). 식생활교육경남네트워크-관계기관 녹색식생활교육. 식생활교육경남네트워크워크숍 자료집.
______(2013). 어린이 식생활교육의 현황과 새로운 가능성 탐색. 한국실과교육학회지, 26(2), 59-82.
김현주·조형숙·이기범·홍은주(2007). 자연과 친해지고 교감하며 탐구하기. 서울: 다음세대.
김현희·박상희(2016). 유아문학 이론과 적용. 서울: 학지사.
나여주(2007). 중학생의 주생활양식과 주거환경의식, 환경보전행동과의 관련연구. 원광대학교 교육대학원 석사학위논문.
남현우·문서연·방인영(2000). 주의력결핍·과잉행동장애아동의 문제행동감소를 위한 놀이치료 사례연구. 놀이치료연구, 3(2), 53-62.
다이안코넬(2008). 뇌기반교수-학습전략(2008). 서울: 학지사.
로널드 T포터-에프론(2014). 욱하는 성질 죽이기. 전승로 역. 경기: 다연.
류혜숙·신금호(2010). 생태동호를 통한 환경교육이 유아의 환경에 대한 지식, 태도, 행동에 미치는 영향. 유아교육학논집, 14(4), 189-208.
마틴 드워킨(2013). 존 듀이 교육론. 서울: 씨아이알.
매일경제(2016. 3. 22.). 인터넷 명예훼손 땐 엄한 처벌 받는다는 것 알려야. 어기준(인터넷윤리학회이사).
문정화·나귀옥·박경빈·오선영·김은영(2010). 아동발달. 서울: 파란마음.
박기현(2015). 다문화-우리는 단일민족일까?. 서울: 내인생의책.
박삼열(2017). 토론식활동수업전략. 중대교수학습개발센터.
박성은(2003). 자연체험 활동을 통해 본 유아의 환경태도 변화에 관한 연구. 상명대학교 대학원 박사학위논문.
박승순(2012). 유아교육에서 자연친화교육의 실상과 과제: 일본의 지속 가능 자연친화교육이 주는 시사를 중심으로. 열린유아교육연구, 17(5), 285-307.
박영숙·제롬글렌(2017). 일자리혁명 2030. 서울: 비즈니스북스.
박영충(2016). 알파고시대 유아교육기관 교사 및 부모의 자세-사례중심으로. 알파고시대 한국 유아교육의 나아갈 길. 미래유아교육학회 춘계학술대회자료.
박희권(2016). 글로벌아이(A Global kid). 서울: EBS.
밥파이크(2004). 창의적 교수법. 서울: 김영사.
변찬석(1998). 긍정적인 정서유인이 학습장애아동의 학업 및 사회적 행동에 미치는 영향. 특수교육학회지, 19(1), 427-441.
서울대학교 학부모정책연구센터(2012). 밥상머리교육 매뉴얼. 서울대학교 학부모정책연구센터.

서울시교육청(2018). 세계시민교과서.
송명자(2003). 발달심리학. 서울: 학지사.
신순정 · 김관수(2018). 놀이를 활용한 현실치료 프로그램이 초등학생의 회복탄력성에 미치는 효과. 청소년상담연구, 26(1), 387-411.
신은경 · 신형익 · 이한나(2012). 장애인복지법에 따른 15개 장애유형에 적용된 ICF 2단계 분류. 보건사회연구, 32(4), 490-529.
심숙영(2012). 영유아 사회정서행동 척도개발 및 타당화 연구. 아동과 권리, 16(4).
심숙영 · 유평준(2008). 아동의 조망수용능력 및 친 사회적 행동에 대한 인쇄그림 평가척도와 멀티미디어 평가척도 비교. 아동권리연구, 12(1), 61-76.
심우성(1996). 우리나라 민속놀이. (문예신서 #100). 서울: 집문당.
양경윤(2016). 하브루타의 실제 교실이 살아있는 질문수업. 서울: 즐거운학교.
양옥승(2001). 자연을 통한 유아교육. 어린이와 자연, 어린이육영회 창립 20주년 유아교육학 학술대회 논문집, 43-59.
엔젤라다크워스(2017). GRIT. 서울: 비즈니스북스.
오마이뉴스(2018. 05. 21.). 진짜 민주교육감이 해야 할 일. 김원태.
유네스코 세계교육포럼(2015). 세계시민교육(GCED) 및 지속 가능발전교육(ESD)을 통해 지속 가능하고 평화로운 사회를 위한 지식, 기술, 가치, 태도 획득.
유네스코아시아 · 태평양 국제이해교육원(2004). 함께 배우고 나누는 세계의 교실 1. 한울아카데미.
유네스코 아시아 · 태평양 국제이해교육원(2017). 새로운 교육과정에 담은 세계시민교육. 서울: 유네스코 아시아 · 태평양 국제이해교육원.
유네스코한국위원회(2010). 문화 다양성과 문화 간 대화. 집문당.
유승우 · 채영란(2014). 숲 체험활동을 통한 환경교육이 유아의 자연 친화적 태도 및 과학적 탐구능력에 미치는 효과. 한국교육문제연구, 32(4), 201-222.
유엔 APPA(2018). 세계시민교육 글로벌 리더십 과정.
유엔아동권리위원회(2003). 유엔아동권리위원회의 권고의견.
유연수(2018). 국민을 넘어 세계시민 정체성에 기반한 정책 미국 청소년의 민주시민 교육 해외통신원 매사추세츠 주립대 의과대학 박사 후 연구원.
육아방송(2007). 신 밥상머리교육-이탈리아편, 프랑스편, 싱가포르편.
윤애희 · 박정민(2002). 유아환경교육. 서울: 보육사.
윤은미 · 엄은나 · 서동미(2010). 유아의 부정적 정서에 대한 교사의 인식. 아동과 권리, 14(1), 129-152.

이대균 · 김주영 · 임자영 · 박지선(2009). 영유아 언어교육. 경기: 공동체.

이미숙 · 구신실 · 노진아 · 박경옥 · 서선진(2013). 예비교사를 위한 특수교육학 개론. 서울: 학지사.

이민경(2018). 프랑스 이주배경 청소년 정책의 원칙과 방향. 제12회 청소년정책포럼 '미래 한국사회 다문화청소년정책의 방향성 모색'. 한국청소년정책연구원.

이성회 · 김미숙 · 정바울 · 박영 · 조윤정 · 송수희 · 이승진(2015). 세계시민교육의 실태와 실천과제. 한국교육개발원.

이숙희 · 이주리(2000). 유치원 부적응 아동의 놀이치료사례. 놀이치료연구, 3(1).

이영미 · 오유진(2008). 일본 식육제도와 영양교사의 역할. 2008년도 대한지역사회영양학회 춘추계 학술대회논문집, 166.

이영석(2009). 0세부터 글로벌유전인자를 개발하라. 서울: 아이비하우스.

이영석(2016). 제4차 산업화시대의 유아교육의 과제와 방향, 알파고시대 한국유아교육의 나아갈 길. 미래유아교육학회 춘계학술대회자료.

이영석(2018).4차 산업혁명시대 대한민국 유아교육의 방향. 밤비니몬테소리팬페스트. KMS 한국몬테소리협회.

이은선(2018. 12. 13.). 포용적 민주주의를 실현할 성숙한 민주시민 양성. 교육부.

이은숙(2006). 자연체험 교육에 대한 교사와 부모의 인식에 관한 연구. 건국대학교 대학원 석사학위논문.

이정모(2011). 인지과학. 서울: 학지사.

이종호(2017). 4차 산업혁명과 미래직업. 서울: 북카라반.

이창미 · 장혜성 · 김수진(2009). 장애아 통합보육론. 서울: 교육과학사.

임노규(2009). 유럽의 식생활교육과 시민운동에 대한 동향. 동아시아식생활학회 학술발표대회 논문집, 47-70.

임석진 · 윤용택 · 황태연 · 이성백 · 이정우 · 양운덕 · 강영계 · 우기동 · 임재진 · 김용정 · 박철주 · 김호균 · 김영태 · 강대석 · 장병길 · 김택현 · 최동희 · 김승균 · 이을호 · 김종규 · 조일민 · 윤두병(2009). 철학사전. 네이버지식백과.

장은주(2018). 시민교육이 희망이다: 한국 민주시민교육의 철학과 실천모델. 서울: 피어나.

장인실 · 김경군 · 모경환 · 민병곤 · 박성혁 · 박철희 · 성상환 · 오은순 · 이윤정 · 정문성 · 차경희 · 차윤경 · 최일선 · 함승환 · 허창수 · 황매향(2012). 다문화교육의 이해와 실천. 서울: 학지사.

장주근(1974). 한국의 세시풍속과 민속놀이. (새벗문고 #43). 서울: 대한기독교서회.

전경원(2000). 창의학. 서울: 학문사.

전경원(2015). 창의성교육의 이론과 실제. 서울: 창지사.

전국재(2001). 놀이와 공동체. 서울: 예영커뮤니케이션.

전국재(2009). 놀이로 하는 집단상담. 서울: 시그마프레스.

전국재(2010). 크리스천 캠핑. 서울: 홍림.

정문자, 정혜영, 이선혜, 전영주(2012). 가족치료의 이해. 서울: 학지사.

정옥분(2019). 아동발달의 이해. 서울: 학지사.

정재승(2018). 열두 발자국. 서울: 어크로스.

정헌석(2018). 실례 좀 하겠습니다(고희를 넘긴 어느 교수의) 긍정과 소통, 관계 관리의 사례를 에세이로 읽다. 서울: 흔들의자.

정혜경(2009). 외국에서의 식생활교육현황. 학교 식생활교육 활성화를 위한 대토론회 자료집, 31-58.

정혜란(2001). 생태중심 유아교육집단의 창의성에 관한 연구. 경남대학교 교육대학원 석사학위논문.

조선일보(2016. 4. 11.). 빈부격차·청년실업고통받는 한국… 해법은 혁신, 혁신. 앵거스디턴(미 프린스턴대 교수).

조연순·성진숙·이혜주(2013). 창의성교육. 이화여자대학교출판부.

조완묵(1996). 우리민족의 놀이문화. 서울: 정신세계사.

조한석·김순향(2015). 인간관계의 심리. 서울: 신아사.

존레이티·에릭헤이커먼(2017). 운동화신은 뇌(Spark your brain). 서울: 녹색지팡이.

중부교육기원청(2017). 2017년 11월 유치원부터 시작하는 학교폭력 예방교육. 서울특별시 중부교육지원청.

지은주·유승희·조희숙(2007). 생태문학의 관점에서 본 유아의 그림책. 유아교육연구, 27(3), 223-243.

차용준(2000). 행정관리론. 전북: 전주대학교출판부.

최돈형(2005). 지속 가능한 미래와 학교환경교육. 한국환경교육학회 학술대회 자료집, 24-42.

최석진·신동희·이선경·이동엽(1999). 학교 환경 교육의 체계적 접근 방안. 한국환경교육학회, 12(1), 19-39.

최정빈(2017). 흥미유발 학습자참여유도를 위한 'HAVRUTA Learning' 교수법. 중앙대학교 교수학습개발센터.

켈리 디푸치오 · 트리샤 투사(2011). 샌드위치 바꿔 먹기. 신형건 역. 보물창고.

토니부잔(1994). 마인드맵북. 서울: 평범사.

프레드 프랭클(2002). 우리 아이에게 좋은 친구를 찾아주는 27가지 방법. 서울: 미래 M&A.
하원규 · 최남희(2015). 제4차 산업혁명. 서울: 콘텐츠하다.
한겨레(2016. 07. 18.). 학교폭력 피해, 초등 4학년이 제일 많은 이유는?. 진명선 기자.
한국통합교육학회편(2009). 통합교육: 교사를 위한 특수교육 입문(2판). 서울: 학지사.
현은자, 김현경, 박현경, 오정옥, 윤현민, 조은숙, 최혜경(2013). 그림책을 활용한 세계시민교육. 서울: 학지사.
홍종열(2014). 창조경제란 무엇인가.
환경교육진흥법(2013). 법률 제11690호.
EBS(2017. 9. 18.). AI와 인간의 공존은 가능한가?. 다큐프라임방송.

〈사이트〉
예스24 www.yes24.com
월드비전 세계시민학교. www.wvschool.or.kr/
국가교육과정 정보센터. www.ncic.re.kr/
유네스코 아시아태평양 국제이해교육원. www.unescoapceiu.org/kor/
광주MBC. www.kjmbc.co.kr/
http://www.oui-mikuni.co.jp/cgi-local/top/index.cgi/(2012. 1. 5. 인출).
https://worksmobile.tistory.com/78 [mevius] (2018. 08. 26. 인출).

〈외국문헌〉
APA(2016). DSM-5 정신장애 진단 및 통계편람. 권준수 외 역. 서울: 학지사.
Briere, J.(1987). Predicting self-reported likelihood of battering: Attitudes and childhood experiences. *Journal of Research in Personality*, *21*, 61-69.
Burman, B., Margolin, G., & John, R. S.(1993). America's angriest home videos: Behavioral contingencies observed in home reenactments of marital conflict. *Journal of Consulting and Clinical Psychology*, *61*(1), 28-39.
Caillois, R.(1994). 놀이와 인간: 가면과 현기증(1958). 이상률 역. 문예출판사.
Cox, H.(1969). 바보제. 김천배 역. 현대사상총서 X V I
Cox, H.(1993). 세속도시(1965). 구덕관 역. 서울: 대한기독교서회.
Davis & Rim(2001). Education of Gifted and Talented. 영재교육의 이론과 방법. 송인섭 · 이신동 · 이경화 · 최병연 · 박숙희 편역. 서울: 학문사.
Elkind, D.(2008). 놀이의 힘(2007). 이주혜 역. 서울: 한스미디어.

Faure, G.(2016). 내 아이를 위한 최선. 이종은 · 나자뜨 시페르 역. 서울: 즐거운학교.

Follingstad, D.(1990). *Methodological issues and new directions for research on violence in relationships*. In D. J. Besharov (Ed.). Family violence: Research and public policy issues (pp. 13-25). Washington, DC: AEI Press.

Goleman,D.(1995). *Emotional Intelligence*. New York: Bant Books.

Hall, S.(1990). *Cultural Identity and Diaspor*. In J. Rutherford(ed.). Identity, Community, Culture, Difference. Lawrence & Wishart.

Hanline, M. F.(1993). Inclusion of preschoolers with profound disabilities: An analysis of children's interactions. *The Journal of the Association for persons with Severe Handicaps, 10*, 224-227.

Harris, M. B.(1993). How provoking! What makes men and women angry?. *Aggressive Behavior, 19*(3), 199-211.

Hopper, Paul(2007). *Understanding Cultural Globalization*. Polity Press.

Hughes, P. F.(2010). 놀이와 아동발달. 유미숙 · 박영애 · 유가효 · 방은령 · 장현숙 · 청혜숙 역(2012). 서울: 시그마프레스.

Huizinga, J.(1993). 호모 루덴스(1938). 김윤수 역. 서울: 까치.

Infante, D.A., Chandler, T.A., & Rudd, J. E.(1989). Test of an argumentative skill deficiency model of interspousal violence. *Communication Monographs, 86*, 163-177.

John, J. Rately & Eric Hagerman(2017). 운동화신은 뇌(Spark your brain). 서울: 녹색지팡이.

Johnson, J. E., Christie, J. F., & Wardle, F.(2006). 놀이, 발달, 유아교육(2014). 이진희 외 역. 서울: 아카데미프레스.

Lackey, C. &Williams C. (1995). Social bonding and the cessation of partner violence across generations. *Journal of Marriage and the Family, 57*, 295-305.

Louv, R.(2007). 자연에서 멀어진 아이들(2005). 김주희 역. 서울: 즐거운상상.

Mason, A. &Blankenship, V.(1987). Power and affiliation motivation, stress, and abuse in intimate relationships. *Journal of Personality and Social Psychology, 52*, 203-210.

Nabhan, P. & Trimble, S.(2003). 아이들은 왜 자연에서 자라야 하는가. 김선영 역. 서울: 그물코.

Nachmanovitch, S.(2008). 놀이, 마르지 않는 창조의 샘(1990). 이상원 역. 서울: 에코의서재.

OECD(2016). 교육과 역량의 미래: OECD 교육 2030의 틀(The Future of Education and skills: an OECD Education 2030 Frame Work).

Oxley & Morris(2013). 세계주의(주류): 정치적 세계주의적 민주주의UNESCO, 2014; UNESCO, 2015).

Power, T.G., MeGrath, M.P., Hughes, S.O., &Manire, S. H.(1994). Compliance and self-assertion: Young childrens' reponsers to mothers versus fathers. *Developmental Psychology*, *30*, 980-989.

Reggio Children s.r.l(1993). 어린이들이 본 어린이의 권리. 서영숙 역. 다음세대. (Loris Malaguzzi, Reggio Emilia-January 1993).

Steinberg, L., Vandell, L. D., & Bornstein, H. M.(2011). Development Infancy Through Adolescence. 곽금주·김경은·김근영·김연수·이강이·한세영 역(2012). 아동발달. 서울: 박영사.

Stets, J.E.(1995). Control in danng relationships. *Journal of Marriage and Family*, *55*, 673-685.

UNESCO(1980). Environmental Education at the Light of the Tbilisi Conference. UNESCO.

UNESCO(2014a). Global Citizenship Education: Preparing learners for the challenges of the twenty-first century. UNESCO: Paris, France.

UNESCO(2014b). Joint Proposal of the EFA Streering Committe of Education Post-2015. from: http://unesdoc. unesco.org/images/0022/002276/227658E.pdf.

UNESCO(2015a). Global Citizenship Education: Topics and learning objectives. Paris: UNESCO.

UNESCO(2015b). Second UNESCO Forum on Global Citizenship Education: Building Peaceful and Sustainable Societies.

United Nations Secretary-General(2014). Global education first initiative. New York: United Nations.

저자소개

※ 박영충

숙명여자대학교 박사(아동상담전공)

한국방송통신대학교 유아교육과 실습지도교수

서울특별시 강남구 아동·여성보호위원

※ 김경윤

성균관대학교 박사(아동학전공)

중앙대학교 사회복지대학원 아동복지학과 객원교수

한국몬테소리협회 연구이사

※ 김성영

숙명여자대학교 박사(유아교육전공)

김포대학교 사회복지과 겸임교수

한국다중심리연구소 부소장

세계시민교육을 위한 놀이중심

장난과 괴롭힘 예방교육프로그램

초판 1쇄 인쇄 2019년 7월 4일
초판 1쇄 발행 2019년 7월 8일

지 은 이 | 박영충 · 김경윤 · 김성영
펴 낸 이 | 김기섭
편 집 인 | 이초롱
펴 낸 곳 | 창지사 www.changJisa.com
08589 서울시 금천구 가산디지털 1로 83 파트너스타워 1차 9층
전화 (02)719-2211~3
팩스 (02)701-9386
등 록 | 1977년 4월 28일 · 제1-421호

ISBN 978-89-426-1234-5 (93370)

값 23,000원

이 도서의 국립중앙도서관 출판예정도서목록(CIP)은 서지정보유통 지원시스템 홈페이지(http://seoJi.nl.go.kr)와 국가자료공동목록시스템(http://www.nl.go.kr/kolisnet)에서 이용하실 수 있습니다(CIP제어번호: CIP2019025876).